新装版「カルマ論」集成1+2

いかにして前世を認識するか

ルドルフ・シュタイナー

西川隆範 訳

イザラ書房

【目次】

第一部　カルマ論集成1　「いかにして前世を認識するか」
第1章　いかにして輪廻転生する人間存在の核を観照するか　7
第2章　輪廻転生を理解するために必要な感情記憶能力の形成　27
第3章　輪廻転生とカルマについての経験を形成するための思考の訓練　55
第4章　前世と現世・現世と来世におけるカルマの作用　81
第5章　輪廻転生とカルマは人智学的世界観の基本理念である　113
編集者補足説明
第二部　カルマ論集成2　「カルマの開示」

第1章　個人のカルマ・人類のカルマ・地球のカルマ・宇宙のカルマ　7
第2章　カルマと動物　45
第3章　病気とカルマ　77
第4章　治る病気と治らない病気　107
第5章　自然な病気と偶然の病気　129
第6章　事故とカルマ　157
第7章　天災とカルマ　185
第8章　高次の構成要素とカルマ　215
第9章　男と女・誕生と死　245
第10章　カルマと自由意志　269
第11章　個人のカルマ・共同体のカルマ・人類のカルマ・霊的存在のカルマ　297

訳者あとがき

第一部　カルマ論集成1

「いかにして前世を認識するか」

第一章　いかにして輪廻転生する人間存在の核を観照するか

霊的な事実と高次の世界の霊的存在たちについておこなってきた観察につづけて、現在の人間の進化に関連することがらを解明していくことにしましょう。『霊的観点から見た宇宙の進化』では、高次の霊的存在たちの歩んできたプロセスを考察しました。きょうは、人間の要件に関することを考察しましょう。

ある程度のあいだ人智学《アントロポゾフィー》に関わり、とくに輪廻転生とカルマに関する基本的な見方を受け入れた人は、つぎのように問うことでしょう。「何度もの地上生活を通過していく人間存在を直接的に観照することは、どうしてこんなに困難なのか。人間存在についてては徐々にしか知ることができないが、それが輪廻転生とカルマの秘密の洞察に導くことは確かである」。

「そのような問いに関することがらすべてを、通常、人間はまったく誤認している」と、いわなくてはなりません。まず、人間は当然のことながら、このようなことがらに関して、通常の悟性による解明を求めます。そして、「人間は輪廻転生し、カルマを負っていくという見方が正しいものであるということを、どれくらい人生の事実から納得することができるだろうか」と、自問します。

そのような省察に立脚する努力によっては、ある地点にまでしかいたりません。けれども、ある地点にまではいたることができるのです。わたしたちの思考世界は、たんに一回の受肉に制限された人体組織にまったく依存しており、生まれてから死ぬまでを生きる魂はこの身体組織に属しています。この肉体のありかた、そして肉体を一段越え出たエーテル体のありかたに、わたしたちの思考世界は依存しています。思考が明敏で、抽象的真理に関わることができればできるほど、その思考は外的な、一度の受肉に制限された人体組織に依存することになります。

そのことは、何度もお話ししてきたように、死から再受肉までの人生、つまり霊的世界における人生に、わたしたちの思考をごくわずかしか持っていくことができないということから推測できます。つまり、わたしたちがもっとも明敏に思考したことの大半は、地上に捨てていかねばならないのです。

「人間は死の扉を通過していくとき、なにを置き去りにするのか」といえば、まず肉体です。しかし同時に、魂のなかで形成した抽象的思考のすべてを、残りなく置き去りにしていきます。肉体と抽象的思考すなわち学問的思考の二つを、人間は死後の世界に持ち込むことができないのです。自分の性向、衝動、欲望、意志衝動、そしてとくに習慣を人間は死後の世界に持ち込みますが、思考を持ち込むことはごくわずかしかありません。

思考は外的身体組織に結びついているので、一回の人生を越えた、輪廻転生とカルマの秘密を突き止めるための道具として適したものではないことがわかります。

しかし、ある点までは思考によって到達することができます。しかも、理論的に輪廻転生とカルマを洞察しようとするなら、ある点まで思考を形成しなければならないのです。その点に関して語らねばならないことは、基本的に『神智学』の輪廻転生とカルマの章、あるいは小冊子「霊魂の再受肉とカルマ——現代科学の立場から必然的に行きつく結論として」において、すべて述べられています。この点に関しては、この二つの著述に付け加えることは多くありません。

この点に関して知性がなにを付け加えることができるかについては、きょうは関わりません。むしろ、「いかにして人間は輪廻転生とカルマの観照にいたることができるか。たんなる理論的確信、つまりわたしたちのなかにある精神的―心魂的な存在の核が前世に由来し、来世にいたるということについての内的確信よりも価値のある観照に、いかにしていたることができるか」という問いに取り組むつもりです。

つぎのような困難な内的作業を実行することをとおして、そのような観照にいたることができます。けっして容易な作業ではありませんが、実行することはできます。

第一歩は、通常の自己認識を訓練することです。自分の人生を振り返ってみて、つぎのように問うのです。「そもそも、わたしはどんな人間であったか。わたしは熟考する傾向、内的に熟考する傾向のある人間であったか、それとも、たえず外界の刺激を愛し、あれこれのことが気に入ったり、気に入らなかったりした人間であったか。学校では、国語は好きだったが、算数は嫌いな生徒だったか。ほかの子どもをよく殴ったが、自分は殴られないようにしていた生徒だったか。あるいは、自分が損ばかりしていて、ほかの子どもが得をする、要領の悪い子どもだったか」。

このように自分の人生を振り返り、つぎのように自問するのです。「知的、心情的―気分的、あるいは意志衝動において、自分にはとくにどのような素質があったか。どのようなことが自分は得意で、どのようなことが苦手だったか。自分は、なにから逃げ去りたいと思っていたか。『そんなふうになったのは、わたしには正しいことであった』というのは、どんなことか」。

そのように自分の人生を振り返るのは、自分の精神的―心魂的本質を深く認識するためによいことです。とくに、自分が本来望まなかったことを、明瞭に魂に思い浮かべるのです。

たとえば、詩人になりたかったのに、父親の命令で職人にならざるをえなかったものの、職人にはなりたくなかった人がいるとします。職人になったものの、ほんとうは詩人になりたかった人です。「ほんとうは、なにになりたかったか」、「自分の意志に反して、なにになったか」を明らかにするのです。「若いころ、自分にはなにが適していたか。なにが、自分には与えられなかったか」が明らかになります。さらに、「なにから抜け出たいと思ったか。なにから逃れたいと思ったか」が明らかになります。いままでがどうであったかを明らかにするのであって、これからどうしたいかを問題にするのではありません。

そのように過去を振り返ってみることによって、「なにを望まなかったか。なにから逃れたいと思ったか」などを明らかにするのです。それが明らかになると、自分がもっとも気に入らなかったもののイメージが得られます。過去において自分がもっとも望まなかったものを取り出してくることが問題なのです。そして、つぎのような非常に奇妙な表象に没入しなければなりません。「本来、望まなかったものを精力的に意志し、願望する」のです。つまり、「本来、望まなかったもの、嫌だったものを、激しく望んでいたかのように」精力的に魂に思い浮かべるのです。

その際、自分が克服したものは除外します。重要なのは、自分が望まなかったことを望むこと、あるいは望んでいるかのように思い浮かべることです。いままで一度も望まなかったことを、感情のなか、思考のなかで望んでみるのです。そのようなものを激しく求めている、と思い浮かべるのです。そのような表象と一体になると、自分の内的な魂の本質の核を知る途上で、すでに大事なものが得られたことになります。いま述べたような方法で作った自分の個性についてのイメージのなかに、現世における自分ではないけれども、自分がこの人生にもたらしたものが現われてくるのです。このような方法で作り上げたイメージのなかに、自分の深い本質が現われるのです。

自分の内的な存在の核にいたろうとするなら、現在自分が望んでいないものを切望するのです。現代の精神風土は、いま述べたようなことを望むのには適していません。現代では、自分について熟考する人間は、いまある自分の姿が絶対に正しいと感じようと努めるものだからです。まだ宗教的な雰囲気のあった時代に戻ってみると、自分が神の似姿にふさわしくないことを悔いるという感情が見出されます。そのような感情―表象は、今日には見出されません。この表象は、前世の確信へといたるものではないとしても、生まれてから死ぬまでの人体組織を越えた存在へと導いていくものでした。

いまある自分とは反対のイメージを思い浮かべると、「いまの人生では自分の姿として理解することが困難なこのイメージが、自分に関わりがあるのだ。そのことは否定できない。このイメージを思い浮かべると、このイメージが自分の心のなかに漂い、結晶化していく。そうして、『このイメージは、わたしに関わるものだ。だが、いまの人生に関わるものではない』ということがわかってくる」と、いうことができます。

このイメージは前世に由来する、という感情が形成されます。

このようなイメージを心のなかに生じさせると、通常、輪廻転生とカルマについて抱いている表象がいかに誤ったものであるかが、まもなくわかってきます。

類似したものを外的に考察すると、一連の受肉のなかに現われる特性について錯覚することになります。わたしたちが好まなかったものについて考え、それを熱烈に望んでいると思い浮かべなくてはなりません。同様に、自分には才能のないもの、自分には関心のないものについて考えなくてはなりません。なにが自分にとって、もっとも才能のないものかがわかると、自分が前世においてもっとも才能を発揮していたと思われるものがわかってきます。このようなことを知っておかないと、間違うことが多いのです。

ある受肉からつぎの受肉へと移っていくのは、もっとも内的な魂の核です。たとえば、前世である言語が語られている地域に生きていたからといって、現世でその言語を容易に習得できるなどということはありません。そうでなければ、現代の学生はかつてはギリシア語やラテン語が話されていた地域に生きていたわけですから、ギリシア語やラテン語を学ぶのは、なんら困難ではないはずです。

外的にわたしたちにもたらされるものは、生まれてから死ぬまでの人生でおこなわれるものに結びついており、おなじものが来世でふたたび現われるということはありません。それは力に変化して、来世にもたらされるのです。ある人生で語学の才能のあった人は、来世では語学の才能がなくなります。そのかわりに、他人に対して偏見のない判断ができる素質を持つようになります。

これは、輪廻転生の秘密に関連したことです。この輪廻転生の秘密を洞察すると、人間のなかで、なにがほんとうに内的なものであり、なにが外的なものに属するかをはっきりと表象することができるようになります。たとえば、現代人にとって、言語はもはや内的なものではありません。人間は言語を、言語が表現するもの、および民族精神ゆえに愛するのです。しかし言語は、その力形態を変容させて、ある受肉からつぎの受肉へと移っていきます。

一方では、「わたしが自分の意志に反してなったもののなかで、もっとも素質がないものを、切実に望み、欲するようにしてみると、そこから得られる表象が自分の前世の像を形成する」と、いうことができます。

いま述べたことを真剣におこなってみると、すでに非常にはっきりした前世の像が生じてきます。そのようにして得られた表象から、「この像はほんとうに、わたしにかなり近いものだ。この像は、わたしから遠いものではない」と感じられたり、「この像は、わたしからはるかに隔たったものだ」と感じられることに気づきます。きょう、お話ししたような表象を形成することをとおして、自分の前世の像を魂に描くと、一般に、その像が色あせてしまっているのに気づきます。「わたしはここにいる。父、祖父、曾祖父は、わたしのまえにある像ではありえない」という感情が生まれます。その像を自分に作用させると、感情と感覚をとおして、「わたしとこの像とのあいだには、何人もの人物が立っている」と思うようになります。

そのような感情が生じ、ある人は自分とその像のあいだに十二人の人物が立っているように感じ、べつの人は自分とその像のあいだに七人の人物が立っていると感じるとしてみましょう。このような感情は、非常に重要なものなのです。もし、自分とその像のあいだに十二人の人物が立っているなら、三で割って、四という数を得ればよいのです。一般的にいって、それがいまの自分と前世を隔てる世紀の数なのです。ですから、自分とその像のあいだに十二人の人物がいるように感じられるなら、「わたしは、いまから四世紀前に受肉していた」と、いわねばならないのです。

これは、ひとつの例としてあげたにすぎません。四世紀前に受肉していたということは少ないものですが、見積りの仕方がおわかりになったと思います。たいていの場合、この方法によって、前世ではいつ生きていたかを正しく推定できるのです。もちろん、そのような算定をおこなうための前提条件は、いくらか難しいものです。

このようにして、わたしたちは現代の意識からは非常に隔たったことがらに触れることになります。このようなことがらを準備のできていない人に語ると、無責任な空想と思われるのは疑いありません。人智学的世界観はたいていの場合、いままでに提示されたあらゆる世界観と対立するという運命を負っています。いままでにもたらされた世界観は、ほとんどがひどく荒涼とした唯物論であるからです。そして、もっとも確固とした科学的世界観に立脚しているように見える世界観が、もっとも荒涼とした唯物論的世界観から発生したものなのです。人智学は、さまざまな世界観のなかで、前世についての表象を得るべき人々に求められるものであるように定められているのです。ですから、人智学的世界観をまじめに受け取るのは、現代人にとっては非常に隔たりが感じられることだということが理解できます。霊的な真理から隔たった思考習慣を有している人は、自分が長いあいだ望みも意志もしなかったことを望み、意志することに反感を感じるものだからです。

ここで、「なぜ、いま霊的な真理が人々のあいだに現われているのか。なぜ、人間が成熟するまで、霊的真理の出現が待たれることはなかったのか」と、問うことができます。

現代という時期と、いま生きている人間が今度生まれ変わる時期とのあいだには、考えることもできないような大きな差異があるようになるからなのです。なんらかの霊的能力がいかに形成されるかは人間によるのではなく、進化の意味と本質によるものなのです。

いま人類は、輪廻転生とカルマを信じることがもっとも困難な時代に生きています。世界にわずかしかいない人智学者や、古い宗教形態を信奉している人はべつにして、今日の外的な文化生活の担い手は、輪廻転生とカルマを信じることから遠く離れています。そして注目すべきことに、今日の人間は輪廻転生とカルマを信じるにはもっとも適していないことによって、知的な学習に駆られるのです。現代人は、精神的に努力したか、物質的に努力したかにかかわりなく、来世では、前世を感じる素質を持つようになります。なにに従事したかにかかわりなく、現代人は生まれ変わったとき、前世についてなにかを体験したい、なにかを知りたいという強い望みを持つようになります。わたしたちは、時代の転換期に生きているのです。輪廻転生とカルマについて知ろうとすることがもっとも少ない時代と、前世を知りたいという強い望みを持つようになる時代との転換期に、わたしたちは生きているのです。来世では、「前世について知ることができないなら、いまの人生は砂上の楼閣のようなものだ」という激しい感情を自分のうちに感じることになります。

そして現在、輪廻転生とカルマを激しく否定している人々が、来世でもっとも苦悩することになります。どのようにして、人生が形成されていったかを説明できないからです。

前世を知りたいという、後ろ向きの憧れゆえに人智学が求められるのではありません。現在の人間がふたたび地上に受肉するときに、人類全体に現われることになるものを理解するために、人智学が求められるのです。今日、人智学者である人々は、想起する性向をほかの人々に分け与えることになります。こうして、ほかの人々も輪廻転生ということを理解するようになり、そのことをとおして、魂のいとなみのなかに内的な調和を得ることになります。今日、人智学を拒否している人々は、来世では、前世について知りたいと思うようになり、前世がどのようなものであったかを知りたいという内的な苦痛を感じるようになります。しかし、彼らは自分を悩ませ、苦悶させるものについて、なにも理解することがありません。彼らはお手上げの状態で、内面は不調和です。彼らは来世で、「あなたは、この苦悩を自分で真剣に望んだのだと思うとき、この苦悩の原因がなになのかをはじめて知る」と、いわれるにちがいありません。

もちろん、だれもそのように苦悩したいとは思っていません。しかし、今日唯物論者として生きている人々は、「あなたが逃れたいと思っているこの人生は、じつは自分が欲したものであったと考えてみなさい」という忠告に従うと、彼らの内的な悔恨、内的な荒廃と苦悩を理解するようになりはじめます。

その忠告に従って、「わたしは、どうしてこのような人生を望んだのか」と考えはじめると、「たぶん前世で、わたしは『来世はどうなるかなんて、ばかげたことだ。どうして、そんなことが信じられるものか。この人生は、この人生で完結する。いまの人生が来世に力を送っていくなんてことがあるものか』と考えていたのだろう。来世なんてものはくだらない、ばかげたことだと感じていたので、この人生が無価値で無意味なものになったのだ。そのときにわたしのなかに植えつけた思考が、この人生をこんなにも荒涼とした、空虚なものにする力になったのだ」と、思うようになります。

それが、正しい考えでしょう。そのような形で、唯物論のカルマ的な結果が現われるのです。いまの人生はそれだけで終わるものではなく、来世の原因を含むものであると確信している人の来世は意味あるものになります。輪廻転生など無意味だと考えている人の来世は、その考えによって無意味で空虚で荒涼としたものになります。

このように、わたしたちが心に抱いている考えは、思考として高められて来世に移っていくのではなく、力に変化して、来世に現われるのです。霊的世界においては、わたしたちが生まれてから死ぬまでに有するような思考は意味を持たず、変化した形において意味を持つのです。たとえば、だれかが偉大な思想を持ったとします。そうすると、その思想は、その人が死の扉を通過したとき、思想としては消え去ります。その思想の影響によって得られた感激、感情は、死後も残ります。人智学から思想を受け取るのではありません。その思想によって体験したものを、たんに一般的な基本感情としてではなく、個々の細部にいたるまで受け取るのです。

とくに、しっかり把握しておきたいのは、「思考そのものは、物質界にとって意味のあるものである。高次の世界にとっての思考の作用について語るときは、高次の世界にむけて、その思考が変容するということを語らねばならない。輪廻転生を否定する思想は、来世で内面の価値のなさ、人生の空しさに変化し、内面の価値のなさと人生の空しさは、苦悩、不調和と感じられる」ということです。

ある場所に来ると、いつも決まったものを見るのが好きだとすると、いま述べたような内的な無価値と空虚がどのように体験されるかについてイメージすることができます。たとえば、ある花がある庭の一定の場所に咲いているのを見るのに慣れていたとしてみましょう。無慈悲な人がその花を摘み取ってしまうと、みなさまは苦痛を感じます。自分が愛していたものがなくなると、苦痛を感じます。同様のことが、人体組織全体についてもいえるのです。どのようにして、人間は苦痛を感じるのでしょうか。ある器官のエーテル体とアストラル体がいつも肉体の一定の場所に入り込んでいたのが、その器官が傷つけられて、エーテル体とアストラル体がその器官をもはやよく把握できなくなることによってです。庭の決まった場所に咲いていたバラが無慈悲な人によって切り取られたのとおなじです。器官が傷つけられると、エーテル体とアストラル体は、自分が求めているものを見出せません。そのように、人間が抱いた思考が未来へと作用を及ぼし、その作用に人間は将来出合うのです。それとは反対に、その思考自体はなくなります。信頼や認識力を来世に送っていないと、一定の場所に思考を探求しても見出せません。その欠如が、苦痛、苦悩として感じられるのです。

これが、ある面からカルマ的経過を解明する方法です。人間の精神的――心魂的本質を認識するために、さらにどのようなことをおこないうるかをより深く洞察するために、このようなお話をしなければなりませんでした。

第二章　輪廻転生を理解するために必要な感情記憶能力の形成

先回お話ししたことは、多くの方にとって、まだ不可解な、疑わしいものに思われたかもしれません。しかし、きょう、さらにいくつかのことをお話しすることによって、本質に近づいていくことができます。

先回、魂のなかにもたらしたものは、ほんとうのところ、なにだったのでしょう。あることをおこなうとき、以前の経験、体験を思い出さざるをえないような場合があります。記憶、思い出というのは、通常の意識にとって、生まれてから死ぬまで、正確にいえば、幼年期の終わりから死までのあいだに知られる魂的体験です。通常の意識によっては、少年時代のある時点までしか思い出すことができません。それ以前のことは、両親や親戚、知り合いに聞いて知ります。このように、わたしたちは少年時代のある時点から死ぬまでのあいだ、記憶という魂のいとなみについて語ることができるのです。

ここでは、「記憶力」「記憶」という言葉の意味について深入りはしません。そのようなことは、わたしたちの考察の目的に必要ではありません。記憶という言葉であらわされるものは、以前になした経験や体験を思い出すことに属する、ということをまず明らかにしておきましょう。先回考察したことは、この思い出に似たことでした。ただ、似ているといっても、通常の人生における記憶力とはちがって、より高次の、広い記憶力であって、いまの人生を越えて、前世というものがあったという確信に導く記憶力です。そして、先回触れたように、通常の人生におけるなんらかの体験を思い出すようなことが、高次の段階でおこなわれるのです。

だれかがこの人生でかつて学んだことを魂の深みから思い出す過程は、通常の記憶力に属する活動です。先回お話しした魂の活動は、前世に関することがらをわたしたちの内面に現われさせます。それはあたかも、この人生でかつて体験したことが思い出のなかに湧き出してくるようなものです。ですから、先回お話ししたことが、前世へと導くことのできるもののすべてであるかのように思ってはなりません。あるいは、先回お話ししたことが、前世を思い出すときに、最初から正しい表象を呼び起こすものであるかのように思ってもなりません。先回お話しした方法は、魂のいとなみの地下に消え去っているものを取り出す助けのひとつにすぎないのです。つぎのような方法で前世を思い出すのが最良です。

いくつかの自己認識において、自分が人生においてそのような事態に出合うのが理解できる出来事があります。なんらかの不快な出来事に出合い、どのようにしてその出来事が生じねばならなかったのかを完全には洞察できないながらも、「わたしはほんとうに軽率な人間だ。このような出来事に出合っても、不思議ではない」といわざるをえないなら、そのような出来事に出合ったことを理解するための予感のようなものがあることになります。

しかし人生には、それがわたしたちの魂の力や能力と関連しているとはまったく思えない体験が数多くあります。通常の生活において、わたしたちは偶然ということを語ります。運命の打撃として出合った出来事が、わたしたちの内的な魂の気分とどのように関連しているかを洞察できないとき、偶然ということがいわれます。

ほかの体験にも注意しなければなりません。わたしたちが通常の自我と呼んでいるものをとおして自分が据えられている人生の状態から抜け出るという魂的体験です。例をあげましょう。両親や近親者によって、自分の職業や人生が決定づけられておりながら、自分がどうしてもそれが厭で、べつのことがしたいという場合です。あとで振り返ってみると、「自分は、ある人生の状況のなかに置かれた。しかし、自分の意志、自分の共感と反感をとおして、そこから抜け出た」と、思います。このように、自分が置かれた状況から転じるという体験です。

思い出すことによって、思考において可能なものすべてを注視するのが問題なのではなく、人生においてほんとうに生じたことのみが問題なのです。たとえば、だれかが船乗りになることを天職と感じたことも船乗りになろうという動機を感じたこともないなら、そのような意志衝動は先回お話ししたような考察の対象にはなりません。自分が一種の運命の転換を引き起こしたことのみが重要なのです。つまり、人生の転換をもたらした人生の状況が重要なのです。

このように以前の体験を思い出すことをとおして、後悔を呼び起こすのだとは思わないでください。後悔をするのではないのです。のちになって、自分がある状況から抜け出たことを思い出し、その時点を振り返って、かつて自分が置かれていた状況をよみがえらせます。実際の帰結が問題なのではなく、人生の転換がおこなわれたときのことを思い出すことが大事なのです。「それは偶然に生じた」と思われることがら、「そのような境遇にあったが、そこから抜け出た」といいうることがらに精力的に対峙し、つぎのような内面体験を呼び起こすのです。

「当時はわたしが望まなかった境遇、わたしが抜け出した境遇のなかに、じつはわたしが強い意志衝動をもって自分自身を投げ入れたのだ」と、考えてみます。反感を持ったので、その境遇から抜け出したのです。反感を抱いたものを心に描いて、「それを自分は全力で欲したのだ」と思い、それを全力で欲している人間の姿を心に思い描くのです。

そして、偶然と思われたことについても、それを自分が引き起こしたのだ、と思ってみるのです。たとえば、瓦が落ちてきて肩に当たり、痛い思いをしたことがあるとしてみましょう。つぎのような表象に没頭するのです。「わたしは屋根に登り、瓦を緩ませた。瓦は、すぐにも落ちてくる。わたしは急いで下に降り、瓦はわたしの肩に当たった」。奇怪な表象ですが、このようなイメージを描いてみるのです。

偶然に出合ったことすべてを欲し、逃げ出したいと思ったことをすべて望んだ人間をイメージします。そして、その人間の魂のなかに入っていくようにします。この訓練は、二回や三回、四回おこなったぐらいでは、成果は現われません。この訓練を、数多くの体験に結びつけておこなうと、成果が現われます。探せば、そのような体験は見出せます。この訓練を繰り返し、望まなかったことすべてを望んでいる人間をいきいきとイメージすると、そのようにして心に呼び出した人間のイメージがもはや解き放たれず、そのイメージが実際に自分と関係があるかのような、奇妙な印象を受けるという経験にいたります。このような自己吟味に関して繊細になってくると、そのような気分および自分が構築したイメージと、思い出のように記憶から呼び出したイメージのあいだに類似性があるのが見出されるようになります。ちがうのは、つぎのような点です。心のなかからイメージを呼び出す通常の記憶の経過は、とくに表象に関連しています。それに対して、いま述べた訓練によって心のなかでいきいきとなるものは、表象との関わりは少なく、感情、魂の気分との関わりが多いものです。そのイメージをまえにして、わたしたちは不思議な感情を抱きます。イメージは、あまり問題ではありません。わたしたちが抱く感情が、記憶像に類似した印象を与えます。この訓練を何度も繰り返すと、自分が構築したイメージがだんだん明瞭なものになっていくのが経験されます。心の深みから恣意的に思い出した記憶表象が、最初は暗いものであったのが、しだいに明瞭なものになっていくのとおなじです。なにを表象するかが問題なのではなく、自分が表象したものが変化して、べつのものになることが重要なのです。

なんらかの名を思い出すのに似たプロセスです。頭を絞っているうちに、類音が現われ、「ヌスバウマー」という言葉を発してみます。しかし、どうもちがう、という感情を持ちます。そして、自分ではわからない理由によって、正しい名前「ヌスデルファー」が現われてきます。「ヌスバウマー」と「ヌスデルファー」という名前が組み立てられたように、イメージも変化し、正しい位置に置かれます。そして、「自分のなかに潜んでいたものに、わたしは到達した。それがどのように自分のなかに潜んでいたか、そして、それがわたしの感情のいとなみ全体にどのように関連しているかを洞察することによって、『それは、わたしのいまの人生のなかにあったものではない』ということが、はっきりと示される」という感情が生じます。

そのようにして、自分のなかに潜んでいるものが過去のものであることが、内的に非常にはっきりと明らかになります。ここでは、人間の魂のなかで形成される一種の記憶力を問題にしていることを理解しなければなりません。通常の記憶力とは異なった記憶力なので、べつの呼びかたをしなければなりません。通常の記憶力を「表象記憶」と呼ぶことができます。いま問題にしている記憶力は、一種の「感情記憶、感覚記憶」といわねばなりません。つぎのような考察から、そのような名称が正しいことがわかります。

わたしたちの通常の記憶力は、事実、表象記憶を呼び出すということを考えてみてください。みなさまが二十年前につらい出来事に遭遇し、その思い出を抑圧していたのが、記憶のなかに現われてきた、と思ってみてください。その出来事を詳細に描き出すことはできるでしょうが、当時経験したままの苦痛は、記憶のなかではもはや感じられないでしょう。苦痛は記憶表象から消え去っています。

もちろん、さまざまな段階があり、思い出すたびに、いつも繰り返し、激しい苦痛に襲われる体験をする人もいます。しかし、昔体験した苦痛をそのままの強烈さで感じはしないという一般的な原則は通用します。現在の受肉において、わたしたちの記憶力は表象記憶であり、感情や意志衝動は、それを体験したときと同様の烈しさで心のなかに再び現われることはありません。感情や意志衝動が表象記憶のように、はっきりとよみがえることはありません。典型的な例をあげれば、記憶のなかに現われる表象と、現在の受肉における通常の人生において体験された感情と意志衝動から残ったものとのあいだには、大きな相異があります。回想録を書く人間のことを考えてみるといいでしょう。

例として、ビスマルク（一八一五―一八九八年）を取り上げてみましょう。回想録を書いてきて、一八六六年の普墺戦争を準備していた時点に来たとしてみましょう。この、判断と意志衝動において決断を下すべき、きわめて危機的な時点でビスマルクの心になにが生起したかを思い描いてみましょう。そして、その当時の出来事の印象のもとに体験したものすべてがビスマルクの魂の深みに沈み、彼が回想録を書いていたころのことを思い浮かべてみましょう。そうすると、彼が回想録を書いていたころには、その出来事当時の感情と意志衝動が色あせたものになっているのがわかります。このように、表象と感情および意志衝動に属するものとのあいだにどのような区別があるかがはっきりします。

すこしでも人智学《アントロポゾフィー》に接している人は、ここでべつの観点から述べた、「わたしたちの表象、わたしたちの記憶表象、物質的な外界から刺激されることによって魂のいとなみのなかに生じるものは、この人生にとってのみ意味を持つ」ということも理解なさるでしょう。さまざまなことを感覚的に知覚し、さまざまなことを人生のなかで恐れたり希望したりすることによって身につけた表象、概念のすべて、わたしたちが表象のいとなみのなかに有するものすべては、わたしたちが死の扉を通過すると、すみやかに消え去るという偉大な真理を、わたしたちは人智学の原則から引き出してきました。感情衝動に関してではなく、表象に関して、そのようにいうことができるのです。表象は、物質的生活のなかで過ぎ去るもの、もっともすみやかに過ぎ去るものに属しています。

しかし、先回お話ししたように、なんらかの面から輪廻転生とカルマの法則を探求している人ならだれでも、外的物質界のなかで流れ去る人生において自分のものとした表象は言葉で表現できるということ、そして、そのためにわたしたちは発話を表象のいとなみと結びつけて考えることができるということを容易に理解できます。

だれでも知っているように、人間は受肉すると、その土地の言語で語ることを学ばねばなりません。今日の学生の多くはかつて古代ギリシアに生きていましたが、いかに自分が前世でギリシア語を話していたかを思い出しても、ギリシア語の学習が容易になりはしません。言語は表象のいとなみを表現するものであり、言葉の運命は表象のいとなみの運命に似たものなのです。物質界に関してわたしたちが抱く表象、また、わたしたちが高次の世界に関して獲得しなければならない表象も、つねに物質界の印象に染まっています。このような衣装をとおしてのみ、高次の世界についての伝達は可能なのです。

しかし、わたしたちが物質界で直接的な表象として得ることができるものも、生まれてから死ぬまでの人生に結びついています。死後、わたしたちは表象を、地上で形成するようには形成しません。死後、わたしたちは表象を「見る」のです。地上に色や音が存在するように、死後の世界にわたしたちの知覚が存在しているのです。物質界では、表象は外的印象によって得られ、容易に見渡すことができます。死後は、様子が異なります。死後、人間は赤や青を、地上で見るように見ることはできません。そのかわりに、地上では表象、概念として知るものを見るのです。物質界では、純粋に表象として、あるいは『自由の哲学』の意味で「概念」として知られるものを、表象のいとなみというヴェールをとおしてのみ見ることができるようになるのです。

物質界には、感覚的印象が与えるものがすべてであると見なす人々がいます。感覚的印象のみを通用させようとする人々は、概念をとおして明らかになるもの、たとえば「羊」という概念によって包括されるもの、「狼」という概念によって包括されるもの、つまり物質から解放されたものを否定します。わたしたちは、「人間は表象のなかで、羊に見られるもの、狼に見られるものについてイメージを形成することができる」と、いうことができます。通常の見方は、概念として形成されるものは「たんなる概念」にすぎないと評価するように暗示をかけます。しかし、狼をどこかに閉じ込めて、長期にわたって狼の食べるものではなく、羊とおなじ餌をやったとしても、つまり狼が羊が食べるもので満たされたとしても、そのことによって狼が羊になると思うことはできません。ですから、「感覚的印象から解放された概念は現実のものであるということがわかる」と、いわねばなりません。とはいえ、「概念を形成するものは死滅する」ということは否定されません。狼のなかに生きるもの、羊のなかに生きるもの、つまり肉眼で見えないものが、死と再受肉のあいだの生において見られ、知覚されるのです。

表象は肉体に結びついていますが、死と再受肉のあいだにある人間が表象なしに、表象内容なしに生きているということはできないのです。表象を形成するもののみが消え去るのです。わたしたちがこの物質界で自分の表象のいとなみとして有しているものは、この人生にとっての意味しか持っていません。わたしは、かつて、ある人生において感覚界に通用する表象のいとなみがその人生にしか通用しないことを、劇作家フリードリッヒ・ヘッベル(一八一三—一八六三年)の発想に結びつけてお話ししたことがあります。

ヘッベルは日記に、つぎのような劇の粗筋を記しています。再受肉したプラトンは、プラトン哲学をまったく理解できないので、その授業に関しては学校でもっとも悪い成績を取るだろうというのです。思考的にプラトンのなかに生きた、プラトンの思考体系は、そのままの形では来世に受け継がれないということが示されています。

このようなことがらに関して分別のある考えを得るためには、人間の魂のいとなみをある観点から考察する必要があります。そのためには、「わたしたちは魂のいとなみのなかで、どのような内容をわたしたちとともに担っていくのか」と、自問しなければなりません。

まず、わたしたちの表象です。それらの表象が感情と一体になって、意志衝動にいたりうることは、わたしたちがわたしたちの魂の特別の表象のいとなみについて語りうることを妨げはしません。ほとんど自制することのできない人がいて、純粋に単なる表象を思い描いたときに強い共感、反感が燃え上がって、べつの魂的衝動へと移行しても、そのことによって表象をほかの魂的内容から切り離すことが妨げられはしません。

わたしたちが魂のいとなみのなかに担っている第二のものは、感情の体験です。感情体験は、じつにさまざまな方法でわたしたちのなかに現われます。感情生活のなかには、よく知られた対立があります。事物に対する共感と反感、あるいは、もっとはっきりいえば「愛と憎しみ」です。ついで、刺激を引き起こす感情、緊張と弛緩を引き起こす感情があります。それらの感情を、共感と反感の感情と混同することはできません。緊張、刺激、弛緩と名づけうる魂の衝動は、たんなる共感、反感のなかに生きるものとはべつのものだからです。

しかし、感情内容のさまざまな種類の性格を述べるためには、多くのことを語らねばならないでしょう。美と醜の感情も、それに属します。そこには、たんなる共感、反感の感情とは混同できない特別の魂の内容が見られます。また、善悪に対する感情も、特別の種類の感情といわねばなりません。きょうは、くわしくお話しする時間がありませんが、わたしたちが善良な行為、邪悪な行為に対して抱く内的な体験は、善良な行為、邪悪な行為に対する共感、反感の感情とはまったく異なったものであり、よい行為を愛し、悪い行為を憎むということともまったく異なったものです。そのように、感情はさまざまな姿でわたしたちに現われ、わたしたちはそれらの感情を表象から区別することができます。

第三の魂的体験は意志衝動、意志のいとなみです。この魂的体験も、感情体験と混同することはできません。感情体験は、わたしたちがそれを体験するしかたをとおして、わたしたちの魂のいとなみの内部にとどまらざるをえないもの、とどまることのできるものです。魂のなかで、「これをおこなうべきだ。あれはおこなうべきでない」と表現されるものが意志衝動に属します。

自分や他人に、よいもの、悪いものと思われるものについて持つたんなる感情と、善をおこない、悪を避けるようにわたしたちが駆られるときに魂のなかに現われる、この感情以上の意志とを区別すべきです。感情においては、判断は停止しています。感情のいとなみと意志衝動のあいだには過渡的な部分があるのですが、通常の人生考察によって、その二つを混同すべきでないことがわかります。人間の生においては、いたるところに過渡的な部分があります。感情を表象から切り離すことができないので、純粋な表象にいたることなく、いつも揺れ動く愛と憎しみを表現する人々がいるように、なにかを見ると、意志衝動、行為に相当するものに踏み切るのをとどまることができない人々がいます。たとえ、その行動が正当でないものであっても、踏みとどまることができないのです。そうすると、よくないことに導かれます。盗癖などが現われるのです。感情と意志衝動とのあいだに秩序立った関係がないのです。しかし、実際のところ、これらのことがらは厳密に区別しなければなりません。このように、わたしたちは魂のいとなみのなかで、表象、感情体験、意志衝動のなかに生きています。このような考察は、すでにしばしばおこなってきました。人間全体を、このような考察なしに把握しようとするのは不可能です。

表象のいとなみは、生まれてから死ぬまでの一回の人生に結びついているということを理解していただくために、いくつかのことをお話ししてきました。わたしたちがいかに人生に歩み入り、表象のいとなみを自分のものにしていくかも見てきました。感情のいとなみ、意志のいとなみはそうではありません。感情のいとなみや意志のいとなみもそうだと主張する人は、子どもの成長を理性的に考察したことのない人です。子どもを考察してみると、まだ周囲の世界と自分の表象を結びつけることができないうちに、はっきりした共感、反感を有しており、活発な意志衝動、あるいは落ちついた意志衝動を持っています。確固とした意志衝動が見られるので、ショーペンハウアー(一七八八―一八六〇年)のような哲学者は、人間の性格は一生変わらないと信じたのです。それは正しい見方ではありません。性格は変化しうるものです。

物質界での人生に歩み入ると、「感情と意志衝動は、表象のような状態にはない。感情体験と意志衝動のまったく一定の性格を持って、人間は地上に歩み入ったのだ。正しく考察すれば、わたしたちは感情と意志衝動のなかに、前世からもたらしたものを有している」と、いわねばなりません。それを、一回の人生における表象記憶とは反対に、感情記憶という言葉で包括することができます。表象記憶のみを通用させようとすると、実践にいたることがありません。わたしたちが表象のいとなみのなかで発展させるものは、それを正しく理解したときに、「誕生をとおしてこの人生のなかにもたらしたものが自分のなかにある」という印象を呼び起こしうるものに導きはしません。わたしたちは表象のいとなみを越えて、いくらかべつの追憶を持つ必要があります。いま追憶になっているものを、わたしたちはかつておこなったのです。わたしたちは、どのように追憶するでしょうか。たんに、「それは、人生で偶然に起こったことだ。わたしは、そのようなことに出合った。わたしは、そんな状況にいた。そこから、わたしは逃れた」というようには追憶しません。

表象に立ち止まっていることはできません。わたしたちのまえに、ある人物のイメージを有して、その人物がわたしたちの切望、意志衝動、感情体験を欲したときのように、表象をいきいきと活気に満ちたものにするのです。わたしたちは、意志のなかに生きねばなりません。それは、記憶において表象のいとなみのなかに生きるのとは、まったく異なった体験です。言葉でいいあらわすべきなら、べつの魂の力のなかに生きること、というべきでしょう。

この実践を欲し、望み、切望しつつ、ひとつの魂の内容へと発展させることは、人智学あるいはその他の、表象のいとなみ、感情のいとなみ、意志のいとなみについての認識を弁明し、理解し、説明するのによいことです。このことは、あらゆる神秘学の学院で知られており、実行されていることです。記憶表象と似ていながら、たんなる表象にはとどまらないものを、感情のいとなみ、意志のいとなみの特別の内容に展開させていくことによって、生まれてから死ぬまでの人生をしだいに越えていく一種の記憶力を発展させていけることが明らかになります。

ここで述べた道は絶対的によいもので確実なものですが、世俗の喜びには縁遠いものであるということを強調しておかねばなりません。なんらかの外的な根拠から、自分が前世でマリー・アントワネットであったとか、マグダラのマリアであったとか空想するのは容易なことです。わたしが述べた方法で、魂のなかにほんとうに存在するものから自分の過去の姿にいたるのは、もっと困難なことです。たいていの場合、自分の前世を知ってがっかりするものなので、まず十分に諦念しておく必要があります。

もし、だれかが、そのようなものはすべて嘘だといって、「思い込みによって、事実に相違した記憶を作り上げることがあるではないか」と、反論するかもしれません。これは、反論になっていません。空想と思い込みを区別するための基準は、ただ人生のなかにのみあります。

南ドイツのある町で、わたしが『神秘学概論』に書いたことはたんなる暗示にもとづいたものでありうる、といった人がいました。じつにいきいきとした暗示があるもので、レモネードを飲んだことのない人に暗示をかけてレモネードを思い浮かべさせると、口のなかにレモネードの味がするというのです。そのようなことが可能なのだから、『神秘学概論』に書かれていることも暗示にもとづいたものでありうる、とその人はいうのです。理論的には、そのように反論することはできます。しかし、人生が思慮をもたらします。

だれかがレモネードの例をあげて、いかに暗示が強力に作用するかを示すことができると述べるなら、その人はその例を最後まで考えていないといわねばなりません。たんにレモネードを表象するだけでなく、表象したレモネードで喉の渇きが癒されるかどうか試してみるべきです。そうすると、そうはいかないことがわかるでしょう。最後まで体験してみることが大事なのです。理論的に規定するのではなく、直接人生において経験するのです。

人生の記憶表象から現われるものを自分が体験したことをわたしたちが知っているのとおなじ確実さで、偶然を越えた意志衝動が魂の地下から現われてきます。また、おなじ必然性をもって、わたしたちの前世の像が、記憶表象のように現われてきます。そのようなことは空想ではないかという人に対して、なにも証明をもたらすことはできません。数多くの人々が体験したと空想しながら体験していないものや、あるいはほんとうに体験したことを理論的に証明することができないのとおなじです。前世について理論的に証明することができないように、その他のことに関しても理論的には証明できないものです。この人生で生じたことがらを証明できないように、前世についても証明はできないのです。

いかに前世が現世に輝き入っているかを示しました。入念な魂の発展をとおして、輪廻転生の事実を確信することが、ほんとうに可能なのです。わたしたちのなかにある、輪廻転生していく魂の本質について、理論的な確信だけではなく、実践的な確信が得られます。自分の魂の本質が過去にも存在したということを、わたしたちはほんとうに知るのです。

わたしたちの生活に生じる体験で、まったく別種の体験があります。それらの体験は、前世の記憶として把握できることはありません。そのような体験については、「その体験がどのようにわたしに現われるかを、わたしの前世から説明することはできない」と、いわねばなりません。きょうは、そのような種類の体験について示唆しておきたいと思います。この種の体験を示唆するために、典型的な例をあげようと思います。わたしが例としてあげることは、何百、何千という方法でおこなわれます。しかし、それらは、わたしが典型的な例としてお話しするものと似たものです。

ある人が森を散歩しているとしてみましょう。考えに耽っていて、もうすこしで崖に落ちそうになるのに気がつきません。そのようなことがあります。これは、わたしが知っている例です。なにかに興味をひかれているので、崖に気づきません。あと二、三歩で、もう崖から落ちてしまいます。前に進むと、転落して、人生は終わります。

危機一髪というところで、「止まれ」という声を聞きます。その声によって釘づけにされたような印象を受けます。だれかがいて、自分を抱きとめたように思います。そして、そのように抱きとめられなかったら死んでいただろう、と思います。そう思ってまわりを見ますが、だれもいません。

「なんらかの状況によって、魂の深みから耳の錯覚が生じたのだ。そんなふうにして助かったのは、幸運な偶然であった」と、唯物論的に思考する人はいうでしょう。

しかし、別様に考えることもできるのです。別様に考える可能性は認めねばなりません。きょうは、例をあげるにとどめます。別様の解釈は、語ることができるだけであって、証明することはできないのです。「霊的世界の経過をとおして、カルマ的な危機を迎えた瞬間に、生命を贈られたのだ。そのような出来事が起こらないで、すべてが進行していたなら、わたしは命を落としていたはずなのだから。新しい生命が、いままでの人生に継ぎ足されたのだ。この新しい生命は、贈りものだ。わたしはこの生命を、あの声の背後に立つ力に感謝する」と、思うことができます。

ほんとうに自己を認識する訓練をすれば、そのような体験をじつに多くの現代人がすることができます。じつに多くの現代人が、人生でそのような体験をするのです。そのような体験をしたことがないというのではなく、十分に注意を払っていないので、見落としているのです。いつも、いまお話ししたようなはっきりした形で生じるのではありません。それで、ふだん不注意な人は、そのような体験を見落とすのです。

わたしは折に触れて、いかに人間はいま生じていることを見落とすものかをお話ししてきました。自分のまわりに生じていることに人間はいかに不注意かを示す典型的な例は、つぎのようなものです。わたしは、ある地方の視学官を知っています。その地方には、試験に合格しない老教師は再審査されねばならないという法律がありました。

この視学官は非常に人道的な人物で、つぎのように考えました。「学校を出たばかりの若い教師には、なにを質問してもいい。しかし、二十年も三十年も教職に就いている先生に、いろんな質問をするのは無慈悲なことだ。だから、年配の教師には、その教師が毎年生徒に教えている教科書に載っていることを質問するのがベストだ」。

ところが、どうでしょう。ほとんどの教師は、自分が生徒に教えていることを理解していなかったのです。彼はそれらの教師について、「この先生は、生徒たちが知っていることを引き出すことができた」という評価を与えました。

この例から、いかに人間は自分のまわりのことに不注意であるか、自分自身に関わることにも不注意であるかがわかります。いまお話ししたのに似たことが、多くの人々に見出されても驚くにはあたりません。熟考された、ほんとうの自己考察においてのみ、いまお話ししたような体験が見出されます。そして、そのような体験に対してほんとうに敬虔な気持ちを持つと、まったく特別の感情にいたります。その日から人生を贈られたという感情、その日以来、人生を特別の方法で用いているという感情です。「わたしはカルマ的な危機の状況にあった。そこで、人生は終わっていたのだ」と思うなら、それはよい感情であり、記憶過程と似た作用をします。

このような敬虔な感情に沈潜すると、なにかが現われてきます。「これは、人生でしばしば経験してきた記憶表象のようなものではない。これは、まったく特別のものだ」と、思います。

きょう示唆したことは、これからの講演でよりくわしくお話しできると思います。いまお話ししたように、近代における偉大な秘儀参入者が、自分の同志になるのに適していると思った人々を吟味しているのです。わたしたちに霊的世界を垣間見させるものは、わたしたちの周囲で生じる霊的な事実から、その事実の正しい認識から発するからです。多くの人に聞こえる、そのような声を錯覚だと思うべきではありません。そのような声をとおして、群衆のなかから自分の同志になりうる者として選んだ人々に、クリスティアン・ローゼンクロイツという導師が語りかけるのです。この、十三世紀に特別の活動をした人物から、呼び声が発するのです。その呼び声を体験した人は、そのしるし、認識のしるしをとおして、霊的世界のなかに立つことができるのです。多くの人が、そのような呼び声に気づかないかもしれません。しかし人智学は、人々がいまはその呼び声に気づかないとしても、のちに気づくようになるために、活動しているのです。そのようなことを体験する人のほとんどについて、今日、つぎのようにいうことができます。秘儀参入者クリスティアン・ローゼンクロイツは、自分に属することができる人々に向かい合います。それは、ある受肉においてではなく、死と再受肉のあいだにおこなわれます。このことから、死と再受肉のあいだに、生まれてから死ぬまでよりも重要なことが生じるのがわかります。クリスティアン・ローゼンクロイツに属する人々は、すでに前世で定められている場合もあります。しかし、たいていの場合、そのような決定は前世における死と現世への再受肉のあいだにおこなわれたものです。

センセーショナルなことを話そうと思って、このようなことをお話ししているのではありません。特別の根拠があって、お話ししているのです。それに加えて、人智学的生活のなかでしばしば経験されることに注意を向けたいと思います。語られたことを容易に忘れたり、語られたのとは別様に受け取るという経験です。そのようなことが、人智学的生活のなかで生じます。そのために、わたしは重要で本質的なことを何度も繰り返して強調しました。今日でも、そのようなことが起こっています。現在、多くの人が先程お話しした体験を持ちながら、そのことに気づいていません。それは、そのような体験がなかったからではなく、十分に注意を向けていないので、思い出さないのです。「そんな体験はしたことがない。だから、わたしは選ばれなかったのだ」と思う人には、このことは慰めになるでしょう。

今日、無数の人々がそのような体験をしていることは確かなのです。なぜ、このようなことをいうのかの本来の根拠を述べるまえに、あらかじめこのことをいっておきたく思ったのです。

このようなことを語るのは、抽象的理論ではなく、具体的な方法でわたしたちの魂のいとなみと霊的世界との関係を見出すべきだということに繰り返し注意を向け、人智学的精神科学はたんなる理論的世界観ではなく、わたしたちの人生の内的な力であるべきだということに注意を向けるためです。わたしたちはたんに、霊的世界があり、人間は霊的世界に属している、と知るべきではありません。わたしたちは人生において、たんにわたしたちの感覚的思考に作用する事物を考察するのではなく、「わたしは、このような方法で霊的世界のなかに据えられた」ということを示す関連を注意深く把握すべきなのです。

具体的に霊的世界のなかに立っていること、現実に霊的世界のなかに立っていることに、注意を向けるのです。世界は霊的なものを有することができ、人間は唯物論的に考察するのではなく、霊的なものを自分のなかに有しうるということの根拠を示すものを、理論的に外部に探求することもできます。それに対して、人智学的世界観は、個々の場合を示して、「このように、わたしは霊的世界と関連している」と、明らかにします。

わたしたちが大宇宙の霊性に属していることを洞察するために、世界をどのように考察すべきかを示すことのできるものへと、わたしたちは上昇していくのです。

第三章　輪廻転生とカルマについての経験を形成するための思考の訓練

日々の生活がどのように経過し、どのような影響をわたしたちの内面に投げかけているかを考察し、それがわたしたちが地上において受け取る苦しみや喜びのなかにどのような影響を与えているかを考察すると、さまざまな種類の体験を注視することができます。

最初に自分自身を振り返り、自分の能力、自分の才能のなかにあるものに目を向けると、「自分はそのような人間であったので、このような能力を得たのは、まったく自然に理解できることだ」と、思います。

しかし、わたしたちは自分が体験した失敗、達成できなかったために不運、不幸といわざるをえないようなことがらも自分の存在に関係していることを見出せます。

そのような場合、そのような失敗、自分が達成できなかったことがつねに自分の能力のなさに関係していると正確に証明することができるとはかぎりません。一般的には、「多くの場合、わたしはこの地上において軽率な人間だった。だから、それ相応の失敗をしたのだ」と、いわねばなりません。直接的には失敗と能力のなさとのあいだの関係を見出せないかもしれませんが、一般的にいって、軽率だったのでうまくいかなかったということが理解できます。

いまお話ししたことから、自分の能力あるいは能力のなさから生じねばならなかったことのなかに、一種の因果関係を洞察することができると考えられます。しかし、達成できなかったり失敗したりしたことをただちに自分の能力や能力のなさに関係づけることができないものが、人生には数多くあります。どんな責任が自分にあるのか、どのようにしてそのような報いがあるのかが見通せないことがあります。つまり、自分の内面のいとなみを注視すると、二種類の体験を区別することができるのです。一方の種類の体験においては、原因と成功あるいは失敗との関係がよくわかります。他方の種類の体験においては、そのような関係を見通すことができません。この種の体験においては、失敗したり成功したりしたことが、多かれ少なかれ偶然のように思われます。そのような体験が人生にはかなりあることに注意しておき、あとでもう一度、そのような体験に注意を向けてみようと思います。

ついで、わたしたちの外的な運命に、より注目してみることができます。外的な運命に関しても、二つの種類に注目しなければなりません。

自分が企てたのではなく、自分が出合った出来事に関して、それを自分が引き寄せ、自分に責任があると内的に洞察できる場合があります。しかし、もう一方の種類の運命に関しては、「自分が欲したこと、自分が意図したこととその運命との関係を洞察することができない」と、思いがちです。そのような出来事は通常の人生においては偶然、すなわち、自分が引き起こしたことが人生に生じたことになにも関係していないように見えるものです。

内的ないとなみに関して、自分の能力や能力のなさとの直接の関わりが洞察できない、この第二の種類の出来事に注目してみたいと思います。偶然の出来事と思われる外的な出来事については、それが以前におこなったことをとおして引き起こされたのだと、すぐに洞察することはできません。

さて、一度ためしに、この二種類の体験に関して一種の実験をしてみることができます。その実験はなにも義務を負うものではなく、いまお話ししたことを一度試みてみればいいのです。

つぎのように表象するのです。人造人間を考え出し、人造人間を作ってみるとどうでしょうか。この、わたしたちが考え出した人工的思考人間に、わたしたちには理解できないことを引き起こす特性と能力の素質を付与します。わたしたちは、自分の能力や能力のなさによって、ものごとを達成できたりできなかったりします。この人造人間は、偶然にわたしたちの人生に到来するように思われることを意図的に引き起こす能力を持っています。

このことを解明するために、簡単な例から出発することができます。瓦が肩に落ちてきて、肩に怪我をしたとしてみましょう。そうすると、最初は、「これは偶然だ」と、いいがちです。

ためしに、つぎのような奇妙なことをおこなう人造人間を作ってみましょう。その人造人間は屋根に登り、瓦を剝がして投げ、すばやく下に降りて、その瓦を肩に当てるのです。偶然に人生に生じたと思われる出来事すべてに関して、そのように思ってみるのです。通常の生活において、わたしたちが自分とどのように関連しているのかを洞察することのできないものすべてを自分の責任で引き起こす人造人間です。

最初は、そんなことは単なる思考の遊びだと思われることでしょう。そのようにしても、なんの義務も負いません。しかし、そのようなことをおこなうと、注目すべきことが現われます。そのような人造人間を作り、いまお話ししたような才能を付与すると、この人造思考人間はまったく独特の印象をわたしたちに与えます。わたしたちが作った人造人間の像は、外見上は人工的に構築されているように見えるのですが、そのイメージはわたしたちを魅了し、その像はわたしたちとなんらかの関係を持つにちがいないという印象を与えます。人造思考人間に対して、そのように感じます。このイメージのなかに深く沈潜すると、わたしたちの感情のなかに、注目すべきプロセスが生じます。つぎのようなプロセスに比較できるプロセスです。

人間がいつも体験する内的な感情のプロセスに、わたしたちはいたります。わたしたちは、なにかを考え、決意することができます。そのためには、わたしたちはすでに知っていることがらを必要とします。そして、わたしたちが知っているものについてよく考えてみるために、あらゆる人工的な手段を用います。このような労苦によって、わたしたちが忘れたものが記憶に呼び出されます。そのとき、わたしたちは熟考するという感情のプロセスを持ちます。なにかを思い出すために助けとなるものは、補助思考です。自分が知りたいと思うことにいたるために、わたしたちがどれほど多く、そのような補助思考を用いねばならないかを、一度考えてみてください。そのような補助思考は、思い出そうとしている者がいま必要とするものへの道を開くものです。

それよりはいくらか包括的なものですが、いま述べた思考人間は補助プロセスなのです。思考人間は、もはやわたしたちを離しません。思考人間は、わたしたちのなかで活動します。それは思考としてわたしたちのなかで活動し、わたしたちのなかで変化していきます。実際に、理念へ、思考へと変化するのです。その思考は、通常の記憶プロセスのなかでわたしたちが思いつくもの、わたしたちを圧倒するものとして現われます。「それは、そのままでいることはできない。それは、わたしのなかで変化する。それは生命を展開し、べつのものになる」というべき過程が見られます。

そのような考えがわたしたちの心のなかに現われ、「それは、おまえのいまの地上での存在とはべつのものに関わるものだ」という声が聞こえてきます。前世の追憶、思考が現われてきます。それは、思考というよりも、感情、感覚です。わたしたちの心情のなかに現われる感覚によって、わたしたちは自分がかつて地上に生きていたことがあると感じるのです。

人智学《アントロポゾフィー》というものは、総体的に考察すれば、たんなる理論の総合、事実の報告ではなく、それらのことをどのようにすれば達成できるかを示唆するものです。「これらのことをおこなえば、より容易に思い出すことができるように、あなたは導かれていく」と、人智学はいいます。

経験から、つぎのようにいうこともできます。「このようにおこなえば、自分の前世の心情印象、感情印象を、あなたは得る」。

「記憶の拡張」と名づけうるものにいたるのです。そこでわたしたちに現われるものは、先に述べた思考人間を構築した段階では、たんなる思考の事実でしかありません。しかし、思考人間は思考人間にとどまってはいません。思考人間は感受印象、心情印象に変化します。そのように変化することによって、「わたしたちが感じるもののなかに、わたしたちの前世に関わるものが存在する」ということを、わたしたちは知ります。わたしたちの記憶は、前世へと拡張していきます。

この受肉において、わたしたちは自分の思考が共体験した事物を思い出します。自分が思考したことは、比較的容易に思い出せることを、みなさまはご存じでしょう。通常の人生において、わたしたちの感情のなかで演じられたことは、そのようにいきいきととどまりはしません。十年前、二十年前に大きな苦痛を感じた出来事を思い返してみると、その出来事は容易に思い出すことができます。どのようなことが起こったかを、表象のなかに呼び出すことができます。しかし、当時感じた苦痛をいきいきと感じることはできません。苦痛は色あせ、その記憶が表象のなかに注ぎ出します。これが心情記憶、感情記憶です。事実、そのようなものとして、わたしたちは自分の前世を感じるのです。「前世の記憶」と名づけうるものが、現われてくるのです。前世の記憶の担い手は、現世で生じるもののように、ただちに見て取れるというわけにはいきません。

わたしたちの表象が、表象の表現、すなわち言語とどれほど密接に結びついているかを考えてみてください。言語とは、表象世界が受肉したものです。どの人間も、生まれるたびに言語を新たに習得しなければなりません。偉大な言語学者も、子どものとき、苦労して母国語を学んだのです。前世で話していたギリシア語をすみやかに思い出したので、ギリシア語を楽に習得できたという学生はいません。

ヘッベルは、あるドラマを書くプランを持っていました。そのプランは残念ながら実行されなかったのですが、もし実行されていたら、きっと興味深いドラマになっていたことでしょう。再受肉したプラトンが学校に入学して、プラトン哲学の授業で落第点を取るというドラマです。残念ながら、この芝居は完成しませんでした。先生がペダンティックであったと考える必要はありません。ヘッベルが描いたのは、直接的に経験されたことの表象は、多かれ少なかれ、ひとつの人生に制限されるものだということに基づくものです。そして、いまお話ししたように、前世の記憶として最初に現われる印象は、感情記憶という新しい記憶です。わたしたちが作った思考人間の記憶は、むしろ一個の感情なのだという印象を、わたしたちは得ます。「この印象は、かつて存在した者に由来する。そして、わたし自身がその者だったのだ」という感情です。前世の最初の印象として、一種の記憶感情を得るのです。

思考人間の組み立てとして述べたものは、たんなる手段にすぎません。この手段は、心情印象、感情印象に変化します。人智学に取り組む人は、多かれ少なかれ、いま述べたことを容易に実行する機会を有しています。そして、それを実行すると、自分の内面に、「わたしはかつて、ある風景を見た。どんな風景だったか忘れたが、その風景はわたしの気に入った」という印象を得ます。

もし、それがこの人生においてのことであったら、その風景はもはやいきいきとした感情印象を与えません。しかし、その印象が前世に由来するものであったなら、特別いきいきとした感情印象を与えます。前世の感情印象として、特別いきいきとした印象が得られるのです。そして、先に述べた印象を客観的に観察すると、思考人間が変化したものとして生じたものから、苦い、あるいは甘苦い、あるいは酸っぱい感情を、わたしたちは時折り得ます。そのような甘酸っぱいような感情が、前世がわたしたちに与える印象なのです。一種の感情印象、心情印象です。

前世が存在するという直接的な確かさを呼び起こすものに、みなさまの注意を向けました。「これは確かに、この人生のどこかで獲得したものではない」という心情印象、感情印象を作り出すことをとおして、そのような確信が得られます。

その印象は、通常の人生において記憶表象が現われるようなしかたで現われます。ところで、「そのような印象が記憶であると、どうして知ることができるのか」と、問うことができます。

証明されるものではない、としかいえません。しかし、人生において健全な感覚をもってなにかを思い出すのと同じ事態が存在します。その際わたしたちは、思考のなかに現われるものが、わたしたちが体験したものにほんとうに関連していることを知ることができます。経験自体が確信を与えるのです。いま挙げた方法でわたしたちが表象するものが、心情のなかに現われる印象が現世においてわたしたちに関わるものにではなく、前世でわたしたちが関わったことに関係するという確信を与えます。

わたしたちは人工的な方法で、わたしたちの前世と関係するものを呼び起こしました。わたしたちはさらに、さまざまな種類の内的な実験的な経験と体験を取り上げることができます。そして、そのことをとおして、さらに進んで、前世の感受のごときものを呼び覚ますことができます。そのようにして、人生において有した体験を分類することができます。一方には、人生において苦悩、苦痛、障害として体験したものを分類し、他方には、要求、喜び、楽しみなどとしてわたしたちに意識されたものを分類できます。

さて、ふたたび実験的に、つぎのような観点に立ってみましょう。「わたしはこの苦悩、この苦痛を体験した。この人生が一度かぎりのものならば、わたしたちの苦悩、苦痛は宿命的なものであり、できることなら投げ出してしまいたいものだ。だが一度、実験的に、そんなふうには考えないようにしてみよう。わたしたちが、なんらかの根拠から、この苦痛、苦悩、障害を招き寄せたのだと仮定してみよう。もし前世が存在するなら、わたしたちは自分がかつてなしたことによって、いまのような不完全な存在になったのだから」と、いうことができます。

わたしたちは輪廻転生をとおして、いつも完全になっていくのではなく、不完全になっていくこともあるのです。わたしたちがだれかを中傷したり、だれかに災難をふりかけたりするとき、わたしたちは不完全になっていきます。その人に対して危害を加えたというだけではなく、わたしたち自身もその行為からなにかを受け取るのです。そのようなことをおこなわなければ、わたしたちは総合的な人格としてはもっと価値ある人間であったことでしょう。そのような、わたしたちの借りがたくさん書き込まれています。そのような借りを作っているので、わたしたちは不完全になっていくのです。わたしたちが、だれかを困らせたあと、以前に自分が有していた価値をふたたび取り戻そうとするなら、なにが起こらねばならないでしょうか。

わたしたちは、自分の行為の均衡を取らねばなりません。なにかを克服することをわたしたちに強いるものを見出さねばなりません。そして、この方向で、わたしたちの苦悩と苦痛について熟考してみると、「自分の不完全さを克服するための力を自分のものとするために、それらの苦悩、苦痛はわたしに適したものである。苦悩をとおして、わたしは完全になっていく」と、いうことができるのです。

通常の生活においては、わたしたちはそのようには考えません。通常の生活においては、わたしたちは苦悩を退けようとします。しかし、「苦悩、苦痛、障害は、自分のなかに自分よりも賢い人間がいることを示している」と、いうことができるのです。自分自身が自分の意識を包括しているのですが、その自分自身をあまり賢くないものと考察してみましょう。わたしたちの魂の地下に、より賢い人間がまどろんでいます。わたしたちの通常の意識は苦悩、苦痛を拒絶します。わたしたちのなかのより賢明な人間が、わたしたちの意識に反して、わたしたちを苦悩へと導くのです。わたしたちはそれらの苦悩を克服することをとおして、なにかを脱ぎ捨てることができるからです。わたしたちの内部に存在するより賢明な人間が、わたしたちを苦悩、苦痛に導き、その苦悩、苦痛を体験するように指示するのです。

これは苛酷な考えかもしれません。しかし、わたしたちの内部のより賢明な人間は、なにも押しつけはしません。わたしたちは、実験的に一度、そのように思い浮かべてみればいいのです。「わたしたちのなかには、賢明な人間が存在しており、その人間が、わたしたちがもっとも避けたいと思っている苦悩、苦痛へとわたしたちを導く。より賢明な人間が、自分自身のなかに生きているのだ」と、いうことができます。このような方法で、より賢明な人間がわたしたちを嫌なことに導くという、多くの人々にとっては不愉快な内的な帰結にいたります。

より賢明な人間が自分のなかにおり、その人間がわたしたちを不快なことに導くことによって、わたしたちは前進する、と仮定してみましょう。

さらに、もうすこしちがったことをしてみましょう。喜び、要求、楽しみを取り上げてみましょう。そして、ためしに、事実かどうかはべつにして、つぎのように表象してみましょう。「わたしは自分の楽しみ、自分の喜び、自分の要求に値しない。それらは、高次の霊的な力の恩寵によって、わたしにもたらされたのだ」と、考えてみましょう。

いつもそうする必要はありません。ためしに、わたしたちの内部の賢明な人間が苦悩、苦痛をもたらしたのであり、それらの苦悩、苦痛はわたしたちの不完全さの結果として必然的にもたらされたものであり、わたしたちは苦悩、苦痛をとおしてのみ自分の不完全さを克服することができるのだということを受け入れてみるのです。そして、ためしに、「わたしたちの喜びは当然のものとしてあるのではなく、霊的な力がわたしたちに与えたものなのだ」と、考えてみましょう。

そのように考えるのは、虚栄心のある人には苦い思いのすることかもしれません。しかし、ためしにこのように考え、心情のなかでこのような表象に集中することができると、つぎのような基本感情に導かれていきます。「おまえのなかには、通常の意識には関わらないなにかが生きている。それは、おまえが人生で意識的に経験するものよりも深いものだ。おまえのなかには賢明な人間が生きており、その人間は、世界を貫く永遠の神的―霊的な力に向かう」

こうして、外的な個体の背後に内的で高次の個体が存在するという確信が、内面生活のなかに生まれます。わたしたちはこのような思考の訓練をとおして、永遠の霊的な存在の核を知ります。それは、非常に意味のあることです。

人智学は、別世界の存在についてなにかを知るためだけではなく、自分をその別世界に属する者と感じ、一連の輪廻転生を通過してきた個体と感じるための示唆でありうるのです。

第三の種類の体験があります。その第三の種類の体験を、カルマと輪廻転生の内的体験にいたるために利用するのは、もちろん困難なことです。しかし、困難で厄介ではあっても、ためしに利用してみることはできます。この体験を外的な人生に誠実に用いてみると、すでに、ほんとうにこのような方法で現世と前世が関連していることが明らかになります。

最初のうちは、おそらくそのように信じることができるという思いがするだけですが、しだいに確固とした確信になっていきます。

一度、わたしたちがこの人生を生きてきて、三十代を迎えた、あるいは三十代を過ぎたと仮定してみましょう。三十代のころに、わたしたちはさまざまな人に出会います。三十歳から四十歳までのあいだに、人々とさまざまな関係を結びます。それらの関係は、わたしたちがもっとも成熟した人生の段階で結んだものであることがわかります。たいていの場合、成熟した人間として、それらの関係を結ぶのです。熟考すると、そのことが明らかになります。精神科学の認識を土台とした熟考をとおして、いまわたしが精神科学の探究からお伝えしていることが正しいことがわかります。いまわたしがお話ししていることは、たんに思考によって論理的に見出されたものではなく、精神科学的探究をとおして確認されたことです。とはいえ、論理的な思考によって事実を確認し、理性にかなったものと見なすことができます。

たとえば人間の構成要素について、七歳のときにエーテル体、十四歳のときにアストラル体、二十一歳のときに感受魂、二十八歳のときに悟性魂、三十五歳のときに意識魂が現われ出るということを、わたしたちは学びました。このことをよく考えてみると、「三十歳から四十歳にかけて、悟性魂と意識魂を形成する」と、いうことができます。

悟性魂と意識魂は人間本性のなかで、わたしたちを外的な物質界に集中させる力です。わたしたちが外的な物質界との交流をおこなう年齢に、とくに現われ出る構成要素です。

幼年期において、わたしたちの物質体の力が、まだ内面に直接閉じ込められているものから導き出されます。人間が前世において作った原因が、死後の世界へと継続していきます。わたしたちが霊的世界で集めたもの、わたしたちが前世から持ってきたものが、わたしたちの物質体の構築に働きかけます。それが絶えず内面から、目に見えない働きかけを身体になしています。成長していくにしたがって、この働きかけは少なくなっていきます。古い力がわたしたちの身体を形成しました。そうして、わたしたちが完成した身体をもって世界に向かい合う時期が来ます。わたしたちが内面に担うものが、わたしたちの外的な身体のなかに刻印されます。三十歳ごろ、わたしたちはもっとも物質的に世界に向かい合うのです。ある意味で、物質界にもっとも密接なかたちで、世界に向かい合うのです。

わたしたちが結ぶ人生の関係に関して、外的―物質的な明瞭さをもって、「わたしたちが三十代に結ぶ人生の関係は、わたしたちが誕生して以来わたしたちの内面で活動してきたものと関連することがもっとも少ない」と、いわねばなりません。とはいえ、わたしたちが三十歳ごろに何人もの人々に出会うのは偶然ではない、と考えねばなりません。そこにはカルマが働いており、それらの人々と前世で関わりがあったのだ、と考えねばなりません。

精神科学のさまざまな探究の結果、わたしたちが三十歳ごろに出会う人々は、非常にしばしば、前世において親子もしくは兄弟姉妹の関係であったことがわかります。これは、注目すべき事実です。必ずそうだというわけではありませんが、多くの場合、前世においてわたしたちの両親であった人々には、現世においてもわたしたちの幼年時代にふたたび出会うのではなく、わたしたちが物質界で活動するようになった三十代ごろになって出会うのです。わたしたちが三十代ごろに出会った人々は、来世において、たいてい親子、兄弟姉妹、親戚として出会うことになる、と精神科学の探究は示しています。現世において三十代ごろに知り合いになった人々は、前世において親族であり、来世において親族であるということになるのです。「三十代にともに過ごす人々は、前世においてわたしの両親、兄弟姉妹であった。そして、彼らは来世においてわたしの両親、兄弟姉妹になる」と、いうことができるのです。

逆のこともいえます。外的な力によって、わたしたちが選択したのではなく、人生のはじまりに両親、兄弟姉妹として出会う人々は、たいていの場合、わたしたちが前世において、自分の意志で選んで付き合った人々であったのです。前世において人生の半ばで選んだ人々が、いまわたしたちの両親、兄弟姉妹になっているのです。

とくに興味深いのは、一連の輪廻転生をとおして人々と同様の関係を持つのではないという事実です。前世においてそれらの人々と出会う年齢と、現世においてそれらの人々に出会う年齢がちがうのです。

正反対でもないのです。わたしたちが人生の終わりに出会った人々に、つぎの人生の最初に出会うのではありません。人生の半ばで出会った人々と、つぎの人生の始めに出会うのです。いまの人生の始めや終わりに出会う人々ではなく、この人生の半ばで出会う人々に、前世の幼年期において、わたしたちの親族として出会ったのです。前世において、わたしたちが幼年期に出会った人々に、いまの人生においては人生の半ばで出会うのです。現世において幼年期に出会った人々とは、来世において人生の半ばに出会い、わたしたちが自由意志で選ぶ仲間となります。このように、カルマの関連は独特なものなのです。

いまお話ししたことは、精神科学の探究から明らかになったことです。しかし、精神科学がわたしたちの人生の幼年期と、前世または来世の人生の半ばとのあいだの内的関連をどのような方法で示すかを考察すると、この探究結果が無意味なものであったり、無用なものであったりはしないことがわかります。この探究結果を自分に引き寄せて、理性的に考察してみると、人生を解明していくことができます。謎に包まれていた人生が、明瞭なものになってきます。抽象的にカルマ全般について語っているあいだは、人生のさまざまな具体的な関連が完全に理解できるにはいたりません。

「なぜ人生の半ばにおいて、さまざまな知己を独自に悟性の力を込めて作るように、カルマによって駆られるのか」と考えるのは有益なことです。それらの人々は前世においてわたしたちの親族であり、そのような関わりがあるので、現世で再び出会うのです。

自分の人生の経過のさまざまな出来事に対してそのように熟考すると、わたしたちの人生が解明されていくことに気づきます。間違うことはありません。何度も間違うこともあります。しかし、人生で出会うだれかに関して正しい洞察をすることができるのです。このような熟考から、「この人には、どこかで会ったことがある」というなら、その考えは道しるべのように、わたしたちが注意を払わないでいたかもしれない事物にわたしたちを導きます。そして、それが符合することをとおして、個々の事実の正当性についての確信を獲得させます。

カルマ的関連は、一挙に明らかになるものではありません。わたしたちは、人生の最高の認識、わたしたちの人生を解明するもっとも重要な認識をしだいに獲得していかねばなりません。もちろん、人々はそのように思いたくはないものです。人々は瞬時に、「わたしは前世であの人と共にいた。あの人物が前世のわたしだった」とわかるといい、と思っているものです。

すべての認識はゆっくりと獲得していかねばならないというのは、安楽な考えではありませんが、実際そうなのです。なにかがこうありうると思っても、さらに探究をつづけねばなりません。そうすると、その思いは確信に変わります。この領域において確信を目覚めさせるものに、わたしたちは探究をとおしていたるのです。この領域に関してすみやかな判断を下すと、霊的世界への入口を閉ざしてしまいます。

人生の半ばにおける人々との出会い、前世においてわたしたちの身近にいた人々との関係について今日お話ししたことを、一度よく考えてみてください。そうすると、実り豊かな思考にいたります。とくに、『霊学の観点からの子供の教育』(『精神科学の立場から見た子供の教育』)に述べられていることを考慮に入れると、そこに書かれていることと、みなさまの熟考の成果が一致することが明らかになります。

きょう、お話ししたことに、つぎのようなまじめな警告を付け加えねばなりません。ほんとうの霊探究者は、結論を性急に引き出すことを避けます。事物がやってくるのに任せるのです。なんらかの事物があると、まず通常の論理で吟味します。そうすると、わたしが最近体験したような特徴的な人智学への抗弁がなされはしません。非常に賢い人がわたしに、つぎのように語ったことがあります。「『神秘学概論』に書かれていることは、世界が示すものと論理的な関連を持っている。だから、そこに書かれていることは、たんなる思考によって到達できるといわざるをえない。超感覚的探究の成果である必要はないのだ。そこに書かれていることには疑いを挟む余地はない。事実と一致している」。

わたしはたんなる思考によって『神秘学概論』に書かれている内容に到達したのではありません。その紳士の知力をわたしはたいへん尊敬しているのですが、彼がたんなる思考によって『神秘学概論』に書かれているような霊的事実にいたるとは思いません。精神科学の領域で論理的に洞察されうることがらは、どれもたんなる思考をとおして見出されたものではないのです。なにかを論理的に吟味し、論理的に理解できるということが、精神科学的な探究によって見出されたことを疑う根拠にはなりません。精神科学の伝達が論理的な熟考によって、疑いなく正しいものと認識されうることは一種の安心になるにちがいないと思います。非論理的なことを声高に語って、信者を獲得するのは、霊探究者にとって名誉になることではありません。霊探究者は、思考によって超感覚的なことがらを見出すという立場に立つことはできません。しかし、精神科学の道によって見出された事物について熟考すると、それは精神科学的な源泉を見出せるとは思えないほど、論理的なものに見えるのです。しかし、あらゆることがらについて、純粋に精神科学的探究の土台の上に見出されたということができるのです。

きょうお話ししたことが、最初は奇妙なものに思えても、もう一度、その内容について熟考してみてください。霊的な事実によって明らかにならなかったものを、通常の論理的な思考から演繹してお話ししたりはしません。しかし、霊的に探究したことを、論理的に検証することができるのです。精密に、誠実に吟味すればするほど、すべてが正しいことが判明します。きょうお話しした、現世における両親や兄弟姉妹と、前世もしくは来世において人生の半ばで知り合いになる人々との関係についてのように、それが正しいかどうかを確かめることができないことがらについても、どのようにさまざまな部分が関連しているかを見ていくと、それがたんに蓋然的なものではなく、確実なものだという印象が得られるにちがいありません。そして、人生そのものをとおして吟味すると、その確かさが根拠のあるものになります。人生の半ばに出会う人々に、前世において自分の兄弟姉妹であったかのように向かい合うと、自分の態度、その人々の挙動が、まったく新しい光のなかに現われてきます。そうすると、ただぼんやりと人生を送っているよりも、人間関係が実りあるものになります。

人智学は人生についての知識と認識を与えるだけのものではありません。人智学は、わたしたちがどのように人生の状況を把握すべきかの指標を与え、わたしたちの人生に対する姿勢、わたしたちの人生の課題を明確なものにしうるのです。がむしゃらに生きて破滅への道をたどるのではないかとは思わないことが大切です。人生を誠実に生きない、気の小さい人間だけが、そのようなことを思うのです。人生を正確に知れば知るほど、人生は実り豊かで、内容豊かなものになるということが、わたしたちにとっては明らかでなくてはなりません。人生において生じることがらが、人智学をとおした視野のなかに入ると、すべての力がより豊かで、確かで、希望をもたらすものになります。

第四章　前世と現世・現世と来世におけるカルマの作用

昨日は人間のカルマを、人間の魂の内的過程に結びつけて考察しました。洞察可能なものに結びつけて、カルマについての問いを語ったということができます。いわば実験的になんらかのものごとを心のいとなみのなかに据えて、自分の魂のいとなみのなかに、カルマの法則の真理についての確信へと導く内的経験を呼び出すことができるからです。カルマについての問いを、人智《アントロポゾフィー》学的考察の視野のなかに入れていくと、真の人智学が人生と人間の進化全体にどのように関係しているかが認識されていきます。多数の人々が、昨日お話しした考察の土台になっている確信を得ると、人間の生活がしだいに変化していくということを、正しくイメージできるはずです。そのような真理に浸透されて、いままでとはちがった人生への向かい合い方をすることによって、人生は変化するにちがいありません。こうして、人智学《アントロポゾフィー》運動に関わっている人々にとって良心の問題とならざるをえない、非常に重要な問題にいたります。「なにが現代人を、人智学者たらしめるのか」という問いです。

この問いにふさわしい答えをしようとすると、容易に誤解を招きます。今日でも非常に多くの人々、わたしたちの仲間でさえ、人智学《アントロポゾフィー》運動はなにか外的な組織だろうと思い込んでいるからです。物質界で人智学を育成するためには、そのような外的組織がなくてはなりません。しかし重要なのは、真剣に、心から精神生活の問いへの深い興味を持ち、自分の世界観を、そのような精神生活の運動の意味で深めたいと願っている人は、だれでもこの外的な組織に属することができるということです。人智学《アントロポゾフィー》運動という組織に属する人は、いかなるドグマも信仰告白も要求されません。しかし、それとはべつに、なにが現代人を人智学者たらしめるのかを、一度明らかにしておきましょう。

人間は霊的世界と関連しているという確信が、たしかに人智学的な確信のはじまりです。そのことは、人智学の課題、目的、現代的使命についておおやけに語るときには、いつも強調しなければなりません。しかし、人智学的サークルのなかでは、霊的世界についての確信だけよりもずっと決定的なことが人間を人智学者にするということが明らかになっていなくてはなりません。唯物論的でないサークルでは、どこでも霊的世界についての確信が持たれているからです。ヤーコプ・ベーメ（一五七五―一六二四年）の神智学や、その他の昔の神智学は、現代人を人智学者たらしめるものを有していません。わたしたちの文化が目指してきたものが、現代人を人智学者たらしめるのです。一方では、このような努力が多くの人々の特性になったのですが、他方では、人智学者は外的な文化人、外的な教養人からは愚かな者たちと見られているという事実があります。

たしかに、わたしたちは人智学をとおして多くのことを知ります。人類の進化、地球の進化、惑星系の進化をわたしたちは知ります。それらすべては、人智学的な努力の基盤に属するものです。しかし、現代の人智学者にとって特別意味深いのは、輪廻転生とカルマについての確信を得ることです。

そして、いかに人間は輪廻転生とカルマについての確信を自分のものにしていくか、輪廻転生とカルマについての思考を一般の生活のなかにもたらす可能性をどのように見出すかによって、現代の生活は未来にむかって本質的に変化します。まったく新しい生活形態、まったく新しい人間の共同生活が創造されます。人類の文化が崩壊すべきでなく、ほんとうに前進し、上昇するべきなら、そのような共同生活が必要です。昨日お話しした内的な魂の体験を、どの現代人もすでに持つことができるのです。そして、十分なエネルギーと活動力があれば、輪廻転生とカルマについての真理を内的に確信するにいたります。しかし現代の外的な基本性格は、真の人智学が目指すものに対峙しているのです。

この現代の基本性格をもっともラディカルに示しているのは、宗教的なことがらに関する問い、人間と宇宙の進化に関する問い、そして輪廻転生とカルマに関する問いに多かれ少なかれ大きな関心が寄せられているという事実です。宗教の個々の教え、たとえばブッダの本質やキリストの本質について論じることにまだ広い関心が寄せられていますが、そのような関心は本質的に薄らぎつつあります。自分を人智学者と名乗る人々のあいだにも、いかに人智学が外的な人生の個々の部分に精通すべきかが具体的に語られると、あまり興味の持てない人々がいます。それは、本質的にはよく理解できることです。人間は外的な生活のなかに置かれています。それぞれの人が独自の位置を世界のなかに占めています。今日の世界秩序を見ると、ほとんど大食堂のようです。そのなかに、個人は歯車のように組み込まれています。そのように、人々はこの世界のなかで、自分の仕事、心配に、朝から晩まで関わっているのですが、自分がこの外的な世界に順応しているという以外のことは知らないのです。

そのかたわらに、だれの魂のなかにも、日常が与えるものによってはわずかしか見上げることのできない問いが現われます。魂の運命、魂のいとなみの始まりと終わり、神的―霊的存在との関係、宇宙の諸力についての問いなどです。日常が人間に与えるもの、人間が懸念するものと、人間が人智学の領域で得るものとのあいだには、深い淵、広い裂け目があります。「たいていの人々にとって、また現代の人智学者にとっても、外的な日常生活のいとなみと人智学的な確信とは、ほとんど一致していない」と、いいたくなります。

具体的な問いをおおやけに発し、その問いを精神科学的、人智学的に取り扱ってみると、宗教的な問いへの関心はまだあるのに対し、具体的な問いへの関心はないことが、すぐにわかります。人智学が生活に溶け込み、だれにでもわかりやすく表現されるように要求することはできません。しかし、輪廻転生とカルマの理念が現実のものであることをしだいに確信していく魂から帰結するものすべてを人生に導き入れ、人生に摂取することが人智学的精神科学の使命であるということに注意しなければなりません。輪廻転生とカルマの理念が支配していることを内的に確信する途上にいるというのが、現代の人智学者の特徴なのです。それ以外のことは、すべて直接的な結果、後続現象としておのずと生じます。

もちろん、いま輪廻転生とカルマから得られるものによって、直接外的な人生に対処できると考えるわけにはいきません。しかし、輪廻転生とカルマがいかに外的な生活のなかに見出されねばならないか、また、いかに外的生活を誘導する力になることができるかを思い浮かべることはできます。

カルマの理念を取り上げて、一連の輪廻転生のなかでカルマがどのように作用するかを見てみましょう。ひとりの人間が生まれたとき、その能力と力を、その人間が前世でこしらえた原因の結果として見なければなりません。この理念を首尾一貫して押し通すと、どの人間も一種の謎として扱わねばならなくなります。前世の暗い地下に漂うものを、その人間から明らかにしていかねばなりません。カルマの理念を真剣に取り扱うと、教育においてだけではなく、人生全体において意味深い転回がなされます。そのことが洞察されると、カルマの理念はたんなる理論的理念から、実生活のなかに介入するもの、人生の実践的なことがらになりえます。

今日見られる外的生活は、輪廻転生とカルマの理念を否定、排除して形成された人間関係をあらわすものです。そして、人間が魂の発展をとおして、輪廻転生とカルマが存在するということを洞察するにいたる可能性をすべてなくすように、今日の外的な生活はしつらえられています。事実、輪廻転生とカルマについての確信を人生の原則にすることほど敵視されることはほかにありません。労働に対して、その労働に支払われるふさわしい賃金を得なければならないというように、人間の労働を金銭に換算し、労働者を商品のように見なすのは、まことに奇妙なことです。しかし、人智学が人生の原則をラディカルに投げ捨て、一夜にして新しい人生秩序を導入しようとしている、と思ってはなりません。そのようなことはありません。労働と賃金が相応し、労働によって生活に必要なものを得なければならないという世界秩序のなかで、輪廻転生とカルマについての真実の確信が確立されることはありません。もちろん、いまある生活秩序は、さしあたって存続しなければなりません。人智学者は、いま存在するものはカルマによって引き起こされたものであり、必然的に存在しているのだということを洞察しなければなりません。しかし、わたしたちの有機的世界秩序のなかに、新しい萌芽のように、輪廻転生とカルマの理念の承認から生じるものが発展していく可能性があることは理解できます。

カルマの理念から、なによりも、わたしたちは偶然によって世界秩序のなかの、いま自分がいる位置に据えられたのではないということが考えられます。昨日お話ししたことから、このように考えることができるはずだと思います。いま自分がいる位置は、一種の意識下の意志決定に基づいていると考えることができます。死と再受肉のあいだに霊的世界から働きかけてきたこの地上に生まれるまえに、前世の成果として、いま自分がいる位置にあろうとする意志決定をしたのだと考えられます。その意志決定を、わたしたちは身体に受肉したとき忘れてしまったのです。生まれるまえの、みずからの意志決定の結果、わたしたちはいまいる位置におり、わたしたちが出合う運命への傾向が与えられたのです。わたしたちはいまいる位置におり、わたしたちが出合う運命への傾向が与えられたのです。カルマの法則の確信にいたると、自分が置かれている位置がどのようなものであれ、その位置への愛着を持つようになります。

「変わったことをおっしゃる。じつに奇妙なことをおっしゃる。詩人とか、作家とか、精神的な仕事に従事している人に関しては、そのようにいうことができるかもしれない。あなたは、人間がいまある位置に喜びと愛をもって献身すべきだ、と説教している。だが、とくに従事したくないような仕事に就かざるをえず、粗末に扱われている人はどうなんだ」と、いうことはできます。

現代の文化は、わたしたちの生活を改善し、性に合わずに不満を感じている状況から人間を救い出そうと努めていることは否定できません。多くの政党、党派がそのような生活の改善を目指し、地上の人類の外的状況を我慢可能なものにしようと努めています。

しかし、それらの努力は、今日の多数の人間が人生に感じている不満が人類進化全体の歩みと多様に関連していることを考慮に入れていません。人間が過去にどのように発展したかによって、そのようなカルマにいたり、さまざまなカルマの作用によって、今日の人間文化の進化状態が必然的なものとして現われていることを考慮に入れていないのです。この文化状況の性格を述べようとすると、それが複雑なものであることが明らかになるといわざるをえません。人間がおこなっていることが、その人が愛していることと関連のないものになっている、といわねばなりません。そして今日、自分の好まないことを外的な人生の状況のなかでおこなわねばならないと思っている人々に対して、彼らは自分が思っているよりも、ずっと大事なことをおこなっているのだ、ということができます。彼らは、「わたしは自分の外的な活動を愛しており、その活動はわたしを幸福にし、満足させているといわざるをえない」と、認めるようになります。

最近、ある人が友人に、つぎのような注目すべきことを語った、と聞きました。「自分の人生を詳細に眺めてみると、いま、わたしが人生を幼年時代から自分の思うとおりにもう一度生きることができるなら、いままでおこなってきたのと同じことをおこなうだろう」。友人は、「そんなふうに思うのは、現代では珍しい人間だ」と、いいました。

そのように友人がいうのは、おそらく正しいのでしょう。もう一度人生を生きられるときに、さまざまな喜び、苦痛、運命の打撃、障害を経験してきたこの人生とおなじ人生をもう一度生きて満足を感じる現代人は多くはないでしょう。いまのカルマを細部にいたるまでふたたび受け入れようという現代人が少ないという事実は、今日の文化状況が人類にもたらしたものに関連していないとはいえません。わたしたちの人生は複雑なものになっています。わたしたちの人生は、今日地上に生きている個々人のさまざまなカルマによって複雑になっているのです。そのことは、まったく疑いありません。人類進化の歩みを少しでも洞察すると、将来わたしたちが迎える人生が複雑さを減じるとは思えません。反対に、人生はますます複雑になっていきます。外的な人生がもっと複雑になり、機械が人間にかわって多くの仕事をするようになると、わたしたちの文化のなかで効力を発している状況とはまったく異なった状況が生じないかぎり、人間を地上で幸せにする人生は非常に少なくなります。その、まったく異なった状況というのは、輪廻転生とカルマの真理によって人間の魂が貫かれることによって生じるものなのです。

輪廻転生とカルマの真理から、外的な文化の複雑化に平行して、まったく異なった状況が生じることが認識できます。人々のあいだに輪廻転生とカルマの真理が浸透していくには、なにが必要なのでしょうか。今日では、コペルニクスの地動説が正しいことを子どもも理解しています。そのように、すでに少年時代において、人間を輪廻転生とカルマの概念から把握するように比較的短期間のうちに学校教育に働きかけるには、なにが必要でしょうか。わたしたちの文化が没落しないためには、輪廻転生とカルマの概念が必要です。

コペルニクスの地動説が魂を捕えるには、なにが必要だったのでしょう。

コペルニクスの地動説に関しては、まったく風変わりなことが生じました。コペルニクスの地動説が風変わりだといっているのではなく、それがどのように世に登場したかが変わっているのです。コペルニクスは司教座聖堂付き参事会員でした。彼は地動説を考え、著書をローマ法王に捧げました。コペルニクスは、自分が考えたことがまったくキリスト教的なものであると信じていたのです。当時、コペルニクスの宇宙観を証明するものがあったでしょうか。だれかが、コペルニクスの考えたことを証明することができたでしょうか。なにも証明するものがなかったのにもかかわらず、コペルニクスの宇宙観はまたたくまに人々に受け入れられていったのです。いつになって、コペルニクスの宇宙観が証明されるようになったのでしょうか。一八五一年に、レオン・フーコー（一八一九―一八六八年）がパリのパンテオンで振子の実験をして、地球の回転を証明して以来のことです。それ以前は、地球が回転していることは証明されていませんでした。コペルニクスが仮説として提出したものすべてが証明できると主張するのは無意味なことです。地球が地軸中心に回転しているという主張に関しても、そのようにいうことができます。

揺れる振子が振動面を地球の回転に向かい合って維持する傾向を持ち、長い振子を振動させると、その振動の方向は地表に関連して回転するということがわかって以来、「振子の下の地表は回転しているにちがいない」という結論を引き出すことができたのです。地球が回転していることを初めて証明したこの実験は、十九世紀になっておこなわれたのです。それ以前は、コペルニクスの宇宙観をひとつの仮説と見なすしかありませんでした。

コペルニクスは自分の本を法王に捧げたのですが、近代人の心性は、彼の宇宙観を一八二二年まで禁書にしていたのです。一八二二年になって、ようやくコペルニクスが地動説を述べた本は禁書目録からはずされました。コペルニクスの宇宙観が正しく証明されるまえに、禁書目録からはずされたのです。コペルニクスの宇宙観によって人間の心のなかにもたらされた衝動の力、コペルニクスの宇宙観自体が、それが異端ではないと教会に認めさせたのです。

わたしは子どものころ、地動説を学校で、教師からではなく、牧師から教えてもらいました。コペルニクスの宇宙観が子どもの心に宿ることを、だれが疑おうとするでしょうか。いまは、コペルニクスの宇宙観の正しさと誤まりを語るつもりはありません。人類文化が没落すべきでないなら、輪廻転生とカルマの真理が定着しなければなりません。コペルニクスの宇宙観を受け入れるのに要したような長い時間はありません。今日、人智学者を自称している人は、輪廻転生とカルマの真理を子どもの心にまで注ぎ込むために招集されているのです。もちろん、人智学者は自分の子どもに輪廻転生とカルマの真理をドグマのように教え込むべきだというのではありません。そのことは、はっきりとしておかねばなりません。

わたしは、いわれなくコペルニクスの宇宙観についてお話ししたのではありません。コペルニクスの宇宙観に成功をもたらしたものから、わたしたちはなにが輪廻転生とカルマの思想に文化的成果をもたらしうるかを学ぶことができるのです。なぜ、コペルニクスの宇宙観は、あれほどすみやかに広まったのでしょうか。

ここで、わたしは恐ろしく異端的なこと、現代人には身の毛のよだつようなことをお話しします。原始キリスト教を初期キリスト教徒が理解したように、人智学者は人智学をまじめに、意味深いものとして理解することが大切です。もし人智学者が人智学をそんなに真剣に受け取らないとしたら、人智学が人類のために果たすべきことが果たされないで終わります。

ぞっとすることでしょうが、「コペルニクスの地動説は、ほんとうのところ大きな功績のあるものではなく、文化的事実として一級の意味のあるものと見なすべきではない。人間が皮相であったので、コペルニクスの宇宙観は人間の心に巣くったのだ」と、わたしはいわねばなりません。人間は皮相的で表面的なので、コペルニクスの宇宙観をすみやかに納得するのです。こういったからといって、人類にとってのコペルニクスの意味を低めようとしているのではありません。しかし、コペルニクスの宇宙観の信奉者となるには、深く内面的な人間である必要はなく、外面的な人間であればよいのです。近代の一元論の本に熱狂的に、「人間が住んでいる地球は、宇宙のなかの塵である」という俗悪な文章が書かれているところには、ほんとうに非常に浅薄な人間心情が見られます。

この宇宙のなかの塵は細部にいたるまで人間に関わるものであり、宇宙に広がっているその他のものは人間にあまり関わりがないという単純な理由から、右のような意見は俗っぽい饒舌というべきです。コペルニクスの宇宙観をすみやかに受け入れるために、人類の進化は浅薄なものにならざるをえなかったのです。

輪廻転生とカルマの教えを自分のものとするために、人類はなにをしなければならないのでしょうか。

人類が没落しないためには、輪廻転生とカルマの教えがすみやかに広まらねばなりません。しかし、子どもの心にも定着するためには、なにが必要なのでしょうか。

コペルニクスの宇宙観が広まるためには、人間が浅薄になる必要がありました。輪廻転生とカルマの真理が広まるためには、人間が内的に深まる必要があります。昨日お話ししたようなことがらをまじめに受け取ることができ、魂の経験、心情の親密さ、魂が深い内面の地下においてみずからの存在の核を体験するようなことがらを扱うことが必要です。現代の文化がコペルニクスの宇宙観から生み出したものが、今日いたるところで、あらゆるポピュラーなメッセージのなかに示されています。その特別の成果は、映画に撮影されて、人々に示されています。そのこと自体が、この文化の非常な浅薄さを示しています。

輪廻転生とカルマという言葉で要約される真理の深みについて、イメージで伝えることは少ししかできません。昨日お話ししたようなことがらをおこない、その体験を深めることによって、輪廻転生とカルマについての確信が確立されるのです。輪廻転生とカルマの理念が人類のなかに広まるためには、現代の外面的文化にありふれたことがらとは反対のものが必要なのです。ですから、人智学の領域においても内的な深まりが、ほんとうに達成されなければならないのです。図式的な表示が、基本的真理を悟性によって把握するのに有用だということを否定すべきではないとしても、人智学の領域においてもっとも重要なことは、魂の深みに動く法則に向かうことであり、外的―物質的法則が時間―空間世界のなかで作用するような方法で魂の諸力の下に内的に活動しているものに向かうことです。

しかし、この個々のカルマの法則について、人間はまだごくわずかしか理解していません。そのことは、今日外的な文化によって繰り返し主張されていることから読み取ることができます。人類はもはや子どもではなく、大人になった、つまり、なにかを信じる段階から、知る段階にいたっている、と外的な文化に啓蒙された人は考えます。そのような主張が繰り返してなされ、知識は信仰から分離せざるをえないという考えが、世間で人間を惑わせています。人智学者は、そのような意見に惑わされるべきではありません。

信仰と知識についての無駄話は、どれも人生におけるカルマ的関連を考慮に入れていません。とくに献身的に信じる人の性質に関して、神秘学的探究をおこなうことのできる者は、「なぜ、この人は特別信心深いのか。なぜ、この人のなかには、熱心な信仰、宗教的な敬虔さがあり、「超感覚的世界に思いを馳せているのか」と、自問します。

そのような問いに対して、注目すべき答えが得られます。若いころから信心深い人、また、老年になって信仰に目覚めた人の前世へとさかのぼっていくと、その人はかつて知識人であったという事実が明らかになります。前世における知識、前世における悟性の理性的要素が、現世における信仰の要素に変化したのです。

奇妙に思われるかもしれませんが、べつの事実も明らかになります。唯物論的な人間で、なにごとも信じようとせず、ただ知りたいと思う人がいます。感覚と、脳に限定された悟性が提供するもののみを受け入れる人にはショッキングなことかもしれませんが、そういう人は前世において愚鈍で無気力で、なにごとにも無関心な人だったのです。前世を探究していくと、狂信的にではなく、熱心に信じて、自分の本質を高次の世界にむけて内的に整えている人は、前世において知識のあった人であり、前世においてさまざまな世界観に無関心だった人がいま、唯物論的な知識を吸収しているという、奇妙な結果が現われます。

現在、直接的に体験されることから、一連の受肉をとおして経験されることへとまなざしを向けると、人生観は一変します。

人間が現在自慢していることが前世で獲得された方法を考察すると、多くのことが奇妙に見えます。しかし輪廻転生の観点から考察すると、多くのことがそれほど信じがたいものには見えません。この内的な魂の力の影響下に、ひとつの受肉のなかで人間がどのように成長するかに注目する必要があります。信じるという魂の力、通常の感覚現象を超えた超感覚的なものへの信仰のなかに人間が有しうる魂の力を考察するだけでよいのです。唯物論的な一元論者だけが反対して、「知識のみが有効である。信仰は確固とした基盤を持たない」と、いうことでしょう。そのような主張に対して、つぎのような事実を述べておきたいと思います。

信じるという魂の特性は、わたしたちのアストラル体を豊かにします。反対に、不信、信じることができないと、アストラル体は干からびます。食物が肉体に働きかけるように、信頼はアストラル体に働きかけます。信仰が人間、人間の安寧、魂の健康、身体の健康のためにどのような作用を及ぼすかを洞察するのは重要なことではないでしょうか。心の健康は身体の健康に作用します。信仰を廃止してその場に知識を据えようとし、信じることのできない人間のアストラル体は枯渇するというのは奇妙なことに思われるかもしれませんが、ひとつの人生を考察するだけで、それがほんとうであることがわかります。信心のない人間のアストラル体が枯渇することを認識するには、いくつかの人生を通観する必要はなく、いまの人生を見渡すだけでよいのです。「信じないことによって、わたしたちは自分のアストラル体を枯渇させる。信じないことによって、わたしたちは自分を貧しくする。そして、来世で、自分の個体を枯渇させる」と、いうことができます。信じることができないと、来世で愚鈍になり、知識を獲得することができなくなります。

信仰と知識を対立させるのは、無味乾燥の論理です。信仰と知識について語られてきた陳腐なことがらは、人類の進化にとって男性が大きな役割を果たしてきたという主張と、大きな役割を女性が果たしてきたという主張の対立と同様の意味しか持たないものです。太古にはある性が意味を持っており、現代ではべつの性が意味をもっているという主張とおなじです。

霊的な事実を知っている者には、「外的な物質的生活においては、信仰と知識は男性と女性の関係と同様の関係にある」ことが明らかです。それは事実であり、正しく認識する必要があります。この平行関係は、いままで何度も強調してきたように、「人間は一連の輪廻転生をとおして、交互に、男、女として生まれるように、基本的に交互に、より信仰的な人間、より理性的な人間として生まれる」と、いうことができます。例外はあります。数回つづけて男、あるいは女として生まれることはありえます。

同様のかたちで、愛の能力と内的な力という二つの魂の能力があります。人間のなかに自己感情、内的調和、内的な自己確立があり、人生でなにをなすべきかをわたしたちは知っています。この関係においても、人間のカルマは一連の輪廻転生に交互に働きかけています。ある人生においては、カルマが人間に、外界への献身的な愛、一種の自己放棄、外界への没頭を刻印します。それにつづく受肉においては、外界に自己を失わず、内面において自己を強め、みずからにいたるために力を用いるようになります。もちろん、これは愛のなさへと堕落すべきものではありません。外界への献身も、完全な自己喪失へと堕落してはなりません。この二つの傾向は、対になっているものなのです。

人智学者は、ひとつの供犠を捧げれば十分だというのではないことを、強調しておかなければなりません。多くの人が多くの供犠を捧げようとしています。しかし、世界に役立つ供犠を捧げるためには、そのような供犠を捧げることのできる力をまず持たねばなりません。供犠を捧げるまえに、供犠を捧げるにふさわしい人間になっていなくてはなりません。そうでないと、自我性の供犠はとくに大きな意味を持ったものにはなりません。価値あるものをもたらすために、自分をより完全なものにしようと努力しないのは、一種の利己主義、怠惰です。

愛を持たないようにと説教しているように誤解されるかもしれませんが、そうではありません。今日、人智学者は世間から、「君たちは自分の魂を完全なものへと前進させようと努めている。君たちはエゴイストだ」と、非難されています。

完成への努力のなかに、多くの酔狂、過ち、誤りが生じうることは認めねばなりません。進化の原則という名目の下に人智学者のあいだに頻繁に現われるものに、いつも軽薄な共感を抱く必要はありません。そのような努力の背後に、法外なほど多くの、許しがたい利己主義が潜んでいることがあるのです。

他面においては、わたしたちは帰依に満ちた供犠の意志に関して、非常な浪費に駆られる文化期に生きているということを強調する必要があります。そのことは誤解されてはなりません。愛は、人生の賢明な導き、賢明な洞察によってふさわしい状況に現われることがないと、不正な場に現われ、人々を利するよりも害することになりうるということを明らかにしておかなくてはなりません。

現代は、多くの人が魂のなかに、魂を前進させるものをもたらし、人智学がもたらすものによって魂を豊かに、内容あるものにすべき時代です。人類は来世のために、そして、死んでから生まれ変わるまでのあいだのために、古い習慣に基づくものではなく、新しい行為となりうるものを獲得しなければなりません。これは、非常にまじめに、真剣に考察すべきことです。人智学は未来に芽生え、生長する文化の芽であるという使命を持っているという確かな事実があるからです。どのようにその使命が人生において果たされるかは、信仰と理性、愛と自己感情などのカルマ的関連に注目するときに、もっともよく洞察することができます。現代の時代進化の意味で、人間は死んだらただちに地上を超えたどこかに存在する永遠に結びつくと確信している人は、真の心魂進化にいたることができません。「進化というものが存在するとしても、人間には進化の道をまっとうすることはできない。人間がこの世にいるのは、つかの間のことだからだ。人間には、天国に入るための用意ができるだけだ」と、思うからです。

事実は、わたしたちは自分が誤ったものから学び、わたしたちが達成しなかったものでわたしたちは賢明になるのです。自分が怠ったものが、以前とまったく同じ状況で繰り返される機会がどれくらいあるかを、考えてみてください。そのような機会があるのはまれです。過ちから得られる人生の知恵がこの地上の人類から失われていくなら、人生というのは非常に無意味なものではないでしょうか。前世において人生経験として得たものを新しい人生において用いることができるときにのみ、人生は意味のあるものになります。もし、この人生を唯一のものと見るなら、超地上的な永遠のために魂が完成にむけて努力することも無意味です。

そして、死の扉を通過したなら、自分という存在は終結すると主張する者たちにとっても、人生はまさに無意味です。一見失われるかに見える力が来世に役立ちうるということを知ると、人間にはどのような力と人生の確かさが与えられることでしょう。人間が前世でなしたことがあまりにわずかしか現代文化には集められていないので、現代文化はこのような様相を呈しているのです。ほんとうに、魂は一連の輪廻転生をとおして貧困なものになってきました。どのようにして、魂は貧困なものになったのでしょう。

ゴルゴタの秘儀以前の時代を振り返ってみましょう。その時代には、まだ古代の霊視力、魔術的な意志の力がありました。キリスト教時代に入っても、それらはまだ存在していました。しかし、高次の世界から古代の霊視の終末期に差し込んでいたのは、悪魔的な力でした。福音書を読むと、いたるところにキリスト・イエスを悪魔的な性質の存在が取り囲んでいたことがわかります。古代において、神的—霊的な力と存在への本源的なつながりとして人間の魂のなかに存在していたものは、魂から失われました。そのときに、キリストが人類のなかに登場しました。現代に生きている人間は、自分のカルマによって、その時代から二回、三回、ないし四回の受肉を経てきています。

虚弱で空虚な魂が人類のなかにあったので、キリスト教はいままで作用してきたようなかたちで作用しなければなりませんでした。人類進化のなかに弱い魂があったので、キリスト教は内的な力を展開させることができませんでした。

もうひとつの人類文化の流れ、つまり東洋において仏教へといたった人類進化の流れに注目してみると、どのようにしてそのようになったかがわかります。仏教は、輪廻転生とカルマを確信していました。しかし仏教は、人間をできるかぎりすみやかに生から解脱させることのみを課題とするかのように、人類進化の歩みを考察していました。存在への衝動をもはや持たない流れが、東洋で作用していました。人間を地球の使命に向け、地球の使命に熱中させるべきものすべてが、仏教の文化の流れに属するものからは退いているのが見られます。もし、仏教が西洋に広まるなら、それは虚弱で、人生に不精な魂が多数存在することの証明になります。人生に対する虚弱さ、不精さを、それらの魂は受け入れることになるのです。どのような形にしろ、西洋に仏教が現われるのは、魂ができるだけ早く地球の使命から抜け出ようとしており、地球の使命に満足できないということを証明するものです。

キリスト教が南ヨーロッパに広まり、北ヨーロッパの民族に受け入れられていったころ、それらの民族の人々の魂は本能的な力に浸っていました。彼らはキリスト教に同化しました。しかし、まずキリスト教の外的な面が際立ちました。ですから、現代文化のなかで人間がキリスト衝動の深化を達成し、キリスト衝動が人間の魂のもっとも内的な力そのものとなり、未来に向かうにしたがって魂がますます豊かに、内的になっていくことが特別重要です。虚弱な受肉を、人間の魂は通過してきました。キリスト教は最初、外的に支えられてきたのです。

いまや、人間の魂が内的に強く、力強くならねばならない時代が来ています。ですから、将来は、魂が外的な人生でなすことはわずかしか消し去られません。しかし、そのためには、魂は自己を見出し、自己を内面化し、どのように内面を外的な生活に導入するかについての表象を得ることが大切になります。輪廻転生とカルマの真理に浸透されることをとおして意識と内面に得られるものによって、地球使命を実現することが大事になってきます。

最初のうちは、輪廻転生とカルマの理念を生活に控え目に浸透させるのみだとしても、この慎み深い始まりが非常に重要なものなのです。人間を内面の能力によって判断し、人生を内面化するにしたがって、未来の人間の基本性格となるべきものが導いてこられます。外的な生活はますます複雑になっていきます。それは防ぎようがありません。しかし、魂は内的に集まることができます。個々人はさまざまな活動を外的におこなうことができるようになります。魂の内的な財産が人智学的な生活のなかに個々の魂を集め、人智学的な生活が外的な文化のなかに注ぎ出ることができるようになります。魂が人智学のなかにみずからの現実を見出すと、外的生活全体が強化されることを、みなさまはご存じです。ですから、さまざまな外的人生の方向、さまざまな職業、さまざまな外的人生の性格の人々が集まることができるのです。人智学が外的生活に魂を吹き込むことによって、外的な文化運動に関与できる魂そのものが創造されます。外的生活に魂が吹き込まれうるには、カルマの法則についての意識がまず魂のなかに入ることが必要です。わたしたちが未来にむかって生きていくにしたがって、個々人が人生全体の活性化を感じることができるようになるにちがいありません。

外的な法則、外的な制度によって、外的な人生のいとなみは非常に複雑なものになり、人間は途方にくれるようになります。それに対して、カルマの法則が魂に浸透することによって、内面から世界にいたる道を歩むために魂がおこなうべきものについての知に精通します。事物が内的な魂のいとなみによって律せられていると、魂はそのような知をよく見出します。各人が自分を確実に導く内的な衝動に従うので、そのようなことが人生に生じるのです。

たとえば、通りを歩いているときに、自分のほうに向かってくる人がいるとします。通りのどちらがわによけてすれちがうかは決まっていません。しかし、通りで出会った二人の人がぶつかることはありません。内的な必然性があって、その必然性に二人の人間が従っているからです。そうでないなら、警官がいて、左によけるか右によけるか命令しなければならないでしょう。一方には警官がおり、他方には医者がいなければならないでしょう。まだ、そのようなことにはなっていません。人間は、強制的でないみずからの内面に従うときに、もっともよく前進することができます。そのために、人間の共同生活のなかで、人間を尊重し、尊敬するようにしなければなりません。

輪廻転生とカルマの法則を考慮して人間を把握するときにのみ、人間を尊重し、尊敬することができるのです。魂のなかに輪廻転生とカルマの法則の意味が浸透するときにのみ、人間の共同生活は高い領域で実行されます。信仰や熱情と知識との関係、愛と自己感情の関係を具体的に考察することによって、そのことがもっともよく示されます。そのような考察を、昨日おこなったわけです。

いわれなく、昨日と今日のようなお話をしたわけではありません。なにが語られたかが、とくに重要なのではありません。べつの話し方もできたでしょう。昨日と今日お話しした内容が第一に重要なのではありません。人智学《アントロポゾフィー》の文化運動に参加している方々が、輪廻転生とカルマの理念に貫かれ、輪廻転生とカルマの意識が人間各自の魂のなかに存在するようになると、いかに人生が異なったものになるかを意識することが重要なのです。

現代文化は輪廻転生とカルマの意識を締め出すことによって形成されました。そして、人智学をとおして生じるもののなかでもっとも意味深いのは、輪廻転生とカルマの意識が人生を把握し、文化を貫通し、本質的に変化させることなのです。

今日の人間は、「輪廻転生とカルマというのは夢想であり、無意味である。人間が生まれ、死ぬのは、見ることができる。しかし、人間が死ぬときに、なにかが抜け出ていくのを見ることはできない。だから、輪廻転生とかカルマとかを考慮する必要はない」と、いいます。

それに対して、「人間が死ぬときになにかが抜け出ていくのを見ることはできない。しかし、輪廻転生とカルマの法則を考慮に入れると、その法則なしには不可解であったことがらを理解することができ、人生の経過が明白なものになる」という見解があります。輪廻転生とカルマの理念は、現代文化の成立に際して人類の一般的思考としていかなる役割も果たさないとしても、未来のあらゆる文化においては、この理念が第一の役割を演じることになるでしょう。

このような方法で新しい文化の登場にいかに自分が関与するかを感じるのです。そのような感覚が、人智学者の意識のなかに生きねばなりません。人生にとっての輪廻転生とカルマの内包的な意味についての感情、感覚があることによって、さまざまな外的状況のなかにいる人々が集まることが可能になるのです。人智学をとおしてのみ、そのような心のありようの人々は共にいることができるのです。

第五章　輪廻転生とカルマは人智学的世界観の基本理念である

わたしたちは長年にわたって、人智《アントロポゾフィー》学的な真理、人智学的な認識を考察してきました。わたしたちはさまざまな方向から、人智学と名づけねばならないものに接近しようと試みてきました。そして、人智学的な認識から発しうるものをわたしたちのなかに受け入れようと試みてきました。ここで、そもそも人智学は現代人になにを与えるべきなのか、なにを与えることができるのかを明らかにするのがよいでしょう。人智学がなにを含んでいるのかは、これまでの考察をとおして、わたしたちはかなり知っています。ですから、人智学的な真理の基本を知っているわたしたちは、「人智学は現代人になにを与えることができるのか」という問いを扱うことができます。

この問いに取り組もうとするなら、なによりも、人智学《アントロポゾフィー》的な生活、人智学《アントロポゾフィー》運動がアントロポゾフィー（人智学）協会という名をつけることのできる協会組織とは鋭く区別されるということを考慮しなければなりません。現代の生活全体が、人智学を推進しようとする人々が協会組織に結合することをますます必要にしているのは、実際、当然のことです。しかし、もしそのような結合が必要なら、人智学の内容や見解、またはその他の人智学そのもののなかに存在するものをとおしてよりも、人智学のまったく外に立っている現代の生活をとおしての結合のほうが必要なのです。人智学そのものは、その他のものが今日告知されているのとまったく同様に告げられることができます。今日、化学が人々に伝えられているように、人智学が伝えられるということは、まったく考えられることです。人々は化学や数学に興味を抱くように、人智学に関心を寄せることができます。そこから個々の魂がどうなるか、どのように個々の魂が人智学を受け取り、人生の衝動とするかは、個々人の要件でありえます。

アントロポゾフィー（人智学）協会や、その他の人智学《アントロポゾフィー》に従事するための連合は、人智学がまったく新しいものであり、まったく新しい認識として受け取られることを必要としています。それに対して、世間でのふつうの生活を送っている人は、人智学をみずからに作用させるのに、現代の一般的な魂の傾向のみを必要とするのではなく、そのような今日の人間が有している魂の傾向に加えて、心情の特別の準備、心の特別の準備を必要とします。そのような心情の準備、心の準備はアントロポゾフィー（人智学）協会支部や、人智学《アントロポゾフィー》的結合体のなかでのみ自分のものとすることができます。それらの場所で、わたしたちはある種の思考、ある種の感情を自分のものとします。そうすると、人智学についてほとんど聞いたことのない世間の人々が大変な空想だと思うにちがいないものごとを真剣に考察できるようになります。

準備のできていない聴衆にむかって公開講演をおこなって、人智学を広めることはできるでしょう。しかし、まじめにアントロポゾフィー（人智学）協会に属している人々は、準備のできていない聴衆にむかって話すときと、一般大衆がまだまじめに受け入れていないものを内面の心のありかたをとおして真剣に受け取る心の衝動を有している人々にむかって話すときとでは、そのトーンと姿勢がまったく異なったものであることを知ります。いま、示唆したことは、将来さらに強く、鮮明に現われてきます。人智学に対する外的な敵対者は、ますます多くなります。それは、まさに人智学が現代において最高度に時代に合ったものであり、最高度に必要なものであるからです。もっとも必要なもの、もっとも時代に合ったものに対する反抗が、つねにもっとも強いのです。

「なぜ、時代がもっとも必要とするものに対する、人間の心の反抗がもっとも強いのか」という問いが生じるかもしれません。これは、人智学者には把握できることですが、準備のできていない聴衆に理解してもらうのは困難なことです。

一般的な進化の背後にとどまった堕天使ルシファー的存在たちがいることを、人智学者は知っています。彼らは人間の心、人間の魂をとおして働きかけ、人類の上昇への努力が最大のときに、もっとも強力に攻撃、襲撃することに、最大の興味を持っています。人類進化のなかで前進するものに対する人間の心の反抗はルシファーに由来するものであり、人類進化のありかたがルシファーにとって死活問題になっているときにそのような攻撃がおこなわれるので、ルシファーの攻撃と人間の心の反抗は、そのようなときにもっとも強いものになるのです。

ですから、人類にとって重要な真理は、昔から強力な抵抗を経て、人類進化のなかに受け入れられていったのです。そのほかに世界に存在するものとあまり異ならないものは、ほとんど強い抵抗を受けることがありません。しかし、人類が長いあいだ渇望しながらまだ受け取っていなかったものが世に現われると、強力なルシファーの攻撃にさらされます。そのような外界の態度に対する防塁としてのみ、協会は存在しているのです。そこでは、わたしがお話ししているようなことがらが真剣に受け取られ、「ここに集まっている人々は、大事なことがらを語っても理解してくれる。ここに集まっていない人々に語りかけることは不可能だ」と、いえます。

おおやけに通用していることについて、人々は、それは自分に関連することだろうと思い、ルシファーの棘がささった判断をおこないます。人智学に従事することは、たしかに必要です。現代の精神的渇望、精神的滋養への必要から求められているものを、人智学は現代にもたらします。それは、どのような状況にあっても、なんらかの方法でもたらされるものです。

ですから、純粋に人智学的な意味で、「人智学をとおして、いま人類に植えつけられるべきもので、もっとも重要なものはどこにあるのか」という問いを投げかけることができます。現代の人類がとくに渇望しており、もっとも必要としているものです。このような問いに対する答えは、たいてい誤解されます。ですから、まず人智学とアントロポゾフィー（人智学）協会を区別して考えることが必要なのです。人智学が人類にもたらすべきものは、新しい認識、新しい真理です。しかし、協会は決して、なんらかの特別の真理を宣誓するものではありません。「人智学者はどのような信仰を持っているのか」という問いは、もっとも無意味なものです。「人智学者」という言葉によって、アントロポゾフィー（人智学）協会に属している人を意味するなら、それは無意味です。協会全体が共通の確信、共通のドグマを持っているのだろうと前提することは無意味です。協会全体が規約で共通のドグマを宣誓するなら、それはもはや協会ではなく、セクトです。ここが、協会であるか、もはや協会でないかの境目です。協会から要求された確信を持つことが義務になると、それはすでにセクトです。ですから、いまお話ししたことに献身する協会は、それが自然にかなった精神的衝動であるという観点の下にのみ、そのようなことをおこなうるのです。

「人智学についてなにかを聞くために、どのような人がやってくるのか」と、問うことができます。「霊的―精神的なことがらについて聞きたいと思う人たち、霊的―精神的なことがらについて聞きたいという衝動を持つ人たち」と、いうことができます。

このような衝動はドグマではありません。自分が欲するあれやこれやの探究でなく、霊的―精神的真実自体を探究します。そのような共通の探究を、セクトではない協会は行なうべきなのです。しかし、「人智学は人類になにをもたらすか」という問いは、そのようなことからはまったく独立しています。

「あらゆる偉大な霊的―精神的真理に類似しているが、より霊的―精神的で、より深く、意味深いものを人類に、人間の心情にもたらすのだ」と、いわねばなりません。

わたしたちが考察してきたことの多くについて、「それらは現代の人類が新しいものとして獲得すべき、意味深い特徴のあるものとは見なせない」と、いうことができます。ほんとうに新しいものとして人類のなかに入ってくるべき、基本的な真理とはなにかについて、つぎのようにいうことができます。人智学《アントロポゾフィー》運動のなにが新しいのかを詳述するのは大変なことではないでしょう。人智学の基本となる二つの真理、すなわち輪廻転生とカルマという二つの真理です。

「今日、真摯に努力する人智学者が第一に見出すのは、輪廻転生とカルマの認識の必要性である」と、いうことができます。たとえば、「高次の世界にみずからを高める可能性が、人智学によってもたらされる基本的に新しいものだ」と、いうことはできないのです。ヤーコプ・ベーメやスエーデンボルグ（一六八八―一七七二年）のような神秘家たちは、異論の余地があるとはしても、「人間は通常の感覚界から高次の世界に上昇することができる」という見解、確信を有していました。ですから、高次の世界への上昇の可能性の探求を、人智学がもたらす根本的に新しいものということはできません。

わたしたちは進化について語り、キリストについて語ります。しかし、それらが人智《アントロポゾ》学《フィー》運動にとって根本的なものだとはいえません。根本的なのは、キリストについての問いが、輪廻転生とカルマをとおして人々の心に真理として受け入れられたことによって得られた形態なのです。輪廻転生とカルマという真理の前提のもとに、キリストについての問いが解明されることが重要なのです。

キリストについての問いに関して、西洋はさまざまな時代に深い洞察をおこなってきました。グノーシスの時代、聖杯の時代、薔薇十字会の時代に、キリストの謎は秘教的に探究されてきました。ですから、キリストについての問いそのものが人智学にとって基本的なものではないのです。キリストについての問いは、近代人の心情、認識と宗教的要求にとって、輪廻転生とカルマの真理をとおしてのみ本質的なものになるのです。輪廻転生とカルマの真理によって心情の拡大を体験する者も、必然的に、古くからの問いを新しく認識することを要求されるのです。

輪廻転生とカルマに関する認識については、逆のことを語らねばなりません。輪廻転生とカルマが西洋文化のなかに控え目に導入されたのは、レッシングの『人類の教育』（一七八〇年）においてでした。そのほかにも、偉大な人物が輪廻転生とカルマの問いに逢着した例をあげることができます。

しかし、輪廻転生とカルマが人間の意識の不可欠の要素として、心と心情に受け入れられることは、現代において人智学をとおしてほんとうに可能になったのです。ですから、「人智学は、現代人がなんらかの前提から、輪廻転生とカルマを認識として自分のうちに受け入れることができるようにする」と、いうことができます。それが、本質的なことです。人間が適切な方法で輪廻転生とカルマに向かい合うことができるかどうかが問題です。適切な方法で輪廻転生とカルマに向かい合うことができると、その他のことはおのずと明らかになってきます。

そのような問いから、輪廻転生とカルマが日常的な認識になれば、それが人類にとってなにを意味するかが明らかになるにちがいありません。将来、輪廻転生とカルマの真理が、たとえばコペルニクスの宇宙観よりもずっと広範に人類の意識のなかに入っていくにちがいありません。コペルニクスの宇宙観は、迅速に人々の心情のなかに浸透していきました。わたしは公開講演（「コペルニクスとその時代―精神科学的考察」、一九一二年二月十五日）で、「世界史においてコペルニクスの宇宙観が広まったのは、いつのことだったか。彼の宇宙観は小学生の心まで捕えた」と、お話ししたことがあります。

コペルニクスの宇宙観が人の心を捕えるのと、輪廻転生とカルマという土台の上に築かれた人智学的世界観とのあいだには、大きな差異があります。その差異を知るには、アントロポゾフィー（人智学）協会支部の善意の人々と同席する必要があります。というのは、その差異の特徴を知るのは、人智学《アントロポゾフィー》運動の外部にいる人々にはむかむかすることにちがいないからです。

どのようにして人々は、子どもにいたるまで、コペルニクスの宇宙観を即座に受け入れたのでしょうか。わたしがコペルニクスの宇宙観や近代の自然科学について語った講演を聞いたことのある人は、わたしが近代の自然科学の見解を毛嫌いしているのではないことをご存じのことでしょう。コペルニクスの宇宙観と人智学的世界観とのちがいの特徴を述べようとするなら、「コペルニクスの、外的な空間に限定された宇宙像を受け入れるには、皮相な時代が必要であった」と、いうことができます。

コペルニクスの宇宙観が受け入れられたのは、人間が時代の雰囲気によって軽薄になっていたからだ、といわねばなりません。コペルニクスの宇宙観が広まるためには、人々が宇宙を浅薄に把握するようになっていることが、必要な前提条件だったのです。それとは反対に、人智学の真理、とくに輪廻転生とカルマという基本的真理、根本的真理が受け入れられるためには、深い内面性が必要です。

輪廻転生とカルマという真理が人類に力強く、広く受け入れられねばならないと確信するなら、わたしたちは二つの時代の境に立っていることを明瞭に意識していなければなりません。浅薄な時代と、人間の魂、人間の心が必然的に深化、内面化される時代です。人智学が現代人になにをもたらすべきかを知ろうとするなら、なによりもこのことを心に留めておかねばなりません。そして、「輪廻転生とカルマの認識の影響下に、人生をどのように形成しなければならないか」と、問わねばなりません。

「輪廻転生とカルマが存在するというのは真実である」と認識することは、人間の心にとってなにを意味するかを考える必要があります。人間の意識、人間の感情と思考にとって、輪廻転生とカルマを真理と認識することは、どのような意味を持っているのでしょうか。

輪廻転生とカルマを真理と認識すると、その知と認識をとおして、人間の自己は拡張していきます。この真理を認識していないあいだは、知と認識はある限界内に束縛されています。生まれてから死ぬまでのあいだのことしか認識できない、とこれまで主張されてきました。その限界を越えた世界へは、ただ信仰をとおしてのみ到達できる、と主張されてきました。霊的世界に、認識しつつ上昇するという確信がしだいに強くなってきています。しかし、認識の立場に立ち止まっているなら、あまり大きな意味はありません。認識の立場から道徳の立場、心情的―道徳的な立場に移ることに意味があるのです。そうすると、輪廻転生とカルマの理念の意味と偉大さが、はじめて示されます。

いま述べたことを確証するために、まだ何百ものことがらを挙げることができますが、そのなかのひとつだけをお話ししておくことにしましょう。以前の西洋文化のなかに生きていた人間を取り上げてみましょう。今日でも、数多くの人間が西洋文化のなかに生きています。人間の魂は永遠の存在であるということを受け入れている人々も、輪廻転生とカルマを考えることなしに、人間は死ぬと地上から離れ、霊的世界に歩み入ると思っています。多かれ少なかれ心霊主義的な「例外の人々」を除いて、人間は死の扉を通って地上から離れていくときに、罰せられるか、よしとされるかであり、地上の人生のつづきが、まったく新たに、天上の世界でおこなわれると思われています。

輪廻転生とカルマを認識すると、事態はまったく異なってきます。死の扉を通過するとき、人間の心のなかに生きていたものは天上の世界にとってのみ意味があるのではなく、人間が生まれてから死ぬまでに体験することが未来の地球形成を左右するということを明白にしておかなくてはなりません。地球の様相は、人間がかつてなにをなしたかによって決定されるのです。人間が前世でなにをしたかによって、地球の未来の様相は決定されるのです。これが、輪廻転生とカルマの理念に結びつく心情—道徳です。このことを受け入れた人間は、「わたしは、どのように生きるかによって、未来の文化に働きかけるのだ」ということを知ります。

人間がいままで狭い限界のなかでのみ知っていた責任感情が、輪廻転生とカルマの知によって、誕生と死の限界を越えて広がっていきます。このなかに、輪廻転生とカルマの理念の意味深い道徳的帰結がはっきりと現われます。輪廻転生とカルマを信じない人間は、「わたしが死ねば、せいぜい、地上でなしたことについて罰せられるか、ねぎらわれるかだ。わたしは天上の世界で生きていく。その世界は、なんらかの霊的な力によって支配されている。わたしが自分のなかに担っているものが、世界を害することはない」と、いいます。

輪廻転生とカルマの理念を認識した者は、そのように語ることはできません。前世でどのように生きたかによって、つぎの受肉がどうなるかが決まるということを知っているからです。

人智学的世界観の根本理念が人間の心情のいとなみのなかに入っていって、それまでは予感もしなかった道徳衝動として現われることが意味深く、重要なことなのです。すでにお話ししたように、責任感情が以前には不可能であった方法で現われてきます。そして、ほかの道徳的理念も、この責任感情と同様の方法で、必然的に生じます。輪廻転生とカルマの理念の影響下にある人間として、わたしたちは人生を、たんに生まれてから死ぬまでのものとして判断するのではなく、数多く経てきた人生という前提の下に判断することを学びます。

いままで知っていた前提によって他者に接すると、その人に共感を感じたり、反感を感じたりします。大きな愛を感じたり、わずかしか愛を感じなかったりします。現代人が他者に接する方法は、人生を生まれてから死ぬまでの一度だけのものと限定している見解の結果である、といわなければなりません。わたしたちは、あたかも人間は一度だけ地上に生きるという考えが正しいかのように生きています。「わたしたちは一度だけ地上に生きる」と、考えているのです。わたしたちは彼らとともに、一度だけ地上に生きる」と、考えているのです。

輪廻転生とカルマが存在するということが、たんなる理論として少数の人間にのみ知られているという現状が変化すると、人生は大きく変革されることでしょう。今日でも、輪廻転生とカルマはまだ理論として受け取られています。今日では、輪廻転生とカルマを信じている数多くの人智学者がいる、ということはできます。しかし、彼らは輪廻転生とカルマがないかのような生きかたをしています。人生が、生まれてから死ぬまでの一度かぎりのものであるかのような生き方をしています。それは仕方のないことです。理念がすみやかに変化するようには、人生の習慣は変化しないからです。輪廻転生とカルマについての正しく、具体的な理念が生活のなかにもたらされると、その理念によっていかに人生が実り豊かになるかがわかります。

わたしたちは人生に歩み入り、人生のはじめに両親、兄弟姉妹らと出会います。人生のはじめに、自然がわたしたちのまわりにあるように、血縁の人々、近所の人々のなかにわたしたちはいます。わたしたちは成長すると、血縁という枠から抜け出て、血縁によらずに、人々と結びつきます。これらのことを、カルマ的に洞察することが大切です。そうすると、人生がまったく新たに解明されます。カルマを具体的に把握し、精神科学の探究から得られたものを人生に適応すると、カルマは人生にとって意味深いものになります。もちろん、カルマは精神科学的な探究によってのみ検証できるのですが、その成果を人生に適応することができるのです。

意味深いカルマに関する問いは、つぎのようなものです。「どのようにして、現在の人生において、ある人々と血縁関係になるのか。なぜ、人生のはじめに、それらの人々と出会うのか」。

そのような問いに対して、精神科学はつぎのようなことを見出しています。実際には無数の例外があるのですが、原則的にはつぎのようにいうことができます。わたしたちが人生の始めに出会う人々は、わたしたちが前世において人生の半ば、三十代に出会った人々なのです。前世において、それらの人々を、わたしたちは心的傾向などに駆られて、自分の意志で友に選んだのです。人生の始めに出会う人々のことを、前世においても人生の始めに出会っていたと思うなら、まったく間違っていることになります。血縁関係になる人々を、わたしたちは前世において、人生の始めでも終わりでもなく、半ばにおいて自由意志で友として選んだのです。非常にしばしば、自由意志によって結婚した相手と、つぎの人生において親子、兄弟姉妹関係になります。思弁によって仮定したこと、考え出したことは、だいたい間違っているということを、精神科学的探究は明らかにしています。通常、思弁による計算を、事実は否定します。

いまお話しした事実について考え、その事実が偏見のない精神科学的探究から明らかになったものであり、その事実が人生に対するわたしたちの関係を拡大することを考えてみてください。今日では、血縁関係は偶然によるとしか語られません。人々は偶然ということを信じるようになっています。人生が誕生から死までの一度かぎりのものであれば、人生でどのような人々に出会うかは偶然としかいいようがありません。人々は、人生は一度かぎりのものだと思い、自分が巻き起こした出来事についてこの人生内で責任を負うと思っています。自己は生まれてから死ぬまでのあいだに生じることを越えており、前世における他者と結びついていると感じると、この人生における自己の行為に対する責任感は拡張します。

人々は、ますますこのような具体的な事実を経験するようになっていくにちがいありません。人間は自分のカルマによって、みずから両親を選んだのだというのは一般的な理念です。「いま、わたしがもっとも無意識に選んだ人々は、前世において、わたしがもっとも成熟していた時期に意識的に選んだのだ」ということを知ると、両親の選択についての表象が確かなものになります。

そのように考えるのは、多くの現代人にとって不愉快なことかもしれません。しかし、これは事実なのです。血縁関係に不満を感じている人々は、その不満を土台として、来世を異なったものに形成するように心がけねばなりません。そのように、輪廻転生とカルマの理念は人生を実り豊かなものにするのです。この理念は好奇心を満足させるものではなく、わたしたちを完全なもの、人生全体を完全なものにしていくものなのです。いまお話しした関係は、現世と来世についても当てはまるものです。

わたしたちが三十代に理性的に選んでいっしょに過ごした人々には、来世で人生のはじめに、おそらく両親、兄弟姉妹として出会うことになるでしょう。家族がどのように構成されるかを知るなら、輪廻転生とカルマの理念の下に、わたしたちの責任感情は意味深く拡大することでしょう。

これらのことがらは、人生のなかで理解可能なものとして示される、とお話ししました。人間個体をある家族のなかに下らせる力は意味深く、強力なものではないでしょうか。しかし、その力はいま受肉している人間のなかでは強力であることはできません。人間が下った世界のなかで、その力が果たせることは多くはないからです。魂のもっとも深い部分で活動する力が、前世における友情、つまり意識的な愛による人間関係に由来するものであるということは理解可能なことではないでしょうか。ある人生において意識的な力として活動したものは、つぎの人生では無意識的な力として作用するのです。多かれ少なかれ無意識的な方法で生じることがらは、このようにして解明することができます。

もちろん、探究によって明らかになる事実を思弁によって濁らせてはなりません。というのは、探究によって明らかになる事実は、あとになってその事実のなかに論理を見出すことができるものであって、思弁によっては台なしにされるものだからです。思弁によって前進しようという唆しに従ってはなりません。思弁によって前進しようとすると、正しい観点に立つことができず、わたしがいままでに何度もお話ししてきた、つぎの対話のようなことが起こります。

ある南ドイツの町で、神学者がわたしに、「わたしは君の本を読んだ。とても論理的だと思ったよ。とても論理的なものだから、著者はたんなる論理によってその内容にいたったのだ、と思った」と、いいました。

もし、わたしがそれほど論理的に書かないように努めたなら、この神学者はわたしがその内容をたんなる論理によって発見したのではないと思って、誉めてくれたことでしょう。わたしの著作をちゃんと読んでくれる人には、論理的な形態はあとから与えられたものであって、その内容は論理によって見出されたものではないということがわかるでしょう。たんなる論理によってそれらの内容を見出せる人がいるのかもしれませんが、すくなくとも、わたしにはそのようなことはできないと保証いたします。

このように事物を眺めると、人智学から発するもっとも重要な衝動は、道徳的—心情的衝動であることが明らかになります。わたしたちは今日、さまざまな領域に関して責任感情を持っています。輪廻転生とカルマの理念の影響下にさまざまな形をとる愛、同情を追究することができるでしょう。ですから、公開講演においても、人智学を人生との関連において、人生の直接的な現象との関連において考察することに重きをおいてきたのです。「魂のいとなみの変容」や「魂の体験の道」（ともに一九〇九—一〇年）などの公開講演で、怒りの使命について、人間の良心について、祈りについて、子どもの教育について、人生のさまざまな年齢についてお話ししてきましたが、それらのテーマを、輪廻転生とカルマの理念を前提として解明しました。輪廻転生とカルマの理念がいかに人生を把握し、いかに人生を変革するかが明らかになりました。

基本的な理念が人生に及ぼす作用を考察することが、わたしたちの考察の主要部分をなしています。たとえば心情の特性や良心、性格、祈りの意味が、つねに抽象的な言葉で輪廻転生とカルマから導き出されるのではないとしても、また、「輪廻転生とカルマを受け入れると、これこれのことが明らかになる」という言い方を常にはしないとしても、わたしたちの考察すべては輪廻転生とカルマの衝動の下になされているのです。まもなく、心理学だけでなく、ほかの学問も輪廻転生とカルマの理念の影響を受けることになるというのは、意味深いことでしょう。

最近の公開講演「人間、動物、植物における死」（一九一二年二月二十九日）をお聴きになった方は、自分のなかにある、個々の人生を越えていくものを見ると、植物、動物、人間における死についてどのように考えるべきかがおわかりになったことと思います。人間において、動物において、植物において、自己はそれぞれ異なった生き方をしているということを明らかにすることによって、人間、動物、植物における死の意味を知ることができます。人間においては個体的な自我、動物においては群の魂、植物においては惑星系全体が問題になります。植物においては、外的には死と発生が見られますが、実際には、それをたんなる眠りと目覚めとして理解しなければなりません。動物の場合は、また異なっています。人間は受肉し、本能などを克服していきます。みずから受肉する人間においてはじめて、死が不死を保証し、人間においてのみ死という言葉を使うことができることが明らかになりました。現在では、人間についても、動物についても、植物についても死という言葉が用いられていますが、動物や植物についてては、死という言葉とはちがう言葉を用いねばならないのです。

人智学全体は、人間の魂がさまざまなことを経験するように要求します。しかし、人智学における「その他のこと」が人智学者を作るのではありません。時が満ちれば、人智学者には、さまざまなことが明らかになります。輪廻転生とカルマの理念を、たとえば仏教におけるような輪廻転生とカルマについての古い理念とは異なった意味で受け入れることができたとき、探究の途上で、ほかのことがらはおのずと解明されるのです。ですから、わたしたちにとって主要なことは、輪廻転生とカルマが人間生活全体に与える影響に注目することなのです。

この点に関して、なんらかの人智学《アントロポゾフィー》的な同盟や、アントロポゾフィー(人智学)協会における活動は、人智学のこの使命を把握するものでなくてはならないことが明らかになります。ですから、人智学に触れたことのあまりない外部の人々にとってもっとも重要と思われる問いについてわたしたちが語るのは、本来、基本的真理から近代人の魂にもっとも身近であることがらに進もうとするときのみです。根本的に新しいものとして、きょうお話しした内容を人智学から受け取り、宗教のなかにそれに対立することがらを見出してもまったく悩まないという人がいます。人智学という新しい精神科学の特徴は、比較宗教学のようなものとはまったくちがうからです。しかし、今日、神智学者が熱心におこなっていることは才気あふれたものとはいえません。あらゆることが人智学においては、輪廻転生とカルマの理念から発する光によって解明されるということが重要なのです。

ほかの点でも、輪廻転生とカルマの影響の下に、責任感情が目立って発展していきます。血縁関係にある人々を、わたしたちは前世で自由に選んだのだということだけを取り上げても、「ある人生においてもっとも内的で、もっとも隠れたものであったものが、べつの人生ではもっとも公然としたものになる。ある人生において、もっとも深い友情の感情を築くと、それは外的な血縁関係、親族関係等を準備するものになる」ということが明らかになります。

ほかの領域に関しても同様です。わたしたちがこの人生では非現実的と思われることについてどう考えるかという方法が、来世への衝動を定める決定的なものになるのです。わたしたちが軽やかな気持ちで真理に帰依するか、あらゆる手段を使って吟味しつつ真理に接近するか、真理感覚を持っているか、あるいは熱狂的かどうかによって、今日とはまったく異なった状況が人間の進化のなかにもたらされます。わたしたちが現在内面に有していることが、来世では外的に明らかに現われることになるからです。

嘘をつく傾向のある人、軽い心でさまざまなことを受け入れる人は、来世で軽薄な人間になります。わたしたちがなにを考えるか、わたしたちがどのように考えるか、どのように真理に向かい合うかなど、この人生において内的であったものが、来世における行動の尺度を形成するからです。

たとえば、よく調べれば善人、あるいは、すくなくともそんなに悪くはない人なのに、よく調べないで、その人を悪人だと思い、そのような吟味不足の判断を一生のあいだ持ちつづけると、来世において喧嘩早い、喧嘩腰の、嫌な人間になることが明らかになります。こうして、わたしたちの心のなかの道徳的——心情的要素が拡大します。

そのようなことに正しく注目し、輪廻転生とカルマの理念とともに現代の精神的進化を改新するものが、どのように基本的な意味を持っているかを考えてみるのは、非常に重要なことです。

ですから、人智《アントロポゾフィー》学運動においては、そのようなことに主要な価値を置き、そのほかの問いに関しては、それらがこの主要事から必然的なものとして生じるかぎりにおいて取り扱ってきました。ですから、どのように人智学がわたしたちのもとで開花するかの特色、方法全体は、輪廻転生とカルマを考察の中心に据える運動に対立するものと理解されることはけっしてありません。

わたしたちに対立するものは、つねに外部から企てられます。わたしたちのもとでおこなわれていることを正しく表示すれば、わたしたちに対する対立が生じることは不可能になります。「わたしたちの中心では、キリストについて語られることがいかに少ないか」ということに注目するだけで十分です。自分の心にとっては特別重要に思われるからというので、わたしたちが語ったことを誇張してはなりません。語られたことを、客観的に考察しなければなりません。輪廻転生とカルマを理解すると、その必然的な結果としてさまざまなことが解明されるのです。ですから、だれにも「わたしたちはキリストについて多くを語る」という根拠はありません。人智学者が現代にもたらすのは、もっとも根本的なことではなく、新たに世界にもたらされるものなのです。この新たにもたらされるものを、人類はほんとうに受け入れねばなりません。ですから、わたしたちが従事していることがらがなんらかの対立を形成するものだという意見は、わたしたちのおこなっていることを不正に表示したもの、不正な前提の下に見たものでしかないということを理解しなければなりません。わたしたちに対立する意見は、いつも外部からもたらされるのです。わたしたちに敵対する人々はいるでしょう。しかし、わたしたちはなにかに敵対する必要はありません。気にかけないというのは、敵対することではありません。

なにが人智学において根本的なものであり、新しいものであるかを、皆様の心のなかでよく考えてほしいと思います。もちろん、「アントロポゾフィー（人智学）協会は輪廻転生とカルマを信じる団体である」ということではありません。かつて、コペルニクスの宇宙観を受け入れる時が熟したように、わたしたちの時代は、輪廻転生とカルマの教えを人類の一般的意識にもたらす時が熟した時代だということです。人類の進化の経過のなかで生じるべきことは、それに対抗する力がいかに多くとも、生じるでありましょう。輪廻転生とカルマの概念を把握すれば、その他のことはおのずと明らかになります。ほかのことがらは、輪廻転生とカルマから発する光をとおして明らかになります。

人智学に引かれる人と、人智学に敵対する人とのあいだにはどのような根本的なちがいがあるのかを考察したのは有益なことでした。高次の世界を受け入れるかどうかが、根本的なちがいではありません。高次の世界に関することがらを輪廻転生とカルマの理念という前提をとおして経験するかどうかが、根本的なちがいなのです。きょうは、人智学的世界観の本質と見なされることについてお話ししたしだいです。

【カルマ論集成1についての編集者補足説明】

人生の始めに出会う人々に、次の人生の半ばに出会い、人生の半ばに出会う人には、次の人生の始めに出会うという一般法則が本書に述べられています。では人生の終わりに出会う人々はどうなのか、という問いが当然生じてきます。その問いについては、一九一二年二月八日と九日のウィーンにおける講演「カルマに対する基本的気分—カルマの詳細」（シュタイナー全集第一三〇巻所収）のなかで、人生の下降期に「わたしたちは前世において何かを共におこなった人々、あるいは、まだわたしたちと共に何かをおこなっていない人々に引き合わされる」と、述べられています。また『カルマの形成』（イザラ書房版「カルマ論」集成第三巻）では、「ある人生の始め、終わりにだれかと共に生きると、前世、来世では、人生の始め、終わりではなく、人生の半ばにその人に出会う。あるいは、次のようなことが明らかになる。子どもの時にある人と運命的に結ばれていた。前世では死におもむくまえにその人と結ばれていた」と、述べられています。

第五章には、「嘘をつく傾向のある人、軽い心でさまざまなことを受け入れる人は、来世で軽薄な人間になる」と、述べられています。同様の一般的原則として、一九一〇年十一月二十六日の講演（「輪廻転生とカルマの光に照らした人生問題」）では、ねたみを持っていると、ルシファーがアストラル体に介入し、来世では虚弱な体になること、嘘をつくとアーリマンがエーテル体に介入することになり、来世では臆病になることが語られています。また、『カルマの形成』には、「愛→喜び→開かれた心」および「憎しみ（反感）→苦しみ→愚昧」という三つの人生にわたる展開が語られています。

また、一一六頁に「人智学的な生活、アントロポゾフィー運動がアントロポゾフィー（人智学）協会という名をつけることのできる協会組織とは鋭く区別される」とあります。これは晩年のシュタイナーが一九二三〜一九二四年に行いましたアントロポゾフィー（人智学）協会の再編＝クリスマス会議をもって、運動と協会は一体のものに向かうという認識に到りました。

一二二頁にあります〈根本的なのは、キリストについての問いが、輪廻転生とカルマをとおして人々の心に真理として受け入れられたことによって得られた形態なのです。輪廻転生とカルマという真理の前提のもとに、キリストについての問いが解明されることが重要なのです〉〜この箇所は次のようにも言えるでしょう。

人類が犯した罪により、地球の発展に生じた障害は、キリストが人類の罪を担い、解消する。

二十世紀末には個々人のカルマが人類全体のカルマと交差し、キリストはカルマの主となる。またカルマ自体が均衡を取るので誰も他人の内面を罰することはできない、と。

●輪廻　Reinkarnation (reincarnation)

原則として二一六〇年間に二度、男女交互に生まれる。同じ性に生まれるのは最大七回まで。輪廻はレムリア時代に始まりポスト・アトランティス時代の終わりまで続く。その後人間は高次の段階に至り、輪廻の必要がなくなる。インド文化期（紀元前七二二七～五〇六七）やそれに続くペルシア文化期（～紀元前二九〇七）まではだれもが前世を振り返ることができた。

（＊『ベーシック・シュタイナー』（イザラ書房）をご参照ください）

キリストが地上に現れたころが、輪廻思想がもっとも理解されない時だった。キリスト教の修行の特徴は、輪廻とカルマの認識にいたらないことである。精神界が人間に隠されていたカリ・ユガと呼ばれる暗黒時代（紀元前三一〇一～）は、一八九九年に終わり、これからの人間の課題は輪廻の知識を再び得ることとされる。

●カルマ　Karma (karman)

業。自分に原因のある作用の結果は、自分に帰ってくるという法則。出来事を一連の現象の始まりと見なすことにより、慰めの源泉となる。また人間が動物に生まれることはないとシュタイナーは見ている。

【カルマ論集成2についての編集者補足説明】

ここでシュタイナーが使っている「神智学」という言葉は、「人智学（アントロポゾフィー）」と同義です。

二二九頁、二三〇頁の〈ルシファーの影響によって、かつて有していた宗教的観点、精神的観点から、「この人生を享受したい」という観点に移行したとしてみましょう。全力で感覚的なものに飛び込んだとしてみましょう。そうすると、正反対のもの（を引き寄せるというカルマの法則）に基づく方法で、アーリマンの影響が挑発されます。人間は人生を歩むうちに、感覚的な生活から一挙に精神的な生活へと飛躍する地点に至ります。あるときは感覚的なものに一足飛びに陥り、あるときは一足飛びに精神生活へと戻ろうとします。表面意識はそのことに気づきません。しかし、物質体とエーテル体に縛り付けられた大変不思議な潜在意識は、人間が雷に打たれる場所、樫の木の根元のベンチを見つけるように、人間を駆り立てます。そうしてその人は雷に打たれるのです。〉～この箇所の理解にはルシファーとアーリマンの性格を知る必要があると思います。

誤った（利己的な）禁欲をすると人間の内に棲む魔、ルシファーの誘惑にさらされるといいます。しかも人間はルシファーの誘惑に抵抗することが非常に難しいものです。（真の道徳心がそれに抵抗する力となりますが、ルシファーは人間をある種、天使的な道徳的自動装置にしようとしているともいいます。これは予定されている宇宙進化のプロセスを順当に体験させずに、いきなり霊化させ、受動的に宇宙の叡智を流し込み、人間を意志を持たない存在にさせようとするものです。）

また死後、太陽圏で人間はルシファーに出会う、とシュタイナーは述べています。キリストは月天から太陽圏まで死者を導き、その先の宇宙へはキリストの兄弟といえるルシファーが導くというのです。ルシファーは【宇宙の真夜中】と言われる前世の追憶と来世への準備への移行期にあたる地点からのち、死者を火星天、木星天、土星天へと導くといいます。そして死者を不完全なまま精神界にとどまるように誘惑します。しかし人間が利己心を浄めることができていれば、誘惑者ルシファーは超感覚的世界の善い導師に変わりうると、シュタイナーは言います。

ルシファーと共同するように働くアーリマンは、闇の力を代表する悪魔と言えます。聖書ではサタンと呼ばれ、キリストのゴルゴダでの犠牲（秘儀）以前は「この世の君主」でした。人間の知性と物質的身体を支配していたのです。アーリマンは人間に世界の精神的土台を隠し、外界を単なる物質と思わせます。世界の機械的数学的把握、経済至上主義、国粋主義、原理主義的福音書理解がその影響の特徴といえましょう。人生上のカルマ的な出来事を「たんなる偶然」と見なすことがその最たるものです。

しかしアーリマンの働きが善になるか悪になるかは、人間の関わり方で決まるといい、アーリマンは人間が真の自由を獲得するために自分自身の向上を断念した存在であり、遠い将来人類は、その犠牲のために愛の返礼をすることが予定されているとシュタイナーは述べています。

（渋沢比呂呼）

第二部　カルマ論集成2

「カルマの開示」

第一章　個人のカルマ・人類のカルマ・地球のカルマ・宇宙のカルマ

この連続講義は、人生に深く食い込む問いを、精神科学の領域から取り扱うものになるはずです。これまでにおこなってきたさまざまな叙述から、精神科学は抽象的な理論やたんなる教義ではなく、人生の源泉であるということがよくわかりました。精神科学の課題は、精神科学が与える認識が人生を豊かにし、人生を理解可能なものにし、わたしたちの魂をより有能に、より活動的にすることによって果たされます。

ところで、わたしたちの世界観を肯定している人々が、いまお話しした理想を自分がどれほど保ち、自分が神智学から流れてくるものを人生のなかにどれくらい取り入れることができているかを振り返ってみると、ほんとうにわずかしか喜ばしい印象を得られないでしょう。今日世界に「知られている」と思われているものすべて、現在人々をあれこれの感情や行動に駆るものすべてを、とらわれのない目で考察してみると、それらは神智学の理念と理想から無限に隔たっていて、精神科学の源泉から得られたものをもって直接人生に関わる可能性が神智学者にはない、ということができるかもしれません。

しかし、それはまさに表面的な状況考察です。このような考察は、わたしたちの世界観から得られるものを計算に入れていないので、表面的なのです。わたしたちが神智学から受け取る力が十分に強くなれば、世界に関与する可能性も見出せます。この力を強めるためになにもしなければ、世界に関与することは不可能になるでしょう。

このように考察すると絶望的になるかもしれませんが、わたしたちに慰めを与えるものが、ひとつあります。その慰めは、わたしたちがこの連続講義において考察する人間のカルマ、カルマ一般に関する考察から生じます。

わたしたちはまだ神智学的な力をもって十分に人生に介入できていないということを、毎回痛感します。しかし、真剣な態度でカルマを考察するなら、わたしたちに必要な力をカルマ自身がわたしたちに与えるということを前提としなければなりません。

わたしたちがわたしたちの世界観から得られる力をまだ用いられないと感じられるなら、それはその力によって世界に関与することをカルマが可能にするまでに、わたしたちがその力を十分に強めていないからです。ですから、この連続講義はカルマについての認識の総体を与えるだけでなく、毎回、カルマに対する信頼を呼び覚ますものになるはずです。将来カルマの作用によって、わたしたちが神智学という世界観の認識者として課題を果たすべき時が来ることは確かです。カルマは、世界でなにがどのように関連しているかを語る教えであるだけでなく、わたしたちの人生を解明することによって人生に満足を与え、人生を高めるものなのです。

もちろん、カルマがそのような課題を満たすためには、わたしたちがカルマの法則をより深く注視し、カルマが世界に伝播していくのを注視することが必要です。そのために、精神科学的考察においてわたしの習慣ではないこと、つまり言葉を定義することを、ここではおこなうことが必要です。言葉を定義することには大きな意味がないので、わたしは定義をしないことにしてきています。わたしは、たいてい、さまざまな事実を表示することから考察をはじめるようにしています。それらの事実が適切な方法で集められ、秩序づけられると、おのずと概念と表象が生まれます。もちろん、この連続講義においても、同様の方法をとることはできます。しかし、そうすれば、与えられた時間よりもずっと多くの時間が必要になるでしょう。ですから今回は、一般におこなわれているような定義ではないとしても、これから取り扱う概念の描写をおこなうことが必要だということを理解していただく必要があります。言葉を発するときに、その言葉がなにを意味しようとしているのかを理解することが、定義の目的です。そのようなやりかたで、「カルマ」という概念の描写をおこなおうと思います。そうすることによって、この連続講義で「カルマ」という表現が使われるときに、なににについて語られているのかを、わたしたちは知ることができます。

いままでの多くの考察から、わたしたちはそれぞれ、カルマとはなにかについて概念を形成してきました。カルマについてのまったく抽象的な概念は、「霊的因果律」、精神生活におけるなんらかの原因がなんらかの作用を生じさせるという法則である、というものです。しかし、それはカルマについてのあまりに抽象的な概念です。この定義は、一面ではあまりに狭く、他面ではあまりにも漠然としているからです。わたしたちはカルマを因果律として把握しようとするとき、カルマという概念をこの世界のなかの因果関係、原因と作用の法則に結びつけています。霊的な事実、霊的な出来事について語るまえに、一般的な領域における因果律とはなになのかを理解しておきましょう。

　科学は包括的な因果律の上に築かれており、いたるところで作用を原因にさかのぼらせることに科学の意味がある、と外的な科学はしばしば強調します。どのように作用から原因へとさかのぼりうるかについて、人々の考えはすでにかなり曖昧になっています。今日でも、学問的—哲学的に概念を解明した書物に、「作用とは、原因から生じるものである」というように書かれています。

「作用は原因から発する」というとき、そのような言葉は事実とはまったく食いちがっているのです。たとえば、金属板の上に射している日光を考察してみましょう。日光が射すことによって、その金属板は暖められます。ですから、わたしたちは外界における原因と作用について語ることができます。しかし、いつでも、「金属板を暖めるという作用が暖かい日光という原因から生じている」ということはできるでしょうか。そういう作用を起こす力を日光がすでに持っているとしても、日光が金属板に当たらなければ、日光が金属板を暖めるという事実は存在しないでしょう。わたしたちの周囲の無機的な現象界のなかで、ある原因から作用が生じるためには、なにかがその原因を受け入れることが必要です。原因を受け入れるものがないと、原因から作用が生じる、と語ることはできません。

このような哲学的―抽象的に聞こえる注意をあらかじめおこなったのは、無駄なことではありません。神智学の領域において実り多い前進を目指すなら、概念を正確に把握する習慣をつけなければならないからです。ときおり、ほかの科学でおこなわれるような、ぞんざいな把握をするのではありません。

たんに金属板を日光が暖める際に存在するような作用しかないとき、カルマについて語ってはなりません。たしかに原因と結果の関係、因果律はありますが、この領域においてカルマについて語ると、正しいカルマの概念を有することはできません。たんに原因と作用のあいだに関係があるだけでは、カルマについて語ることはできません。

先に進んで、原因と作用の関係についてより高次の概念を形成しましょう。たとえば、弓を引き、矢を放つと、弓の緊張によって作用が生じます。弓を引くという原因と、矢が放たれるという作用のあいだに存在する関係については、日光と金属板の場合と同様、「カルマ」という表現を用いることはできません。しかし、この例をちがった角度から考察すると、まだカルマの概念にはいたらないとしても、ある意味でカルマに近づきます。

弓は何度も引かれると、しだいに緩んできます。弓がおこなったことをとおして、外にむかって作用が発せられるのではなく、弓自身にその作用が帰ってくるのです。絶え間なく弓を引くことによって弓自身になにかが生じます。作用を引き起こしたものに、その作用が帰ってくるのです。

これは、すでにカルマの概念に属することです。作用を引き起こした存在にその作用が帰ってくるという特徴が見られないもの、原因となる存在に作用が帰ってくるという特徴が見られないものについて、カルマという概念を用いることはできません。ある存在が原因となって引き起こされた作用が、その存在自身に帰ってくることが明らかになったことによって、わたしたちはカルマという概念にいくらか近づきました。しかし、絶え間なく引かれたことによって弓が緩くなったことを、弓のカルマということはできません。

弓を三週間か四週間、しばしば引き絞ったとしてみましょう。そして、弓が四週間目に緩んだとしてみましょう。そうすると、わたしたちは四週間前の張り詰めた弓とはまったくべつのものを手にしていることになります。弓はまったく別物になったのであり、おなじものにとどまってはいません。**元に帰ってくる作用が、その作用に関連する物や存在を**まったくべつのものにするなら、わたしたちはまだカルマについて語ることはできません。作用が、原因となったのとおなじ存在に帰ってくるとき、すくなくとも、ある意味でおなじものにとどまっている存在に帰ってくるとき、カルマについて語ることができるのです。

　こうして、わたしたちはカルマの概念に、また一歩近づきました。しかし、カルマの概念をこのように叙述しようとするなら、カルマについてまだまったく抽象的な表象しか得られません。とはいえ、カルマという概念を抽象的に把握しようとするなら、いま述べた以上に正確に把握することはほとんどできません。

　ただ、もうひとつのことを、カルマという概念に付け加えねばなりません。作用がその作用を引き起こした存在に同時に帰ってくるとき、つまり原因と作用の帰還が同時に生じるとき、わたしたちはカルマについて語ることはほとんどできません。その場合には、原因を作った存在が直接その作用を引き起こすからです。つまり、作用を前提としており、その作用にいたる要素すべてを見通しているからです。そのような場合、わたしたちはカルマについて語ることはできません。たとえば、だれかが、なんらかの意図をもって一定の行為をおこない、その意図のとおりに、その人物が欲した作用が生じた場合、カルマについて語ることはできません。すなわち、原因と作用のあいだには、原因となることを引き起こした者からは隔たったなにかがなければならないのです。原因と作用のあいだに関連があるのですが、その関連は、原因となったものを引き起こした者自身によって意図されたものではないのです。その関連が、原因となった存在によって意図されたものでないなら、なぜ原因と作用のあいだに関連が生じたのかの根拠は、その存在の意図とはべつのところになくてはなりません。その根拠は、ある一定の法則性のなかに存在するにちがいありません。原因と作用のあいだの関連は法則的なものであって、原因となる存在の意図を越えたものです。それが、カルマに属すものなのです。

こうして、わたしたちはカルマという概念を解明することのできる、いくつかの要素を集めました。けれども、わたしたちはこれらの要素をカルマという概念のなかに入れて、抽象的な定義に立ち止まってはなりません。抽象的な定義に立ち止まってしまうと、世界のさまざまな領域におけるカルマの開示を理解することができません。カルマの開示を、まずカルマがわたしたちに立ち向かうところ、すなわち個人的生活のなかに探求することからはじめましょう。

個人的生活のなかに、カルマの開示を見出すことができるでしょうか。いま概念を説明したカルマを、生活のどこに見出すことができるでしょうか。

わたしたちの生活のなかに、「この出来事は、かつてわたしが引き起こした出来事と関係している」ということのできる体験が見出されることがあります。そのような体験があるかどうか、人生を観察して、たしかめてみてください。わたしたちは、外的な観察の立場に立とうと思います。そのような観察をおこなわない者は、人生に法則的な関連があることを認識することができません。二つの玉がぶつかるのを観察しようとしない人には、その二つの玉に弾性衝突の法則があるのを知ることができないのとおなじです。人生を観察することによって、わたしたちは法則のなかに関連を見出すことができます。一定の関連を把握することができるのです。

ある青年が、十八歳のときになんらかの事態が生じたために、定められたものと思われていた職業から投げ出された、としてみましょう。ある職業に就くために勉強をしてきたのに、両親が不幸な目に遭ったために、十八歳で商人にならざるをえなかったとしてみましょう。二つの弾性のある玉が衝突するのを物理学的に考察するように、その青年の人生をとらわれのない目で観察してみると、その青年が選んだ商人という職業がはじめは刺激的で、彼はちゃんと義務を果たし、研鑽を積んで立派な商人になるのが見出されます。しかし、しばらく経つと、その仕事にうんざりして、不満をもらすようになるのが観察されます。そのような不満は、すぐには現われないでしょう。十八歳で職業を変えた彼にとって、しばらくのあいだはなにごともなく過ぎていくことでしょう。しかし、二十三歳のころに、心のなかになにか説明しがたいものが明らかに現われてきます。

さらに探究していくと、職業を変えてから五年後にうんざりしたことの理由が、十三歳ないし十四歳のころにあるのが見出されます。このような現象の原因は、職業を変えてから飽きがくるまでの年月とおなじ年月を、職業を変えたときから過去にさかのぼった時点に探求しなければならないことがほとんどなのです。その青年は十三歳のとき、つまり職業を変える五年前に、内的な幸福を提供するなにかを感情のなかに受け入れた可能性があります。

職業を変えなかったとしてみましょう。そうすると、その青年が十三歳のときに親しんだことが後年になって実りをもたらすことになっていたでしょう。しかし、実際には職業を変えることになり、最初のうちはその職業に心を引かれます。そのようにして彼の心のなかに入ってきたものは、かつて心のなかにあったものを抑圧します。かつて心のなかにあったものは、しばらくのあいだは抑圧されていますが、抑圧されることによって内面で特別の力を獲得していきます。内面に緊張力が集められます。そうすると、弾力のある玉を圧縮するのに似た状態になります。ある程度まで圧縮すると、玉は抵抗します。そして、圧縮する力が強ければ強いほど、その玉は大きな力で撥ね返ります。同様に、十八歳のときに職を変えた青年が十三歳のときに受け取った幸福感は抑圧されます。そして時間が経つと、心のなかに抵抗が生じます。その抵抗は大きくなり、作用を示すようになるのが見られます。職を変えていなければ心のなかに存在したはずのものが欠落しているので、抑圧されたものが力を発揮して、周囲に対する不満、退屈として表に現われるのです。

十三歳から十四歳のときになにかをおこない、のちに職を変えた人物を取り上げて、いかに原因がおなじ存在に作用を返すかを見ました。この場合、わたしたちはカルマという概念を個人に適用しなければなりません。

「そんなふうにはならなかった例を知っている」と、反論すべきではありません。そんなふうにならない場合もあるでしょう。しかし、ある速度で落下する石の法則を調べようとしている物理学者が、石がなにかの衝撃によって方向がずれたとき、法則がまちがっているといいはしないでしょう。正しく観察し、法則の形成に属さない現象を排除することを学ばねばなりません。もしその青年が転職後に結婚したら、二十三歳になっても、十三歳のときに持った印象の作用を飽きとして感じはしないでしょう。しかし、基本法則を確定するために、非本質的な影響のない事象に取り組まねばなりません。法則の発見へと導く正しい要因を見出すことが大切です。観察そのものは、まだなにものでもありません。カルマの法則を研究しようとするなら、きちんとした観察を正しい方法でおこなうことが大切です。

個人のカルマを認識するために、ある人物が二十五歳のときに、苦痛をもたらす重い運命の打撃を受けたとしてみましょう。重い運命の打撃が人生のなかに生じ、その人物を苦痛で満たしたと単純に観察するなら、わたしたちはカルマ的な関連の認識にはいたりません。

観察を進めて、二十五歳のときに運命の打撃を受けた人物を、その人物が五十歳になった時点で観察してみましょう。そうすると、「この人物は勤勉で活気があり、有能な人間になった。彼の人生を振り返ってみよう。二十歳のころ、彼はまだ怠け者で、なにもする気がなかった。二十五歳のときに重い運命の打撃を受けた。もし、その打撃を受けていなかったなら、怠け者のままだっただろう。重い運命の打撃が原因となって、彼は五十歳で活気のある勤勉な人間になったのだ」と、見ることができます。

二十五歳の時点における運命の打撃をたんなる作用として考察するなら誤るということを、この事実は教えます。「その打撃はなにを引き起こしたのか」と問うなら、わたしたちはたんなる観察にとどまっていることはできません。運命の打撃を作用、すなわち先行した現象の結末として考察せずに、その打撃を後続の出来事のはじまり、原因として考察するなら、この運命の打撃に対するわたしたちの感情判断、感覚判断は本質的にべつのものになることがわかります。その運命の打撃をたんに作用として考察すると、その人物がそのような打撃を受けたことに対して、わたしたちは悲しくなるかもしれません。その出来事を、後続の出来事の原因として考察するなら、わたしたちはその運命の打撃に喜びを感じることができます。その人物が立派な人間になったのは、その運命の打撃のおかげだからです。

人生のなかに生じたことがらを作用と見るか原因と見るかで、わたしたちの感じ方は本質的にべつのものになることがわかります。ですから、人生のなかで生じることがらを、たんなる作用として考察するか、原因として考察するかはどちらでもいいことではないのです。痛ましい出来事が起こった時点で観察するなら、もちろんわたしたちはまだ直接的な作用を知覚することはできません。しかし、同様の観察からカルマの法則を導き出したなら、「その出来事は、いまはたんに先行することがらの作用として現われているので、痛ましいものである。しかし、その出来事を後続の事象の出発点と見なすこともできる」と、カルマの法則がわたしたちに教えます。

そうすると、「これはさまざまな作用の出発点、原因であり、その出来事をまったく新たな光の下に見ることが可能になる」と、わたしたちは予感することができます。カルマの法則は、慰めの源泉なのです。出来事を一連の現象の結果と見て、一連の現象の始まりと見ないなら、慰めはないでしょう。

人生をきちんと観察し、ふさわしい方法で事物を作用および原因として配置することを学ぶことが大切です。ほんとうに徹底してそのように観察するなら、個々の人生のなかに、規則正しく経過する出来事と、不規則に現われる出来事があることが明らかになります。そうすると、人生を間近に観察する者は、人生のなかに注目すべき関連を見出すことができます。残念ながら今日では、人生の諸現象が二、三年という短い時間の間隔で観察されています。何年も経ってから生じたことを、以前に原因となったことと関連づけることに人々は慣れていません。ですから今日では、人生の始めと終わりを関連づける人はわずかです。しかし、その関連からは教えられるところが非常に多いのです。

ある子どもを七歳になるまで、通常おこなわれているように、「ちゃんとした人間になるためには、これこれのことをおこなわねばならない。きちんとした人間についてのわたしたちの見方は、絶対にこうでなければならない」という信仰から発することをなにもおこなわないように教育したとしてみましょう。

通常の場合は子どもを、わたしたちが考えている意味で立派な人間にすると思われるものを、できるかぎり正確にすべて子どもにやらせようとします。しかし、さまざまな種類の立派な人間がありうるし、これから成長する子どもがどのような種類の立派な人間になるべきかをまだ思い描く必要はないという認識から出発すると、「わたしは立派な人間についての概念を持っているが、子どもから最良の素質を引き出すことによって、立派な人間ができあがるのだ。まず、この謎を解かねばならない」と、思うようになります。

ですから、「わたしがあれこれの命令を義務づけられていたなら、どのような問題が生じるだろうか。なにをすべきかについては、子ども自身がこれをしたいという必要を感じなければならない。子どもを素質にしたがって育てようとするなら、子どものなかに根差している欲求を発展させようと試みるだろう。なによりも、子どもが自分の欲求から行動するようにさせるだろう」と、考えるようになります。

このように、七歳までの子どもを育てるのに、まったく異なった二つの方法があるわけです。

子どもの人生を引きつづき観察すると、このような方法で最初の数年のあいだに子どものなかにもたらしたものは、そのはっきりとした作用を、長いあいだ示しません。人生を観察すると、子どもの魂のなかに植え付けた原因の作用は晩年に現われるということが明らかになります。さきほど述べたように、子どもの心のいとなみ、子どものなかにいきいきと活動しているものすべてを考慮に入れて教育すると、人間は活動的な精神を晩年まで持ちつづけることができるのです。子どものなかに存在する内的な力を引き出して、発展させると、晩年になって、豊かな魂のいとなみという果実が実ることになります。

その反対に、幼年期に正しくない育てかたをすると、その作用が干からびた貧しい魂、そして老年期における身体的な衰弱として現われます。あとでお話ししますが、干からびた魂は身体に作用を及ぼします。このように、どの人間にも原因と作用の関連として示される規則が見られるのです。

同様の関連を、人生の半ばにも見出すことができます。その関連については、あとで、さらに注意を向けることにしましょう。

七歳から十四歳のあいだの子どもをどのように育てたかの作用は、晩年のまえの時期に現われます。このように原因と作用は、円を描くように、いちばん早くに存在した原因はいちばんあとに作用を現わすというかたちを取ります。しかし、そのような原因と作用のみが人生のなかにあるのではありません。周期的な経過のかたわらに、直線的な経過もあるのです。

さきほどの例では、十三歳のときの体験が二十三歳のときに作用を現わしました。その例では、人間が自分のなかで体験したことが、自分自身に作用を及ぼし、おなじ人間に帰ってくるというように、原因と作用は関連していました。そのようにして、カルマは個人の人生のなかで実現します。しかし、原因と作用を個人の人生のなかだけに探求するなら、人生を説明することはできません。いま持ち出した考えがいかに基礎づけられ、説明されるかについては、明日以降お話しします。いまは、すでに知られていることを示唆しておくだけにします。つまり、「生まれてから死ぬまでのこの人生が以前の人生の繰り返しであることを、精神科学は示している」ということです。

生まれてから死ぬまでの人生にとって特徴的なこととして、すくなくとも本質的には、生まれてから死ぬまでおなじ意識がつづいている、ということができます。幼いころを振り返ると、「わたしの記憶がはじまるのは、誕生の時点ではなく、もっと後だ」と、いうことができます。秘儀参入者以外の人間は、みなそのようにいうことでしょう。そして、自分の意識はそこまでしかいたらない、ということでしょう。生まれてから死ぬまでの人生において、記憶のはじまりに関して、わたしたちは非常に特徴的なことに関わるのです。

このことも、あとでまたお話しします。そのことも、重要な事柄を明らかにします。それを考慮に入れなければ、「生まれてから死ぬまでの人生にとって特徴的なのは、そのあいだひとつの意識がつづくことだ」と、いうことができます。

通常の人生において、高年期に現われる作用の原因を簡単には幼年期に探し出せないことがあったとしても、注意深くすべてを探求すれば、その原因を見出すことができるはずです。記憶意識という意識によって、見出すことができるのです。記憶をとおして、以前の出来事と後の出来事との関係をカルマの意味で心に描くなら、つぎのような成果が現われます。

たとえば、「わたしの身に生じたいくつかの出来事は、もしわたしが若いころにあることをおこなっていなければ、生じていなかっただろう」と、いうことができます。あるいは、「わたしが受けた教育の報いを、いまわたしは背負わなければならない」と、いうこともできます。

自分のせいではなくて、自分が受けた害と、のちの出来事とのあいだに関連を洞察すると、それはひとつの手助けになります。自分が受けた害を補填する手段を、より容易に見出せるはずです。わたしたちが通常の意識によって見渡すことのできる、人生のさまざまな時期のあいだに存在する原因と作用の関連を認識することは、人生にとって非常に有益です。この認識を獲得したなら、ほかのことも可能になるはずです。

八十歳の老人が、八十歳のときに生じた出来事の原因を、幼年期を振り返って探求したとしても、自分に対してなされたことの埋め合わせをする手段を見出すのは、まさに困難なことでしょう。なにかを教示されても、もはやあまり助けにならないでしょう。もし、もっと早くに原因を知って、自分が蒙った害を振り返り、四十歳のときに配慮をおこなっていたなら、その埋め合わせをする時間はまだあったことでしょう。

ですから、すぐ身近に見られるカルマの作用についてだけではなく、カルマ的関連の法則性全般について教示することが、わたしたちの人生の役に立つはずです。

たとえば十二歳のときに害を被ったり、あるいは自分が過ちを犯した場合、その罪の害が生じないように、なにを企てることができるでしょうか。その人は自分が犯したこと、あるいは自分が被った害を埋め合わせ、これから生じるにちがいない作用を避けるためにあらゆることをしようと試みるでしょう。さらに、自分がなにもしなければ必然的に生じるにちがいない作用を、ほかのものに置き換えようとするでしょう。十二歳のときになされたことを認識することによって、四十歳における一定の行為へと導かれるのです。十二歳のときにこんなことがあったと認識しなかったなら、四十歳の時点でそのような行為をしなかったでしょう。その人は以前の生活を振り返ることによって、自分の意識をとおして、**ある原因からの一定の作用を生じさせたのです。**いま生じた作用を、彼は意志したのです。

カルマの継続のなかに生じていたはずのカルマ的作用に、わたしたちの意志がいかに介入することができるかを、この例は示しています。わたしたちがまったく意識的に原因と作用のあいだに結びつきを作る場合を考えると、「そのような人間は、カルマないしカルマの法則を意識にもたらし、彼自身がカルマ的な作用を生じさせたのだ」と、いうことができます。

ここで、わたしたちが人間の輪廻転生について知っていることがらを、このような考察の根底に据えてみましょう。先にお話しした例外を除いて、生まれてから死ぬまでの人間が有する意識は、人間が自分の脳を道具として使用できることによって生じます。人間が死の扉を通過すると、別種の意識が現われます。その意識は脳から独立しており、本質的にほかの条件に結びついています。再受肉するまで持続するこの意識において、人間は生まれてから死ぬまでにおこなったことすべてを回顧するということを、わたしたちは知っています。自分が被った害の作用をほんとうにカルマ的に人生のなかに導き入れようとするなら、生まれてから死ぬまでの人生において、その害を振り返るという意図をまず持たねばなりません。死後、自分の人生を振り返るときに、人間はそのような害、そして自分がおこなったことがらを見ます。同時に、その行為が自分の魂になにをおこなったかを見ます。人間は、自分がある行為をおこなったことによって、自分の価値を下げたり上げたりしたのを見ます。

たとえば、他者を苦しめることによって、わたしたちの価値は下がります。他者を苦しめることによって、わたしたちの価値は下がり、わたしたちは不完全な人間になります。死後、自分の人生を振り返ると、「この行為によって、わたしは自分の価値を下げた」といわねばならない数多くの出来事を見ることになります。しかし、それにつづいて、自分が失った価値を取り戻すための機会があるなら、どのようなことでもおこなおうという意志と力が、死後の意識のなかに生まれます。自分が他者に加えた苦痛のすべてを埋め合わせようという意志が生じるのです。つまり、死と再受肉のあいだに、自分が生前になした悪しき行為の埋め合わせをし、人間として持つべきでありながら他者を害するという行為によって失った完全性を取り戻そうという傾向、意図を持つようになるのです。

人間は、ふたたび地上に生まれます。人間の意識は、以前とは異なったものになります。人間は、死と再受肉のあいだの時期を覚えてはいません。以前に犯した罪の償いをしようという意図を持っていたことも覚えていません。しかし、「償いをするために、これこれのことをしなければならない」ということを忘れていても、人間のなかに存在する力によって、償いの行為へと駆り立てられるのです。

二十歳のときに非常な苦痛を体験した人がどうなるかを、思い浮かべてみましょう。生まれてから死ぬまでに有する意識においては、その人は苦痛をとおして消沈します。しかし、死と再受肉のあいだにどのような意図を持っていたかを思い出したなら、そのような苦痛へと自分を導いた力を感じることでしょう。その苦痛を体験することによってのみ、かつて失った完全性をふたたび獲得できるということを感じるからです。通常の意識が「わたしは苦しんでいる」というとしても、そして作用のなかに苦痛のみが見られるとしても、死と再受肉のあいだの時期に活動する意識は、苦痛や不幸を探し出そうという意図を持っていたのです。

高次の観点から人生を考察すると、そのようなことが明らかになります。人生のなかに生じる運命的な出来事は、その人生のなかに存在する原因の作用として現われたのではなく、その原因は誕生の彼方の意識、わたしたちが地上に受肉するようになって以来継続されてきた意識に起因していることがわかります。この考えを正確に把握すると、「わたしたちは生まれてから死ぬまでの時間の上に広がっている意識を持っている。その意識を、わたしたちは個人の意識と名づけたい。そして、個人という言葉で、生まれてから死ぬまでの時期を指そう」と、いえます。そうすると、通常の意識には知られていない意識が誕生と死を越えて活動していることがわかります。ですから最初に、十二歳のときに存在した原因の作用に出合わないようにカルマを引き受け、四十歳で償いをした人のことをお話ししたのです。そうすることによって、その人物は自分の個人意識のなかにカルマを受け入れたのです。

かつての行為の償いをして、よりよい人間になるために苦痛を体験するように駆り立てるものも、その人物から発しています。ただ、それは個人意識からではなく、死から再受肉までの時期を包括する意識から発するのです。この意識に包括される人間の本質を、人間の「個体」と名づけようと思います。個人意識によって絶えず中断される意識を「個体意識」と名づけようと思います。このように、人間の個体に関してカルマが活動するのがわかります。

いままでおこなってきたように、人間自身のなかに原因と作用が見出されるものだけに注目するなら、一連の現象のみを追っていることになり、人生を理解することはできません。かんたんな例をあげて、いま述べたことのみを考察するなら人生を理解できないことを明らかにしてみましょう。

コロンブスのような探検家、あるいは蒸気機関の発明者のことを考えてみましょう。発見という行為がどのようにおこなわれ、そのような行為がなぜなされたのかの原因を探求すると、いまお話しした方向で原因を見出すことになります。なぜコロンブスはアメリカに行ったのか、なぜ彼はその時期にアメリカに行くという意図を持ったのかを探求すると、その原因を彼の個体的カルマ、あるいは個人的カルマのなかに見出すことができます。しかし、「その原因はたんに個人的カルマ、個体的カルマのなかにのみ探求されねばならないのか。その行為は、コロンブスという個体にとってだけの作用として考察されねばならないのか」と、問うことができます。

コロンブスがアメリカを発見したことは、ある作用を彼に及ぼしました。その発見によって、コロンブスは高まり、より完全になったのです。そのことは、以後の人生における彼の個体の発展に示されています。しかし、その行為はほかの人々にどのような作用を与えたでしょうか。コロンブスの行為を、無数の人々の生活に介入していった原因として考察しなければならないのではないでしょうか。

しかし、これはまだかなり抽象的な考察です。人生を大きな時間の間隔で考察すると、もっとずっと深く理解することができます。

ギリシア―ラテン時代に先行するエジプト―カルデア時代における人生を取り上げてみましょう。その時代が人間になにを提供し、人間がその時代になにを経験したかに関してその時代を吟味すると、非常に独特なことが明らかになります。その時期を現代と比較してみると、現代に生じていることとエジプト―カルデア文化期に生起したことが関連しているのが認識されます。その両者のあいだに、ギリシア―ラテン時代があります。なんらかの事柄がエジプト―カルデア文化期に生じていなかったなら、なんらかの事象が現代に生じはしなかったはずなのです。現代の自然科学がもたらした成果は、もちろん人間の魂から発展した力に由来するものです。しかし、現代に活動している人間の魂はエジプト―カルデア時代にも受肉していました。そして、エジプト―カルデア時代になんらかの体験をしました。その体験がなければ、人間が今日なしていることはなしとげられなかったでしょう。もし、エジプトの神殿の司祭の弟子が天文学を学んで天体の関連を研究していなかったなら、彼らはのちに、彼らの流儀で宇宙の秘密に参入することがなかったでしょう。そして、現代の天文学者たちは、現代人を天空に導いていく力を持たなかったでしょう。

たとえば、ケプラーはどのようにして発見をしたのでしょう。エジプト—カルデア時空において発見の能力を受け取った魂が彼のなかに生きていたので、第五時空にその発見をできたのです。個々の精神がいまおこなっていることの萌芽が過去に植えつけられたことを思い出すと、わたしたちは内的な満足に満たされます。天体の法則の探究について重要なことをなしとげたケプラーは、つぎのように述べています。

「わたしはエジプト人から黄金の壷を奪い、エジプトから遠く離れたところで、その壷でわたしの神の至聖所を作ろうとしている。君たちがそれをわたしに許してくれるなら、わたしは嬉しい。もし君たちが怒るなら、わたしはそれに耐えよう。ここで、わたしは賽を投げ、この本を現代の読者と未来の読者のために書く。百年のあいだ読者を待たなければならないとしてもである。神はそのわざを認識する者が現われるのを六千年も待ちわびたのである」(『宇宙の調和』)。

ケプラーという個人的存在のなかで果たされえたものへの萌芽についての思い出が、彼のなかに浮かび上がったのです。同様の例をいくらでもあげることができるでしょう。

しかし、前世の体験の作用がケプラーに浮かび上がったということに、たんなる事実以外のものをわたしたちは見ます。過去の人類にとっても重要であり、人類全体にとっても重要なものの作用が現われるのを、わたしたちは見ます。全人類のためになにかを果たすために、この人物が一定の場所に導かれたのを、わたしたちは見ます。個体的な人生のなかだけでなく、人類全体のなかに時空を越えた原因と作用の関連が存在するのを、わたしたちは見ます。そして、個的なカルマの法則がカルマ的人類法則と名づけうるものと交差するのを、わたしたちは見ます。この交差は、いつもはっきりと目に見えるものではありません。ある決まった時期に望遠鏡が発明されていなかったなら、わたしたちの天文学はどのようなものになっていたことでしょうか。天文学の歴史を振り返ってみると、天文学は望遠鏡の発明に非常に多くのものを負っていることがわかります。

ある光学工房で子どもたちがレンズで遊んでいたとき、「偶然に」レンズを望遠鏡のように組み合わせたことによって望遠鏡が発明されたことは、よく知られています。

ある時点で望遠鏡が発明されたということに関して、わたしたちはその子どもたちの個体的カルマと人類のカルマをいかに深く探求しなければならないことでしょうか。そのように深く探求すると、個々人のカルマと人類全体のカルマが交差し、織り合わさっているのが見られます。そうすると、「ある時期に、あれこれのことが生じていなかったなら、人類進化全体を別様に考えねばならないだろう」と、思われます。「もしギリシアがペルシア戦争においてペルシアの攻撃を退けていなかったなら、ローマ帝国はどのようになっていたことだろうか」という問いは、通常まったく無意味なものです。

しかし、「どのようにして、ペルシア戦争はこのような仕方で経過したのか」という問いは、無駄なものではありません。この問いを追究して答えを探す者は、オリエントにおいては、自分のためだけになにかを望み、その目的のために司祭と結びついていた専制君主がいたことによって一定のことが達成されたことを知ります。当時の国家制度全体が、オリエントにおいてなにかが創造されうるために必要でした。しかし、この制度はさまざまな害をもたらすものでもありました。そのことが、ギリシア人という民族が適切な時期に東方の攻撃を撃退できたことと関連しているのです。そのことをよく考えてみると、「ペルシアの攻撃を退けるためにギリシアで活動した人物たちのカルマはどのようなものであったのか」という問いが生じてきます。

それらの人々のカルマのなかには、多くの個人的なものが見出せます。しかし、個人のカルマが民族のカルマ、人類のカルマと結びついていることも見出されます。ですから、「全人類のカルマがこれらの人物を、まさにその時代、その場所に据えたのだ」と、いうことができます。個人のカルマのなかに人類のカルマが働きかけているのが見られるのです。このようなことがらがどのように関連しているのかを、わたしたちはさらに問わねばなりません。しかし、わたしたちはさらに先に進んで、べつの関連を考察することができます。

地球に鉱物界がまだ存在していなかった時期へと、精神科学の意味でさかのぼってみることができます。「地球」進化には、「土星」進化、「太陽」進化、「月」進化が先行しています。その時期には、わたしたちが有しているような鉱物界は、まだ存在していませんでした。「地球」上において、はじめて今日の形態の鉱物が発生したのです。「地球」進化の経過のなかで鉱物界が分離したことをとおして、鉱物界はそれ以降、特別の領域として存在します。それ以前は、人間、動物、植物は、基盤となる鉱物界なしに進化してきました。人間、植物、動物は、以後の進化を遂げるために、鉱物界を分離しなければならなかったのです。人間、動物、植物は、鉱物界を分離したあとでは、鉱物界を基盤とする惑星上でのみ進化することができるようになりました。鉱物界が形成されたという前提の下で生じた以外のことは、なにも生じなかったことでしょう。非常な過去に地球存在のなかに鉱物界が形成されて以来、人間、動物、植物の運命は鉱物界の発生に大きな影響を受けたものになりました。

鉱物界の発生という事実とともに、のちの「地球」進化に作用を及ぼすものが生じたのです。鉱物界の発生につづいて、その他のあらゆる存在が発生していきました。ここでも、かつて生じたことがのちにカルマ的に成就されるのが見られます。地球上で用意されたことが、地球上で実現します。これは、以前に生じたことと、のちに生じたことのあいだにある関連です。原因を引き起こした存在に、作用が帰ってきます。人間、動物、植物が鉱物界を分離しました。そして、鉱物界が人間、動物、植物に作用を返すのです。このことから、地球のカルマについて語ることができるのがわかります。

そして最後に、『神秘学概論』に基礎的な叙述をおこなったことがらを取り上げることができます。

ある存在たちが「月」進化の段階にとどまったことを、わたしたちは知っています。これらの存在は、地上の人間にある特性をもたらすために、進化から逸脱したのでした。それらの存在たちのみが地球の「月」時代から取り残されたのではなく、いくつかの実質も取り残されたのです。「月」段階にとどまった存在たちは、堕天使ルシファー存在として地球に働きかけています。「月」段階にとどまった存在が「地球」存在に働きかけるという事実をとおして、「月」存在において原因を据えられたものが「地球」存在のなかに作用を及ぼすのです。実質に関しても、同様のことが生じています。

今日、太陽系を見ると、規則正しい円環運動を繰り返している天体によって、太陽系が構成されているのが見られます。しかし、あるリズムをもって運行しながらも、太陽系の通常の法則を破っている天体もあります。彗星です。彗星の実質は、わたしたちの正規の太陽系の法則を持ってはいません。彗星の実質は、古い「月」存在の法則性を持っているのです。実際、彗星存在は古い「月」存在の法則を保持しているのです。

すでに何度も触れたように、自然科学による確認がなされるまえに、精神科学はこの法則性を証明していました。わたしは一九〇六年にパリで、古い「月」存在において炭素と窒素の結合は、今日の地上における酸素と炭素の結合、すなわち炭酸や二酸化炭素と同様の役割を果たしていたという事実に人々の注意を向けました。このような結合は、毒を有しています。シアン化合物、青酸化合物は古い「月」存在において、同様の役割を果たしていました。この事実を、精神科学は一九〇六年に示唆しました。べつの講演でも、彗星存在は古い「月」存在の法則を太陽系のなかにもたらすことを示唆しました。ルシファー存在だけが進化から取り残されたのではなく、古い「月」実質の法則も取り残され、不規則なしかたで、わたしたちの太陽系に働きかけているのです。今日でも、彗星はそのガス体のなかにチアン化合物のごときものを含んでいるはずだ、と繰り返しお話ししてきました。今年（一九一〇年）になってはじめて、スペクトル分析によって、彗星のなかに青酸スペクトルが発見されました。

「どうやって精神科学によって、ほんとうになにかを見出すことができるか、証明してみろ」といわれたなら、いま述べたことがひとつの証明になります。このような例は、ほかにもあります。このように、古い「月」存在からなにかが、いまの「地球」存在に働きかけています。

「外的な感覚的現象は霊的なものに基づいている、と主張してよいのか」と、問うことにしましょう。精神科学を信奉している人にとっては、感覚的現実の背後に霊的なものが存在していることは明らかです。古い「月」存在の実質が「地球」存在に働きかけるとき、彗星が地球を照らすとき、その背後にも霊的なものが働いています。どのような霊的なものをハレー彗星は示しているかを、わたしたちは述べることもできます。ハレー彗星は、唯物論への新たな衝動を外的に表現するものです。地球圏内に来るたびに、ハレー彗星は唯物論への新たな衝動をもたらします。このようなことをいうと、世間からは迷信だと思われるでしょう。しかし、人間はいかに星の位置から霊的な作用を受けているかを考えてみるべきです。あるいは、北極地方では太陽光線がインドとは異なった角度で射しているので、イヌイットはインド人とは異なっている、ということはできないでしょうか。科学者も、さまざまなところで、人間の精神的作用の原因が星の位置に関係していることを指摘しています。

唯物論への精神的衝動は、ハレー彗星の接近と平行して生じます。その衝動を証明することができます。一八三五年におけるハレー彗星の接近につづいて、十九世紀後半の唯物論の流れが生じました。そのまえにハレー彗星が接近したときには、フランス百科全書派の唯物論的啓蒙運動が起こりました。ハレー彗星の接近と唯物論の興隆とのあいだには関連があるのです。

ある事物が「地球」存在のなかに入るための原因は、「地球」存在の外に置かれていました。ここでは、わたしたちは宇宙のカルマに関わります。古い「月」において、なぜ霊的存在と実質が除外されたのでしょうか。それらを除外した存在たちに、作用が帰ってくるためです。ルシファー的存在たちは除外されて、べつの進化をたどらねばなりませんでした。それは、「地球」上の存在たちが自由な意志を持ち、悪への可能性が地上に発生できるためでした。このようなことがらに関しては、地球存在を越えたカルマ的作用、宇宙のカルマを見なければなりません。

きょうは、カルマの概念について、個人、個体、全人類にとってのカルマの意味、地球における作用、地球を越えていく作用についてお話ししました。宇宙のカルマとして語ることのできるものを、わたしたちは見出しました。わたしたちは原因と作用のあいだの関連法則と名づけることのできるカルマの法則を見出しました。この法則が成り立つためには、作用が原因を作ったものに戻ってくること、そのときに原因を作った存在が同一のものにとどまっている必要があります。世界を霊的に考察すると、世界のいたるところにカルマ的な法則性が見出されます。カルマがさまざまな領域に、さまざまな方法で開示していることを、わたしたちは予感します。個人のカルマ、人類のカルマ、地球のカルマ、宇宙のカルマなどの、さまざまなカルマの流れが交差しています。そして、そのことをとおして、わたしたちが人生を理解し、解明することが可能になります。さまざまなカルマの流れの共同を見出すことができたときにのみ、人生を個々の点で理解することができるのです。

第二章　カルマと動物

人間のカルマについての問いを取り扱うまえに、まえもって、いくつかの考察をすることが必要です。昨日おこなった「カルマの概念の記述」も、そのような予備考察に属します。きょう、カルマと動物界についてお話しすることも、そのような予備考察に属します。カルマの法則が現実に存在することについての外的な証明は、この連続講義において適切な場でおこなっていくことにします。この機会に、カルマの理念全体を疑っている部外者に、カルマの理念の基礎づけについて語ることも可能でしょう。それらのことすべてにとって前提となる考察が必要です。

「わたしたちはカルマのなかに、人間についてのもっとも重要で深い運命の問いが含まれていることを見出す。動物の一生、動物の運命は、人間のカルマの経過にどのように関係するのか」という問いを投げかけることができます。

人間と動物界の関係は、時代によって、また民族によって異なっています。人類の太古の神聖な叡智を保持している民族が、動物を愛と同情をこめて取り扱っているのは、興味深いことです。

古代の世界観の重要な部分を保持している仏教国では、人々は深い愛情をこめて動物を扱っています。そのような愛情をこめた感情を動物界に対して持つことは、ヨーロッパの人間の多数にはまだ理解できないものです。ほかの民族においても、古代の見方を遺産として保持しているところでは、動物に対する「友情」が見られ、動物に対して人間的な取り扱いがなされています。アラビア人の馬の扱いかたは、そのようなものです。

それに対して、未来の世界観を用意する地域、西洋においては、動物界に対する同情があまり理解されていません。中世から現代にいたるまで、キリスト教的世界観が広まっている地域では、動物は魂をもった生物とは見なされず、ただ一種の自動装置と考察されていました。動物は魂を持たない自動装置であるという、西洋哲学によって代表されてきた見方が、動物を残忍に扱うことが平気な民族に浸透していったということに注意を促しておきたいと思います。このように語ってもあまり理解されないかもしれませんが、それらの民族は動物を残忍に取り扱うことに限界というものを知りません。近代の偉大な哲学者デカルトの動物界についての考えを、人々は根本的に誤解してしまうような事態になっています。

西洋文化の発展にとって重要な役割を果たした人物たちによって、動物は自動装置にすぎないという考えが代表されたことは一度もないということを明らかにしておかねばなりません。多くの哲学書が、デカルトは動物を自動装置と見なしていたと書いていますが、デカルトはそのような考えを持ってはいませんでした。デカルトはたしかに、動物は自我意識によって神を証明するにいたるような魂を持った存在とは見なしていませんでした。しかしデカルトは、いわゆる生命精神が動物に流れ込み、それが人間の自我のように統一的な個体ではないとしても、動物のなかで魂として活動していると考えていました。この点で、人々はデカルトを誤解しています。このことは、これまで西洋の発展において動物をたんなる自動装置と見なす傾向があったことを示しています。そのような傾向を持っているために、デカルトが書いてもいないことを、彼の本のなかに読むようになっているのです。デカルトの本のなかに、自分自身の傾向を読み取っているのです。

西洋文化の発展は、唯物論の要素から形成されていかねばならなかったという特徴を持っています。さらに、「人類進化にとって重要な衝動であるキリスト教は、まず唯物論的な西洋の心性のなかに植えつけられた。近代の唯物論は、もっとも霊的な宗教であるキリスト教がまず西洋において唯物論的に把握されたことの結果である」と、いうこともできます。唯物論的な地下から向上し、唯物論的な見解と性向を克服し、最高の精神性への力を発展させることが西洋民族の運命だ、ということができます。この運命、このカルマが西洋民族のものになったために、動物をたんなる自動装置のように考察する傾向が発生したのです。精神生活の作用をよく保持することができず、感覚的な外界のなかでわたしたちを取り囲むもののみに依存している人は、この感覚的な外界の印象から、動物は低次の存在だという見解を持つにいたりえます。それとは反対に、人類の原初の叡智を含んだ霊的世界観の諸要素をまだ保有している人々は、動物界のなかに霊的なものを認識することができます。さまざまな誤解にもかかわらず、また、彼らの世界観のなかに入り込んで本来の純粋さを損なっていったものが見られるにもかかわらず、霊的な活動、霊的な法則が動物の成長、生活に関与しているのを忘れることがないのです。

一方では霊的な世界観が欠如しており、動物的──魂的なものへの無理解が見られます。また、人間の運命とカルマを理解するためにカルマの理念をそのまま動物界に適用するのは純粋に唯物論的な世界観の結果でしかなかろうということについて、思いちがいをしてはなりません。カルマという概念を正確に把握することが大切だということは、昨日お話ししました。原因となる行為をなした存在に作用が帰ってくるという法則を動物界にも探求すると、間違うことになります。生まれてから死ぬまでの人生を越え出て、一連の受肉を追っていき、ある人生において撒かれた原因がのちの人生において帰ってくるのが見出されることによって、はじめてカルマの法則を知ることができるからです。カルマの法則は、ある人生からべつの人生へと作用していきます。大きな観点からカルマを考察すると、原因の作用はおなじ人生のなかには現われないことがわかります。

わたしたちは精神科学的考察をとおして、動物が人間と同様の輪廻転生を経ていくとは語れないことを知っています。死の扉を通過し、死から再受肉までの期間を霊的世界のなかで過ごし、ふたたび地上に生まれる人間個体と同様のものを動物界に見出すことは、まったくできません。人間の死と同様のものとして、動物の死について語ることはできません。死後の人間個体の運命として語られるものは、同様の方法で動物界に存在はしないのです。人間の場合は、その人間個体がかつて地上に生きていたと考えねばなりません。動物の場合、その動物個体がかつて地上に存在していたと思うなら、完全な錯覚に陥っていることになります。世界に存在するものを外面から考察するだけで、内面に入っていこうとしない人には、人間と動物のあいだの重要な差異が目に入らないでしょう。外的に、純粋に唯物論的に考察すると、人間の死という現象も動物の死という現象も、おなじものに見えます。そうすると、ある動物の一生を考察したとき、その動物の一生における個々の出来事を、生まれてから死ぬまでの人間の個的な人生における個々の出来事と比較できると思いやすいものです。しかし、そう思うのは、まったく誤っています。ですから、動物と人間のあいだに存在する差異を、例をあげて明らかにする必要があると思います。

外的な感覚的観照に関してのみならず、思考に関してもとらわれなく事実に取り組む者のみが、動物と人間のちがいを明らかに把握することができます。科学者がすでに知っている現象でありながら、科学者が正しく理解していない現象があります。人間は非常に単純なことを、はじめに学ばねばならないという事実です。単純な道具を使用することを、人間は歴史の経過のなかで学ばねばなりませんでした。現代でも、子どもは非常に単純なことをまだ学ばねばなりません。単純なことを学ぶために、一定の時間が費やされます。

かんたんな道具を制作し、使用できるようになるために労苦が必要とされるのです。

動物を考察すると、「そのような点に関して、動物はなんと優れていることか」と、いわねばなりません。ビーバーが複雑で芸術的な棲家を、どのようにして作るかを考えてみてください。そのような棲家の作りかたを、ビーバーは習う必要はありません。そのような技術を、ビーバーは持って生まれたのです。人間が七歳ごろに乳歯を永久歯にはえかわらせるという「技術」を持って生まれたのとおなじです。歯を乳歯から永久歯にはえかわらせる技術を、学ぶ必要はありません。ビーバーが巣を作るのとおなじような能力を、動物は持って生まれるのです。動物界を見渡してみると、人間にはまだ到達できないような技巧を、動物は持って生まれていることがわかります。

ここで、「どうして、生まれたばかりの人間は鶏やビーバーよりも能力において劣っているのか。なぜ鶏やビーバーがすでに有している能力を、人間は苦労して獲得していかなければならないのか」と、問うことができます。これは、大きな問題です。これは大きな問題だということを、人間はまず学ばねばなりません。人間が獲得すべき世界観においては、重要な問いを立てることのほうが、重要な事実を示唆するよりも重要なのです。事実はいつも正しいものですが、わたしたちの世界観にとっていつも価値あるものであるとはかぎりません。これから、このような現象の原因を精神科学的に探究していくのですが、個々の事象について、なぜそうなのかを示すのは、まだ早いでしょう。まず、そのことについて、すこしお話ししておきましょう。

精神科学的に人類進化をはるかな過去にさかのぼっていくと、ビーバーやその他の動物が有しているような技能を、人間が有していたことが見出されます。人間が太古に不器用さを受け取り、素朴な器用さを動物に委ねたのではないのです。人間も器用さを持っていたのです。動物よりも器用だったのです。動物がどれほど器用であるといっても、その器用さにはどこか一面的なところがあります。人間は、生まれたときはなんの技能も持っておらず、外界に関することをすべて学んでいかねばなりません。しかし、人間は学ぶことによって、動物よりも多様な技能を習得していきます。人間は本来は豊かな素質を持っていたのですが、今日ではもう持っていないのです。本来は、人間にも動物にも同様のものが備わっていたのです。古い「土星」進化にまでさかのぼると、人間進化と動物進化のあいだの区別がまだ生じていなかったことがわかります。「土星」進化においては、人間も動物もおなじ素質を有していました。

いったいなにが生じたために、動物は生まれつき器用であり、人間はそのような器用さを持たずに生まれてくるようになったのでしょうか。人間がかつて有していた生まれつきの器用さを突然失ったのは、いったいなにが奪われたからなのでしょうか。動物が大切に保持してきたものが、人間には無意味なものとして消え去ったのでしょうか。事実を観察することによって、このような問いを発することができます。

動物が外的な器用さとして有している素質を、人間は失ったわけではありません。人間はその素質を、動物とは異なったふうに使用しているのです。動物においては、その素質が外的な器用さとして現われています。ビーバーや雀蜂は、そのような器用さをもって巣を作ります。動物が有しているそのような力を、人間も持っています。その力を、人間は自分のなかに入れ、使用しています。そうすることによって、人間は高次の人体組織を形成したのです。今日人間は直立して歩き、完成度の高い脳を持ち、完成度の高い内的器官を有しています。そのためには、ある力が必要でした。それが、ビーバーが巣を作るときに使用する力とおなじ力なのです。ビーバーは巣を作ります。人間はその力を使って、脳や神経組織などを作ります。そのために、人間は外にむけて働くものを余分に持っていないのです。ビーバーが外的に用いている力を、人間は進化の経過のなかで身体の構築のために使用したために、動物よりも完成された身体を持っているのです。人間は内面に、ビーバーが外的に有しているのとおなじ力を有しています。その力をビーバーとおなじように外にむけて使用することはできないのです。

統一的な世界観を有するなら、世界に存在するさまざまな素質が、今日どのように現象しているかを理解することができます。人間が独自の方法でこの力を使用したことによって、人間の進化に特別の展開が必要になりました。

いまお話ししたような、動物においては外的な活動において示される力が、なぜ人間においては身体内部の形成のために用いられるようにならなければならなかったのでしょうか。人間は身体の内的組織を創造できたことによって、受肉から受肉へと歩んでいく自我の担い手になることができたのです。いまとは異なった身体組織であったなら、人間は自我の担い手になることはできなかったでしょう。自我個体が地球存在のなかで活動できるかできないかは、もっぱら身体組織のありようにかかっているのです。身体組織が自我個体に適したものでなければ、人間は自我の担い手になれなかったことでしょう。身体組織をこの自我個体に適したものへと形成していくことに、すべてがかかっているのです。そのために、ある特別の組織が創造される必要がありました。その組織について、わたしたちはすでにいくつかのことを知っています。

「地球」進化には「月」進化が先行しており、「月」進化には「太陽」進化、「太陽」進化には「土星」進化が先行していることを、わたしたちは知っています。古い「月」進化が終了したとき、人間は外面的には動物―人間と呼ぶことのできる段階にありました。しかし当時は、外的な人体組織は、自我個体の担い手になれるほどには進化していませんでした。身体組織が自我を受け取るのは、「地球」進化の課題でした。身体組織が自我を受け取るためには、「地球」進化が特別の方法でなされることが必要でした。

「月」進化が終了したとき、すべては混沌のなかへと溶解しました。その後、ある時間が経過したのち、新しい宇宙が出現し、「地球」の進化がはじまります。この宇宙のなかには、今日の太陽系のすべてが内包されていました。この宇宙的な統一体から、さまざまな天体ができていきました。本来の地球からさまざまな天体が分離していったのです。どのように木星や火星が分離していったかを、ここでお話しする必要はありませんが、「地球」進化のある時期に、地球と太陽が分離したことはお話ししなければなりません。太陽が分離し、外から地上に作用を及ぼすようになった時点でも、地球はまだ月と結合していました。今日月に結びついている実質と霊的な諸力は、当時はまだ地球と結びついていました。

もし太陽が地球から分離して今日のように外から地球に働きかけるようになっていなけ

れば、なにが起こっていたであろうかという問いには、しばしば触れてきました。地球がまだ太陽と一体であったあいだ、今日とはまったく異なった状況において、宇宙組織と人体組織は結びついていました。今日の状況を見て、「神智学者たちは、なんという愚にもつかないことをいうのか。太陽が地球と一体であったなら、すべての有機的存在は燃えてしまったはずではないか」というのは、無意味なことです。それらの存在は、当時の状況の下で、まったく異なった性質の宇宙的一体性のなかで、発生することができたのです。

もし太陽が地球と結びついたままであったなら、猛烈な力が地球に結びついたままであったことでしょう。その結果、地球の進化はそのような激しさと速さを持ったものになり、人体組織が適切な経過をたどって、あるべき姿へと発展していくことは不可能になっていたことでしょう。そのために、地球にゆっくりとした速度と重い力がもたらされる必要があったのです。それは、激しい、猛烈な力が地球から出ていくことによってのみ生じえたことです。遠くから、外から地球に働きかけることによって、太陽の力は弱められました。しかし、そのためにべつのものが入ってきたのです。

太陽を放出したあとの地球の状態は、人間が正しい方法で前進するのに適したものではありませんでした。いまや状況は生きものにとって、あまりにも濃密で干からび、枯れたものになりました。そのような状態のままだったなら、人間は進化することができなかったでしょう。太陽が分離したのち、今日の月が地球から分離して、生命をしだいに死へといたらせる減速的な力を持っていったことによって、その状況は取り除かれたのです。このようにして、地球は太陽と月のあいだにとどまりました。そうして、人間の身体組織が個体の担い手である自我を受け取るための正しい速度が得られたのです。今日のような人体組織は、太陽の分離と月の分離という経過をとおしてのみ、宇宙から形成されていったのです。

「もし、わたしが神であったなら、もっとべつなふうに創造していただろう。はじめから、人体組織が適切に進化できるように宇宙を構成したであろう。なぜ、まず太陽が分離し、ついで月が分離しなければならなかったのか」と、だれかがいうかもしれません。

そのように考える人は、抽象的に考えすぎています。人体組織のような、内的な多様性を有するものが宇宙のなかに出現するためには、個々の部分に特別の配置が必要なのです。現実は、人間が理屈をならべて考え出したことよりも深いものなのです。抽象的には、人間はどんなことでも考えられます。ほんものの精神科学においては、具体的に考えることを学ばなくてはなりません。「人間の身体組織は単純なものではない」と、思われます。

人体組織は物質体、エーテル体、アストラル体から成っています。これらの三つの構成要素のあいだには均衡がなくてはなりません。これらの構成要素はたがいに正しい関係になくてはなりません。そのためには、つぎのような三つの経過が必要でした。まず、統一的な宇宙の形成、地球、太陽、月の宇宙的統一の形成です。つぎに、人間のエーテル体があまりに猛烈に進化して消耗しつくされないように、エーテル体のなかに減速的に作用するものがもたらされねばなりませんでした。それは、太陽が放出されることによって実現しました。しかし、そのままではアストラル体が人体組織を死滅させていたかもしれないので、ついで月が放出される必要がありました。人体組織が三つの構成要素を有しているために、この三つの経過が必要だったのです。

人間が今日複雑な組織を有しているのは、宇宙のおかげなのです。しかし、自然界の進化はすべておなじ歩みをするのではないということを、わたしたちは知っています。地球の個々の惑星受肉段階において一定の存在たちが通常の進化から取り残され、進化が進むと、それらの存在はその進化に完全には適応しない状態のなかに生きるということを、わたしたちは知っています。進化は、そのような進化からの逸脱をとおして正しい軌道に乗ることができたということも、わたしたちは知っています。

「月」進化のあいだに、「ルシファー的存在」と呼ばれる存在たちが進化から取り残されたことを、わたしたちは知っています。多くの悪しきことの原因が、ルシファー的存在のなかにあります。しかし、わたしたちを人間たらしめたもの、すなわち自由の可能性、わたしたちの内面の自由な展開をもたらしたのもルシファー的存在たちです。「ある意味で、ルシファー的存在が進化から取り残されたのは供儀であった。彼らは進化から取り残されたことによって、『地球』存在において特別の活動を果たすことができたのである。すなわち、人間の尊厳と自立に関連する情熱を、人間に与えたのである」と、いうことができます。

わたしたちは、一般におこなわれているのとはまったく異なった概念を使用することに慣れねばなりません。通常の概念によって考えると、ルシファー的な霊たちが「あとに残される」のは当然であり、彼らの怠慢さは許されません。しかし、ルシファー的存在たちの怠慢さが問題なのではないのです。彼らが進化から取り残されたのは、ある意味で供儀であり、この供儀をとおして獲得したものによって、彼らは地上の人類に働きかけることができるのです。

存在たちのみが取り残されるのではなく、実質も進化から取り残されるということを、昨日お話ししました。それらの実質は、かつての進化状態において正しかった法則を保持し、その法則をのちの進化のなかにもたらします。こうして、古い時代の進化の局面と、新しい時代の進化の局面が交差し、混ざりあいます。このようにして、生の多様性が生じることができたのです。

このように、存在の進化のなかには、さまざまの段階が存在します。「土星」期間ののちにある存在たちが進化から取り残されなかったなら、そもそも動物界は発展しなかったでしょう。「太陽」において人間はすでに一段高い段階に進化していました。「太陽」において動物界が第二の領域として創造され、今日の動物界の萌芽が現われました。諸存在の形成の基盤として、進化からの遅滞が必要なのです。

ここで、「なぜ、存在や実質が進化から取り残されねばならないのか」という問いを投げかけることができます。たとえを用いて、説明しようと思います。人間の進化は一段ずつ前進するべきです。人間は洗練されることによって、前進していきます。もし人間が「土星」段階において使用した力のみを用いて活動したなら、前進することはないでしょう。そのようにすれば、進化から取り残されることになります。そのために、人間は力を洗練しなければならなかったのです。

コップに水を入れて、なんらかの物質をそのなかに溶かしたとしてみましょう。そうすると、そのコップのなかには均一の色、均一の濃度があります。しばらく置いておくと、粗雑な物質はコップの底に溜まり、きれいな水と精妙な実質は上部にとどまります。水は、粗雑な物質を分離することによってのみ精製されるのです。

そのようなことが、「土星」進化ののちに必要だったのです。そのような沈澱物ができる必要があり、人類はなにかを分離して、精妙な部分をとどめておく必要があったのです。そのようにして分離されたものが、動物になったのです。人間は動物を分離することによって洗練され、高次の段階にいたったのです。人間が進化していくために、おのおのの段階でなんらかの存在が分離されねばなりませんでした。

わたしたちより下位に位置する領域に生きる存在たちから解放されることによって、人類は現在の姿に進化したのです。水のなかに濃い成分が含まれているように、それらの存在たちは、かつて進化の流れのなかにいたのです。わたしたちは彼らを底に沈め、そこから上昇したのです。そのことをとおして、わたしたちの進化は可能になったのです。ですから、わたしたちは動物界、植物界、鉱物界を見て、「これらは、わたしたちが進化できるために、わたしたちの下に沈んでいかねばならなかったのだ。これらの存在たちが沈下したので、わたしたちは上昇することができた」と、いわねばなりません。そのように見るなら、動物界、植物界、鉱物界を正しく見たことになります。

「地球」進化を考察していくと、この経過がもっと明らかに、細部にわたって示されます。「地球」進化におけるすべての事実はなんらかの関連を有しているということを、明らかにしなければなりません。太陽と月が地球から分離したのは、人体組織が「地球」進化のあいだに個体となるための高みにいたることができるようになるためであったことは、すでにお話ししました。人体組織を純化することも、そのような経過に属します。太陽と月が地球から分離したのは、人間の進化のためでした。しかし、そのような太陽系に生じた変化は、鉱物界、植物界、そしてとくに人間にもっとも近い動物界にも影響を与えました。太陽と月の分離という経過をとおして動物界に及んだ影響は、どのようなものだったのでしょうか。霊探究は、つぎのようなことを見出しています。

太陽が分離したとき、人間はある進化段階にありました。もし人間が、月がまだ地球内にあったときの段階にとどまっていたなら、人間は現在のような人体を獲得してはいなかったでしょう。人間は枯渇し、荒廃しなければならなかったことでしょう。月の力が外に出ていかねばなりませんでした。月が地球のなかにあったあいだに、まだ軟化されうる組織を保ったために、人間は今日のような人体組織を持つことができたのです。人体組織がすでに硬くなっていて、月が分離しても、もうどうにもならなかった可能性もあるのです。身体組織がまだ柔軟化されうる段階にあったのは、事実、人間祖先だけだったのです。月が、ある時期に分離しなければなりませんでした。月が分離する時点までに、なにが生じたのでしょうか。

人体組織は、ますます粗雑になっていきました。たしかに、人間は材木のようには見えませんでした。材木のようだっただろうと思うのは、あまりに粗雑な表象です。当時の人体組織は粗雑であったとはいえ、現在の人体組織に比べるとまだ精妙なものでした。しかし、当時としては人体組織は粗雑であり、すでに物質体とともに生きたり、物質体なしに生きたりを繰り返していた人間の精神的な部分には、太陽の分離から月の分離までのあいだ、物質体を探しても、「地球」の経過によって硬化した身体のなかに入って、その身体を住処として用いる可能性は、もはやありませんでした。そのために、多くの人間祖先の精神的—心魂的部分は、地球に別れを告げ、太陽系内のほかの惑星で進化していきました。ごくわずかの肉体のみがさらに使用可能であり、この時期を乗り越えました。人間の魂の大半は宇宙空間にとどまり、一部のもっとも逞しい人間の魂によって進化の流れが保たれ、すべてが克服されたことは、すでに何度もお話ししてきました。それらの逞しい魂たちが、危機的な時期から進化を救ったのです。

これらの経過のなかでは、人間の自我性、人間の個体性は、まだ現われていませんでした。まだ、種族の魂があったのです。身体から離れた魂は種族の魂のなかに入っていきました。

ついで、月が分離しました。そのことによって、人体組織が精妙化する可能性がふたたび与えられました。以前に遠くに逃れた魂たちを、身体はふたたび受け入れることができるようになりました。それらの魂は、アトランティス時代にいたるまで、しだいに人体のなかに下ってきました。しかし、危機の時代に形成されたある身体組織は、取り残されねばなりませんでした。その時代に繁殖していたなら、その身体組織は人間の魂の担い手にはなれなかったでしょう。それは、粗雑な組織でした。のちに精練される組織のかたわらに、そのような粗雑な組織が危機的な時代から保持されてきたのです。それらは粗雑な身体組織の先駆となりました。そのことをとおして、人間個体の担い手となることができた身体組織のかたわらに、人間個体の担い手になれなかった身体組織、つまり太陽がすでに分離していながら月がまだ地球と結合していた時代に人間の魂に去られた身体組織が繁殖していくことになりました。

人間のかたわらに、月の性質を保つことによって人間的な個体性の担い手となることができなかった有機体の領域が形成されたのがわかります。おもに、これらの有機体が、今日の動物になったのです。今日の動物の粗雑な有機体が、ビーバーの巣づくりのように叡智に満ちた働きができるようになったのは不思議なことだと思われるかもしれません。事物をあまり簡単に表象せずに、人間の魂を受け入れなかったこの存在たちの身体組織が、地球存在の法則と完全に一致することが可能な動物の構造、神経の構造などの外的な組織へと形成されていったことが明らかになれば、そのことは理解できます。人間の魂を受け取ることができないままにとどまった存在たちは、ずっと地球に結びついたままでした。のちに精妙化して、人間の個体性を受け取ることのできた身体組織も、たしかに地球と結びついてはいました。しかし、それらの組織は、のちに、月が放出されたあとに精妙化し、変化しなければならなかったので、それまでに自分のものにしたものを失わねばならなかったのです。

「月が地球から分離したあとも、月が地球と結びついていたときに発生したのとおなじありかたで繁殖していった身体組織が地上に存在しつづけた。それらの身体組織は粗雑なままにとどまり、かつて有していた法則を保持しつづけた。それらの身体組織は硬化し、月が地球から分離したとき、いかなる変化も可能ではなかった。それらの身体組織は、硬化したまま繁殖した。人間の個体性の担い手となったほかの身体組織は、硬化したまま繁殖することはできず、変化しなければならなかった。その身体組織が変化したために、中間期に地球と結びつかずに、べつの場所にいて、ふたたび地球に結びついた存在たちがその身体組織に働きかけることができるようになった」ということに、わたしたちは気づきます。

このように、固い月の性質を保持した存在たちと、変化した存在たちとを区別することができます。その変化の本質は、どこにあるのでしょうか。

地球から離れていた心魂たちが、ふたたび地球に帰ってきて、ふたたび身体に宿るようになったころ、それらの心魂は神経組織、脳などを改築しはじめました。自分が有していた力を、内部の構築に用いいました。硬化した、ほかの存在たちには、もはやいかなる変化も可能ではありませんでした。その身体組織に、べつの存在たちが宿ります。それらの存在は、まだ以前の段階にとどまっている身体組織のなかに入って、内的組織に働きかけるにはいたっておらず、動物の属の魂のように、外から働きかけました。このようにして、適切な身体組織が、月の分離後に人間の魂を受け入れました。それらの存在は、身体組織を完全な人体組織へと導くように、手を加えました。「月」時代のあいだに硬化したままにとどまった身体組織は、もはや変化することができませんでした。それらの身体組織のなかに、個体のなかに宿るほどには進化しておらず、「月」段階にとどまった魂たちが宿りました。それらの魂は、「月」段階で到達されたものをすべて形成しており、そのために、いまや属の魂として、この身体組織に宿るのです。

このように、人間と動物の差異が、宇宙の経過から明らかになります。「地球」進化における宇宙の経過をとおして、二つの身体組織が生じたのです。もし、わたしたちが人間の一段下位に位置する存在の身体組織にとどまらねばならなかったなら、その身体組織はあまりに固いので、わたしたちの自我は地球のまわりを漂っていたことでしょう。わたしたちは地上の身体のなかに下ることはできなかったでしょう。わたしたちはより完成した存在になったとしても、わたしたちは動物の属の魂が存在する領域にいなければならなかったでしょう。しかし、わたしたちの身体組織は精妙になることができ、その身体組織のなかに入って、そこに宿ることができました。わたしたちは地上の身体のなかに受肉することができたのです。属の魂は、そのような必要を持っていませんでした。属の魂は霊的世界から、地上の身体へと働きかけます。

わたしたちは周囲の動物界を見て、わたしたちの身体組織がいまお話ししたようになっていなかったなら自分がなりえていたであろうものを見るのです。ここで、「わたしたちの下に立つ動物は、どのようにして地上の硬化した身体組織に下ったのか」と、問うことにしましょう。

わたしたちをとおして、動物たちは地上にくだったのです。月が分離したあと、あまりに粗雑なので、もはや用いようとは思われなかった身体の末裔が動物なのです。わたしたちはそのような身体を捨て去り、ほかの身体を見出しました。その当時に、その身体組織を捨て去っていなかったなら、わたしたちはのちにほかの身体組織を見出すことはできなかったでしょう。太陽が分離したのち、わたしたちは地上で生きていかねばならなかったからです。

わたしたちはなんらかの存在たちを取り残すことによって、自分が進化する可能性を見出すという経過をたどったのです。みずからを高めるために、わたしたちはほかの惑星に行き、身体を下方に置き去りにしなければならなかったのです。下方にとどまるものがいてくれたおかげで、わたしたちはいまの姿にいたることができたのです。下方にとどまったものおかげということを、もっと正確に述べることができます。「どのようにして、わたしたちは危機的な時期に地球を捨て去ることができたのか」と、考えてみましょう。ある存在が、自分の行きたいところに、なんの問題もなく、すぐに行けるということはありません。

「地球」進化において初めて、わたしたちがルシファー的存在たちに感謝しなければならない出来事が生じました。ルシファー的存在たちがわたしたちを導いて、危機的な時代にわたしたちを地球から去らせたのです。「地上に危機的な時期がやってきた。君たちは地球から去らねばならない」と、ルシファー的存在たちはわたしたちに語ったのです。

ルシファー的存在たちは、当時のわたしたちのアストラル体のなかに、悪の可能性への衝動と同時に、自由の可能性をもたらしました。そのルシファー的存在たちが、わたしたちを導いて、地球から去らせたのです。当時、わたしたちが地球から去っていなかったなら、わたしたちは当時創造された形姿に束縛されたままだったでしょう。そして、わたしたちはせいぜいその形姿のうえを漂うことができるだけで、その形姿のなかに入ることはできなかったでしょう。こうして、その形姿はわたしたちを受け入れ、その本質はわたしたちの本質と結びつきました。

このことに注目すると、わたしたちは地球から去っていたあいだにルシファーの影響を受け取ったことが明らかになります。この運命に関与せず、地球と結びついたままの特別の領域に導かれた身体組織は、ルシファーの影響を受けずにとどまりました。それらの身体組織は、わたしたちと地球の運命を分有しましたが、わたしたちと天空の運命を分有することはできませんでした。わたしたちが地球に戻ってきたとき、わたしたちのなかにはルシファーの影響が打ち込まれていました。ほかの身体組織には、ルシファーの力は注ぎ込まれていませんでした。そのことをとおして、肉体のなかにありながらも、肉体に依存しない人生を送ることがわたしたちには可能になったのです。こうして、わたしたちはしだいに肉体から独立することができるようになりました。

しかし、ルシファーの影響を受けなかった存在たちは、わたしたちのアストラル体が太陽の分離と月の分離のあいだにあった状態を表示していました。わたしたちは、そのような状態から解放されたのです。わたしたちは動物を見て、「動物が器用さとならんで有している残忍さ、貪欲さ、悪習すべては、それらをわたしたちが外に放出していなければ、わたしたちのなかにあったことだろう」と、いうことができます。

わたしたちのアストラル体が解放されたのは、粗雑なアストラル的特性すべてが動物界にとどまったおかげなのです。「自分のなかにライオンの残忍さ、狐のずるさがもはやなく、それらがわたしたちの外に出て、独立した存在になったのは幸いなことだった」と、いうことができます。

動物は人間とアストラル体を共有しており、そのために苦痛を感じる可能性を有しているのです。しかし、いまお話ししたような事情から、動物は苦痛や苦痛の克服をとおして進化する可能性を獲得することはなかったのです。動物は個体性を有さないからです。そのために、動物はわたしたちよりもずっとひどい境遇にあるのです。わたしたちは苦痛を耐えなければなりません。しかし、どのような苦痛もわたしたちにとっては、わたしたちが完成に近づく手段です。苦痛を克服することによって、わたしたちは苦痛をとおして進化するのです。わたしたちは動物を取り残しました。動物は苦痛を感じることはできますが、苦痛を克服する能力はまだ持っていないのです。それが、動物の運命です。わたしたちの身体組織が、苦痛を感じることはできても、苦痛を克服して、苦痛を人類にとって意味あるものに変えることはまだできない段階にあったころの状態を、動物は示しています。このように、「地球」進化の経過のなかで、わたしたちはわたしたちの悪い部分を動物に与えたのです。わたしたちがいまの完成度にいたった象徴として、動物はわたしたちの周囲にいるのです。わたしたちが沈澱物を分離しなかったなら、わたしたちは動物を置き去りにすることはなかったでしょう。

このような事実を、理論として考察するのではなく、宇宙的な感情をもって考察しなければなりません。感情をこめて動物を見て、「君たちは外にいる。君たちが苦しむものは、人間にとっては益になるものなのだ。わたしたち人間は、苦痛を克服することができる。君たちは、苦痛を耐え忍ぶしかない。わたしたちは君たちに苦痛を残し、わたしたちは苦痛を克服したのだ」と、いうことができます。

このような宇宙的感情を発展させると、動物界に対する大きな同情、共感が生まれます。ですから、人類の原初の叡智から宇宙的な同情が生じた地域、過去のありようについて漠然とした霊視をとおして語られた原初の知識の思い出を保ち、動物への同情を保っている地域では、動物に対する高度の同情、共感が見られるのです。

人間が霊的な叡智を受け入れ、人類のカルマが宇宙のカルマといかに結びついているかを洞察するようになると、この同情がふたたび現われます。唯物論的な思考がはびこっている闇の時代には、このような関連について予感を持つことは、まったくできません。そのような時代には、人間は空間内に存在しているものを見ても、それらが共通の源泉を有しており、進化の経過のなかで分離したのだということを考慮しません。人間が動物と一体であったとは感じません。人間と動物界の関連についての意識を隠蔽するという使命を持っていた地域では、人間と動物界の関連の意識のかわりに、人間は動物を食べるという点で動物のおかげをこうむっているという、物質的空間に限定された意識しか現われませんでした。

このことは、世界観がいかに人間の感受世界、感情世界と関連しているかを示しています。感受、感覚は世界観の結実です。世界観と認識が変化すると、人間の感情も変化します。人間は進化するしかありません。人間は上昇するために、ほかの存在を突き落とさねばなりませんでした。苦痛をカルマによって埋め合わせられるような個体を、人間は動物に与えることはできませんでした。人間は動物に苦痛を手渡しただけで、その苦痛を埋め合わせるカルマの法則を与えることはできませんでした。しかし、かつては与えられなかったものを、人間は個体の自由と無私の精神にいたったときに与えることができるようになります。そのとき、人間は意識的に、この領域においてもカルマの法則を理解し、「わたしがいま存在しているのは、動物のおかげである。動物は個的な存在から、影のような存在へと下降した。わたしは動物に対して借りがある。いま、わたしは動物への接しかたをとおして、動物に弁償をしなければならない」と、いうことでしょう。

カルマ的関係を意識することによって、とくに西洋において、人間と動物の関係が改善されねばなりません。人間がかつて突き落とした動物をふたたび引き上げるような扱いかたが、動物に対してなされるようになることでしょう。

このように、カルマと動物界には関係があるのです。動物が運命として体験することを、人間のカルマと混同してはなりません。しかし、「地球」進化全体を考察し、人類が進化するためにはなにが生じねばならなかったかを考察すると、人類のカルマと動物界の関係について語ることができるのです。

第三章　病気とカルマ

きょうおこなう考察は、容易に誤解を招きうるものです。カルマの観点から、さまざまな病気と健康について考えようというのです。健康と病気がどのようにカルマに関連しているかという問いに取り組むと、精神科学は今日の人々から誤解される可能性があるのです。健康と病気について考察するとき、議論はかなり激しいものになります。ある人々は、現代の医学に対立する党派を形成しています。現代の医学は不当に攻撃されています。現代医学の代弁者たちは一種の情熱の虜になり、公式の医学とは異なった視点から語られることがらに対して、激しい戦いをしています。議論によって曇らされてしまったことがらに関して、とらわれのない、客観的な判断をすることが神智学という精神科学の課題なのです。今日「大学で教えられている医学」の信用を失わせる合唱に賛同するつもりはありません。精神科学は、党派的なものに賛同することはありません。

この機会に強調しておきたいのですが、病気と健康についての近年の探究は、そのほかの自然科学の分野の成果に劣らぬ、称賛すべき、すばらしいものと認めるべきものであります。医学が発見したさまざまな事実に関して、「精神科学は、医学が近年になしとげたことを喜ぶ」と、いうことができるのです。しかし、もうひとつのことも強調しておかねばなりません。自然科学は事実に関して多くを知り、多くを発見しましたが、それらを正しく解釈、説明していません。科学的意見というのは、満足のいくものではありません。事実の発見に関してはすばらしい成果をあげながら、意見、理論が成長しないというのが、今日の自然科学の特徴です。精神科学が発する光が、自然科学が到達したことがらのほんとうの意味を明らかにするのです。

このような前置きによって、今日の科学に対しておこなわれている安っぽい闘争にわたしたちが同意するのではないことが明らかになったと思います。しかし、つぎのようなこともお話ししておかなくてはなりません。唯物論的な粗雑な意見と理論が、自然科学の称賛すべき成果を実りあるものにするのを妨げているのです。唯物論的な粗雑な意見と理論によって、自然科学の成果が人類に救済をもたらすものになるのが妨げられているのです。ですから、党派的な戦いに加わることなく、語るべきことを気取らないで語るのがいいのです。そうすれば、情念の渦巻きに溺れずにすみます。

わたしたちが問題に取り組むときに持つべき視点は、なんらかの現象の原因はさまざまな方法で探求されねばならない、というものです。近い原因だけではなく、遠い原因も探求する必要があるのです。神智学が健康の問題について、そのカルマ的な原因を探求するとき、表面には現われていない遠い原因も考慮するのです。つぎのような比喩で、そのことを明らかにしてみましょう。

だれかが医学に関して、「今日、いかにすばらしい成果がもたらされていることか」と思い、いままで何世紀にもわたって健康と病気について述べられてきた意見をすべて見下した、としてみましょう。病気と健康の問題が概観されるとき、「この二、三十年のあいだに医学の分野でなされたことは、完全な真理である。まだ補われる余地があるとしても、昔の医学が有していたような誤った判断に陥ることはけっしてない」という判断が普通です。「わたしたちは医学に関して、以前にはひどい迷信を持っていた」と、しばしばいわれます。そして、かつて試みられたひどい治療の例があげられます。とくに、今日の唯物論的な意識には、かつて用いられていた霊的な表現の意味がわからなくなっています。何人かの人は、「昔は、病気を神様や悪魔のせいにしていた」と、いいます。「神」とか「悪魔」とかいう言葉にはどのような意味が含まれているのでしょうか。譬えをあげてみましょう。

二人の人が話をしているとしてみましょう。「いま、蝿でいっぱいの部屋を見たよ」と、一方の人がいいます。それを聞いた人は、当然、その部屋はとても汚いのだと思います。蝿がいることから、その部屋は汚いのだと想像するのはまったく当然のことです。「大掃除をすれば、蝿はいなくなるさ」というのは、まったく正当です。

ところが、「なぜそんなに蝿がたくさんいるのかについて、部屋が汚いということとはべつのことを知っている」と、一方が語ります。「その部屋には長いあいだ、根っから怠け者の主婦が住んでいるんだ」と、いうのです。

しかし現代の科学的な思考方法からいえば、怠け者の主婦がいるために蝿がやってくるというのは迷信なのです。蝿がいるのは汚れがたまっているからだ、という説明のほうが正しいとされます。

「病気になったのは黴菌に感染したからだ。黴菌を追い出せば、病気は治る」というのと、たいして変わりません。ある人々は、もっと深くに横たわる霊的な原因について語ります。しかし一般には、黴菌を追い出すことしか頭にありません。

病気の精神的な原因について語るのは迷信ではありません。しかし、「大掃除をすれば、蝿はいなくなるさ」と、だれかがいうのを否定する必要はありません。おたがいに戦うのが問題なのではありません。一方がなにをいい、他方がなにをいっているのかをたがいに理解することが大事なのです。一方は直接的な原因について正しく語っており、他方は遠い原因について語っていることを考慮しなければなりません。客観的な神智学者は、蝿を追い出すにはただ怠けるのをやめればいいのだという観点に立ってはなりません。物質的なことがらも考察すべきです。しかし、物質的に表現されるものはすべて霊的な背景を有しています。その霊的な背景を探求しなければなりません。霊的な原因は通常の物質的な原因とおなじように把握されてよいものではないし、物質的な原因とおなじような方法で議論されうるものでもないということを、論争好きの人は考えるべきです。論争をして、霊的な原因によって物質的な原因を排除しようと考えてはなりません。そのようなことをすると、部屋を汚いままにして、怠け主婦追放運動をおこすだけになるかもしれないからです。

カルマを考察するなら、ある人にある出来事が、かつてどのように生じ、その作用がのちにその人にどのように現われるかについて、その関連について語らねばなりません。健康と病気についてカルマの観点から語るということは、「ある人が健康であったり、病気になったりすることについて、その原因をその人自身のかつての行為、経験のなかにどのように見出すか。ある人の現在の病状は、将来その人自身にどのような作用を及ぼすのか。現在の健康状態が、どのようにその人自身に戻ってくるのか。現在の健康状態と将来の作用とのあいだには、どのような関連があるのか」ということにほかなりません。

今日の人間は、病気の直接的な原因のみを考察すればよいと思っています。今日の人間は、あらゆる領域において楽をしたいと思っています。直接的な原因のみを考察するのは、楽なことです。ですから、病気に関しても、直接的な原因のみが考慮されるのです。病人自身も、直接的な原因しか考慮しないのです。病人も楽をしたいのです。病気には直接的な原因があり、その原因を専門家は見つけなければならないと思われていると、多くの不満が生じます。医者は患者を治せないと、何かをしくじったということになります。今日、医学についての考えの多くが、このような楽な判断から発しています。カルマのさまざまな働きを考察することを試みるなら、今日生じていることからかなり以前にさかのぼる出来事へとまなざしを広げなければなりません。人間が遭遇する実情を根本的に認識することは、ずっと過去へとまなざしを広げることによってのみ可能であるという確信が得られます。とくに病人の場合、そのようにいうことができるのです。

病人について、また健康人について語るとき、「病気ということをどのように理解すればいいのか」という問いが出てきます。

精神科学的な探究をおこない、霊視的なまなざしの助けを借りるなら、病気に関して、物質体のみならずエーテル体やアストラル体という人間の高次の構成要素のなかにも不調和があるのが認められます。霊視的探究者は病気を考察するとき、その病気のどこが物質体に関するものであり、どこがエーテル体とアストラル体に関するものなのかを考慮しなければなりません。物質体、エーテル体、アストラル体の三つの構成要素が病気に関与しうるのです。さて、「どのようにして病気になるのか」という問いが生じます。

「病気」という概念をどこまで広げることができるかを考慮すると、その問いを容易に処理できます。関連のないことまで、さまざまに寓意的—象徴的に語るのを好む人のことは放っておきましょう。たとえば鉄が錆びたとき、鉄は病気なのだといって、鉱物や金属の病気について語るような人のことは放っておきましょう。そのような抽象的な概念によって人生を現実的に理解することはできません。そのような概念によって人生を遊び半分に認識することはできますが、ほんとうに事実を把握する認識にいたることはありません。病気について、健康について現実的な概念を形成したいと思う者は、鉱物や金属も病気になるというようなことを語らないようにしなければなりません。

植物界に目を向けると、状況は異なってきます。植物の病気について語ることができます。植物の病気は、「病気」という表象をほんとうに把握するためには、特別興味深く、特別重要なものです。植物に関して、内的な病因について語ることはできません。動物や人間については内的な病因について語ることができますが、植物に関して内的な病因について語ることはできません。植物の病気に関しては、つねに外的な原因を見出さねばなりません。土の有害な影響、日照時間の不足、風などの自然の作用です。あるいは寄生虫が植物に有害な影響を与えたために、植物が病気になることもあります。植物界においては、「内的な病因」という概念はまったく正当ではないということができます。きょうは多くの例をあげて証明する時間がありませんが、植物病理学に深く取り組むと、植物においては「内的な病因」という概念がありえないことがわかってきます。外的な原因、外的な害、外的な影響が植物を病気にさせるのです。

わたしたちが外界に見る植物は、物質体とエーテル体から構成された存在です。わたしたちは、物質体とエーテル体からなる存在は原則的に健康なのだということに気づきます。物質体とエーテル体からなる存在は外からの害があってはじめて病気になるのです。それは、精神科学的な事実と完全に一致します。霊視的な探究の方法によると、動物界と人間界における病気においては、存在の内面、存在の超感覚的な部分に変化が見られます。それに対して、病気の植物に関して、本来のエーテル体が変化していると語ることはけっしてできません。植物の物質体と、とくにエーテル体に外部からの有害な影響があったのだ、としかいえません。精神科学は、「植物において考慮される物質体とエーテル体のなかには、本源的に健康なものが存在している」という結論を正当と認めます。植物が外的な害を受けると、その害に対抗し、自分を癒すために可能なものすべてを使います。植物の一部分が切られたとき、その傷を癒そうと植物がどのような試みをおこなうかを観察してみるとよいでしょう。外的な障害を受けたときに、植物のなかにいかに治癒力が存在しているかが手に取るようにわかります。

植物の物質体とエーテル体のなかには、外的な障害を克服する内的な治癒力が存在するのです。健康と病気について考察するにあたって、このことは非常に重要な事実です。植物のように物質体とエーテル体からなる存在は、生長のために必要な本源的な健康原則を物質体とエーテル体に有しているだけではありません。余剰の力を持っていて、外的な障害を加えられたときには、その障害を治癒する力になります。この治癒力は、どこからやってくるのでしょうか。

たんなる物質体を切ると、その傷は残ります。物質体は傷を癒すために、なにもすることができません。ですから、たんなる物質体に関して、病気について語ることはできません。病気と治療は相対関係にありうるということができます。植物が病気になると、そのことがよくわかります。内的な治癒力をエーテル体のなかに探求しなければなりません。これも、精神科学によって確かめられる事実です。

植物のエーテル体は傷に、以前よりもはるかに活発な生命を送ります。そして自分から、まったく異なった形態、まったく異なった流れを放出します。植物の物質体を傷つけると、植物のエーテル体の活動が高まるというのは、非常に興味深いことです。

このことによって病気の概念を定義したわけではありませんが、どのようにして病気が生じるかを、いくらか明らかにできました。また、どのように内的な治癒がおこなわれるかについての予感を得ることができました。

内的―霊視的観察を導きとして、先に進みましょう。そして、外的な現象を理性的に把握することを試みましょう。精神科学がわたしたちを導いていきます。そして、植物に加えられる害から、動物に加えられる害へと目を向けましょう。動物、つまり、アストラル体を有している存在です。粗雑な見方をすると、植物には見られたものが、高等動物になるほど見られなくなるのがわかります。つまり、外的な障害に対するエーテル体の反応が見られなくなるのです。哺乳動物の物質体に危害が加えられると、どうなるでしょうか。犬の足がもぎ取られたとしてみましょう。植物なら、傷を負った部分を修復します。犬の場合、植物のエーテル体のような治癒力は働きません。それでも、動物界においては、まだ植物の場合のような治癒力がいくらか見られます。

イモリのような低級動物に目を向けてみましょう。低級動物のある器官を切り取ったとしてみましょう。それは、低級動物にとって、すこしも不快なことではないのです。切り取られた器官は、非常に早く元通りになります。すぐに、以前と変わらない姿になるのです。植物の場合と、よく似ています。エーテル体のなかの治癒力が誘発されるのです。エーテル体のなかの治癒力を誘発させるという試みが、人間や高等動物においては健康を重大な危険にさらすことになることは、だれも否定できません。低級動物の場合は、エーテル体によって内面からべつの器官が成長するように誘発されます。

ザリガニの足を一本切り取ったとしてみましょう。ザリガニは、べつの足をすぐに発生させることはできません。しかし、成長の移行段階になって脱皮するとき、切り取られた部分の足はすでに発生しはじめています。そのつぎに脱皮するときには、その足はすでに成長しています。こうして何回か脱皮すると、新しい足が完成します。

ザリガニのエーテル体は、内的な治癒力を誘発するものに属すのです。高等動物には、そのようなことはありません。高等動物の身体の一部が切り取られても、エーテル体から治癒力がもたらされることはありません。今日、意味深い自然科学の論争がおこなわれています。ある動物が、身体の一部を切り取られたとします。その動物の子孫に、その傷が伝わることはありません。足が一本ない動物の子どもも、足が四本揃っています。エーテル体の特性が子孫に伝えられ、完全な身体が形成されるように刺激します。イモリの場合、エーテル体はそのイモリのなかで作用します。ザリガニの場合、エーテル体は脱皮のときに作用します。高等動物の場合、エーテル体の作用は子孫に現われるのです。エーテル体は、親の世代に切り取られた足を、子の代に補充するのです。そのような自然現象を考察していかねばなりません。祖先から子孫にエーテル体が遺伝され、親が足を失っていても子は完全な姿で生まれます。このような場合にも、エーテル体のなかの治癒力について語られねばならないのです。エーテル体のなかの治癒力の働きを、そこに探求しなければなりません。

ここで、「高等動物になればなるほど、治癒力を取り出すのに苦労するのはなぜなのか」という問いを発することができます。人間の場合も、治癒力を取り出すのに苦労がいります。

それは、エーテル体がさまざまな方法で物質体に結びつきうるからです。物質体とエーテル体のあいだには、密接なつながりもあれば、ゆるやかなつながりもあるのです。イモリのような低級動物を取り上げてみましょう。身体の一部を切り取られても、すぐにその部分が生えてきます。そのような低級動物の場合、エーテル体と物質体の結びつきはゆるいのです。植物の場合は、エーテル体と物質体との結びつきがさらにゆるいのです。植物においては、「物質体はエーテル体に作用を返すような結びつき方をしていない。エーテル体は、物質体のなかに生起することに影響を受けない。エーテル体は、ある意味で、物質体から独立しているのだ」と、いわなくてはなりません。エーテル体の本質は活動であり、発生と成長を促進します。エーテル体は、ある一定の境界まで成長を促します。植物や低級動物の身体の一部が切断されたとき、エーテル体は完全に活動して、すぐにその部分を補う用意ができます。エーテル体がその身体部分と強く結びついていると、完全な活動ができないのです。高等動物の場合には、そうなのです。高等動物の場合、エーテル体と物質体は、低級動物の場合よりもはるかに密接に結びついています。物質体が形成されると、物質体の形態、物質的な本質のなかに存在するものがエーテル体に作用を及ぼすのです。

低級動物や植物においては、外にあるものがエーテル体に作用を及ぼすことはありません。エーテル体は独立しており、外からの影響を受けないのです。高等動物になると、物質体の形態がエーテル体に作用を及ぼします。エーテル体は物質体に完全に順応しており、物質体を傷つけると、エーテル体も傷を負います。エーテル体は、まずみずからを回復し、それから物質体を回復しなければならないので、大きな力を必要とするのです。しかし、これはなにに関連しているのでしょうか。なぜ、高等動物のエーテル体は物質体の形態にそれほど依存しているのでしょうか。

動物界を考察してみるとき、物質体とエーテル体の活動だけではなく、アストラル体の活動も考慮しなければなりません。低級動物の場合、アストラル体の活動は、ごくわずかなものです。ですから、低級動物は植物に似た治癒力を持っているのです。高等動物になればなるほど、アストラル体を考慮しなければなりません。アストラル体は、エーテル体を従属させるように作用します。植物のように物質体とエーテル体のみを持つ存在は、外界とあまり関係しません。刺激を受けますが、その刺激が内的な経過に作用することはありません。その反対に、アストラル体が作用すると、外的な印象が内面の経過に反射します。アストラル体が活動していない存在の内面は、外界に対して閉じられています。アストラル体が活動している存在は、外界に向かって開かれています。アストラル体は、存在の内面を外界と結びつけるのです。アストラル体の活動によって、エーテル体は損傷を癒すためにずっと大きな力を使わなければならなくなります。

動物から人間にまなざしを向けると、さらにべつのものを考慮しなければなりません。人間のアストラル体のなかには、動物の場合のように、先に述べたような活動だけが刻印され、担われているのではありません。動物は、制限され、拘束された生のプログラムを生きています。動物は本能からそれたり、あるいは中庸の道を歩んだりするということはありません。動物は、生のプログラムに従います。動物は、典型的なプログラムに従っています。人間は進化の階梯を上昇したために、正と不正、真実と虚偽、善と悪など、あらゆるものを区別して生きられるようになりました。人間は個人的な動機から、さまざまな方法で外界に接します。外界との接触は、すべてアストラル体に印象を与えます。その結果、アストラル体とエーテル体の相互作用も、外的な体験の影響下にあることになります。ある人が放縦な生活を送れば、それはアストラル体に印象を与えます。アストラル体はエーテル体に影響を与えます。アストラル体のなかに入れられたものに、エーテル体は依存するのです。ですから、人間が善と悪、正と不正、真実と虚偽の境域のなかでどのように人生を送るかによって人間のエーテル体は変化するということが理解できるようになります。それらが人間のエーテル体に影響を与えるのです。

　人間が死の扉を通過するときの経過を思い出してみましょう。物質体が捨て去られ、エーテル体はアストラル体および自我と結びついています。死の数日後には、エーテル体のおもな部分が第二の死体として捨て去られます。エーテル体の抽出物は残り、それ以後ずっと保持されます。エーテル体の抽出物のなかには、人生に到来したものすべてのエッセンスが存在します。たとえば、放縦な生活から到来するもの、正しい思考、行為、感情、誤った思考、行為、感情の結果が人生に到来します。それらをエーテル体は含み、それらを人間は再受肉の時までたずさえていきます。動物は、そのような体験を持っていません。ですから、人間のように、死の扉の彼方になにかをたずさえていくということはできないのです。人間が再受肉するとき、以前のエーテル体のエッセンスは新しいエーテル体に注ぎ込まれます。新しいエーテル体が構築されるときに、そのエッセンスは新しいエーテル体に浸透します。ですから、前世の成果が新しいエーテル体のなかに存在するのです。エーテル体は新しい人体を構築します。それで、前世の成果が物質体にも刻印されるのです。なぜ、前世の経過が物質体に刻印されうるのでしょうか。

人体の形態のなかに、その人が前世でどのような行為をおこなったかを見ることができるということを、精神科学的な探究は示しています。しかし、高等動物になればなるほど治癒力が減っていくことについて、理性的な説明が可能でしょうか。動物の場合、その動物の個体が輪廻転生するということはできません。動物の場合、その動物の属一般のアストラル体が活動していて、エーテル体の治癒力を制限しているのです。人間の場合、アストラル体だけではなく、エーテル体も前世の行為の結果を刻印されています。エーテル体は、以前から自分のなかにあったものを新たに生じさせる力を持っています。それで、新しい力が自分のなかに現われるとき、前世からたずさえてきたものを人体組織のなかに組み込むことができるのです。わたしたちの現在の行為が来世の健康状態に作用すること、わたしたちの現在の健康状態のなかに前世の行為のカルマ的な作用を見出さねばならないことが理解できます。

「生まれてから死ぬまでにおこなったことは、すべておなじようにエーテル体に作用するのか」と、問うことができます。

通常の生活においても、意識的に体験したことと、そうではない体験との相違が知覚できます。精神科学によって正しく解明される、非常に興味深い事実があります。それは、まったく理性的にも把握できるものです。人間は人生のなかで意識的に受け取られる、自分の自我と結びついた体験をします。それらの体験は表象となり、人間はそれらの表象を消化します。しかし、どれほど多くの体験、経験、印象が、表象へともたらされずに人間の奥底に存在し、人間に作用を及ぼしているかを、一度考えてみてください。つぎのようなことが、しばしばあります。だれかがみなさまに、「きょう、ぼくは君を通りでみかけたよ。君も、ぼくを見たじゃないか」と、いいます。みなさまは、そのことにまったく気づいていません。そのようなことがあるものです。みなさまの目は、たしかにその人を見たのですが、直接的な印象が表象にまではいたらなかったのです。

そのような印象が無数にあります。わたしたちの人生は、本来、二つの部分に分かれるのです。意識的な表象から成り立っている部分と、あきらかに意識されない部分です。さらに、べつの区別があります。人生の思い出になる印象があります。いつも思い出すような出来事です。そして、まったく思い出すことのできない印象があります。

わたしたちの心のいとなみは、さまざまなカテゴリーに分かれるわけです。人間の内的本質への作用を考察してみると、それぞれのカテゴリーのあいだには大きな区別があります。

しばらく、生まれてから死ぬまでの人間の人生を考察してみましょう。正確に観察すると、いつも意識に昇る表象と、忘れ去られる表象とのあいだには、大きなちがいがあることがわかります。つぎのような例で、そのちがいを明らかにできます。はっきりとした表象を呼び起こす印象を考えてみてください。喜びか苦痛を刺激する、感情をともなった印象だとしてみましょう。ほとんどの印象は感情を伴っているものです。本来は、すべての印象が感情を伴っているのです。その感情は人生の意識的な表面にのみ表現されるのではありません。感情は物質体にまで、深く働きかけるのです。ある印象はみなさまを青ざめさせ、ほかの印象はみなさまの顔を赤くします。印象は血液にまで作用するのです。つぎに、まったく意識されないか、かすかにしか意識されないもの、思い出すことのないものを考察してみましょう。そのような印象は、意識的な印象に似た刺激を伴わないということはない、と精神科学は明らかにしています。意識的に受け取れば驚いて心臓がどきどきするような印象を、意識せずに受け取った場合、その印象はやはり作用を及ぼすのです。たんに印象を与えるだけではなく、物質体のなかまで作用を及ぼします。意識的な表象を呼び起こす印象は、人体に働きかけるとき、一種の抵抗にぶつかります。意識的な表象を呼び起こすことなく印象がわたしたちに働きかけたとき、その印象が人体に働きかけるのを妨げるものはなにもありません。意識的な表象を呼び起こさないからといって、その印象の作用が少ないということはないのです。

人体にいきいきと働きかけながらも、記憶されることのない印象が特別豊かに体験される時期が人生にはあります。生まれてから記憶を持ちはじめるまでの時期に、無数の印象が人間に押し寄せます。それらの印象はすべて、人間のなかにとどまり、その時期の人間を変化させます。それらの印象は、意識的な印象と同様の作用をするのです。しかし、それらの印象が忘れ去られると、なにもそれらの印象に抵抗しなくなります。印象が意識されていれば、心のいとなみのなかに意識的な表象として整理されて、防波堤が形成されるのです。無意識的な印象が、もっとも深く作用します。人生には、意識されなかった内的な作用が現われる時があるということが、人生を外的に考察するだけで確かめられます。のちの人生の出来事について、いま、なぜこのようなことを体験しなければならないのか、まったくわからない、というようなことがあります。たとえば、精神的な打撃を与える印象を受けたとします。比較的どうでもいいような体験なのに、どうして精神的な打撃を与えるような印象を与えるのか、明らかにできません。調べてみると、生まれてから記憶がはじまるまでの時期に、それと似たような体験をしたことがわかります。その体験を、みなさまは忘れているのです。忘れ去っていて、いかなる表象も残っていません。幼いころ、衝撃を与えるような印象を受けました。その印象は生きつづけていて、いまの印象と結びつき、いまの印象を強めるのです。こうして、たいした衝撃を与えるようなものではない出来事が、非常に強い印象を与えることになるのです。

このことを洞察する者は、幼児期の教育がいかに責任の重いものであり、非常に意味深い影や光をのちの人生に投げかけるかがわかります。幼いころに体験したことが、のちの人生に作用するのです。

幼児期の印象は、人生全体の気分に影響を与えます。とくに、その印象が何度も繰り返された場合は、そうです。人生のある時期から、説明のつかないような心のもつれが現われます。過去にさかのぼり、幼児期のどのような印象がのちの人生に影や光を投げかけているかを知ったときにのみ、その心のもつれは説明できるものになります。幼児期の印象が、いま心のもつれとして現われているのです。子どもにとってはどうでもいいことではなく、特別の印象を与えた出来事が、とくに強く作用するのがわかります。

「のちには忘れられる印象に、愛情、感情がとくに共同すると、その愛情と感情は、似たような体験に際して、特別に作用する」と、いうことができるのです。

欲界期における人生のことを考えてみましょう。人間のエーテル体が第二の死体として捨て去られたあと、人間は生きているあいだに持った体験のすべてを逆の順序で、もう一度生きていきます。どうでもいいような体験も、無視されることはありません。欲界期には、まだ以前のアストラル体を有しているので、欲界期通過は深い感情体験を引き起こします。

だれかが七十歳で死んだとしてみましょう。死後、人生を逆に生きていって、四十歳の時点にいたります。その人は、四十歳のときに、だれかに平手打ちを食わせました。彼は、自分が人に与えた痛みを、いま体験します。そうして、自分に対する非難が生じます。その自分に対する非難は、かつての自分の行為を弁償したいという思いとなって、とどまります。この思いをもって、その人は再受肉し、前世の埋め合わせをしようとします。わたしたちが行為として体験したものが、わたしたちの内的本質に深く刻印され、新たに身体を構築するときに共同するというアストラル的体験を、死から再受肉までの時期に持つのです。通常の人生においても、なんらかの体験、とくに感情の印象をとおして、心のもつれが引き起こされるようなことがあります。欲界生活の印象は、それよりもずっと強力なものです。その印象は、再受肉するときに、物質体に深く作用するのです。

注意深く観察すれば、生まれてから死ぬまでの人生のなかに見出せる現象が、より高められたかたちで現われるのです。意識の防波堤によって防がれることのない表象は、心のなかに不規則性を導き入れます。神経衰弱、ノイローゼ、精神病などです。これらの現象は、以前の出来事と以後の出来事との因果関係を示しています。

以上のことについて概念を形成しようとするなら、「ある人生においておこなった行為は、死後、激しい情動に変わる。その情動は、いまや、物質的表象によって弱められることも、通常の意識によって妨げられることもない。その情動は、より深く働きかける意識形態をとおして体験され、わたしたちの前世の本質が新しい人生の素質と組織のなかに現われる」と、いうことができます。非常に利己主義的に思考し、感じ、行動した人が、死後、自分の利己主義的な思考、感情、行為の結果を見ると、自分のかつての行動の埋め合わせをしたいという情動に貫かれます。自分の本質を裁こうとする傾向を持つようになるのです。前世の利己主義的な本質から発した傾向は、虚弱な身体組織に表現されます。ここで「虚弱な身体組織」というのは、身体組織の本質上虚弱なものであって、外的に虚弱な印象を与えるものとはちがいます。虚弱な身体組織は、前世における利己主義的な行為に由来するのです。

さきに進みましょう。ある人が特別、嘘をつく傾向を持っていたとしてみましょう。意識的な人生のなかに存在するものだけに夢中になっていれば、本来、嘘をつくことはありません。無意識から働きかける情動、感情のみが、嘘を誘発するのです。無意識のなかに、なにか深いものが存在しているのです。嘘をつく傾向のあった人は、死後、人間に対する激しい情動を感じ、嘘に対する強い傾向が示されます。その結果、つぎの人生においては、たんに虚弱な身体ではなく、異常な構築のされかたをした身体組織を持つことを、精神科学は示しています。精妙な組織の内的器官が不規則に構築されるのです。それは、前世における嘘をつく傾向によるものです。

嘘をつく傾向は、どこから発するのでしょうか。嘘をつく傾向があるということは、すでにどこか調子が合っていないということです。

わたしたちは、さらにさかのぼらねばなりません。献身や愛というものを知らず、浮ついた人生を送った人が、つぎの人生で嘘をつく傾向を持つようになるのです。そして、嘘をつく傾向が、そのつぎの人生において、正常でない身体組織として示されるのです。

このように三つの人生のなかにカルマの作用を見ることができます。第一の人生で表面的で軽率だった人は、第二の人生において嘘をつく傾向を持つようになり、第三の人生において病気への素因を有するようになります。

こうして、いかにカルマが健康と病気に作用するかがわかります。

これは、精神科学的な研究から取り出された事実です。理論ではなく、精神科学の方法によって観察された事実なのです。

きょうは、まず、植物のエーテル体の治癒力という、ありふれた事実をお話ししました。そして、アストラル体を有している動物においては、エーテル体の活動が減少していることを知りました。さらに、善と悪、真実と虚偽のなかで個的な人生を発展させる自我を受け取ることによって、動物界においては治癒力を妨害するだけであったアストラル体が、新たなものを人間に付け加えるのを見ました。つまり個的な人生から、カルマ的な病気への影響が発するのです。植物においては、内的な病因というものはありません。植物においては、病気は外的なものであって、エーテル体の治癒力が弱められることはありません。低級動物のエーテル体は、失われた身体の一部を補う働きをします。高等動物になればなるほど、アストラル体がエーテル体に刻印されて、アストラル体がエーテル体の治癒力を限定します。動物は輪廻転生しないので、動物のエーテル体のなかにあるものは道徳的―知的―個体的なものとは関係せず、その動物の共通形態に関係するのです。人間においては、自我のなかで体験されたものが、生まれてから死ぬまでのあいだ、エーテル体にまで作用します。

幼児期の心情の作用は、なぜ軽い病気としてしか現われないのでしょうか。神経症、ノイローゼ、ヒステリーなどの原因は、おなじ人生のなかに見出されます。しかし、もっと深い病気の原因は、前世に探求しなければなりません。道徳的―知的に体験されるものは、つぎの人生への移行に際してエーテル体のなかに植えつけられるからです。もちろん例外はありますが、一般的に人間の場合、エーテル体はある人生において深い道徳的な作用を同化することはできません。

ある人生における道徳的―知的な性向が、つぎの人生において健康あるいは病気として現われるのです。

第四章　治る病気と治らない病気

カルマの理念と人生におけるカルマ的関連の理念が広まれば、きょう考察する対象、すなわち治る病気と治らない病気という二つの概念について明白な表象、博愛的な表象が生まれることになるということができます。病気が治るか治らないかについては、さまざまな意見が流布してきました。病気が治るか治らないかについての見解がどのように大きく変化してきたかを知るためには、そんなにはるかな過去にまでさかのぼる必要はありません。

中世から近代への移行期、すなわち十六、十七世紀ごろには、それぞれの病気に適した薬草、秘薬があって、どの病気も絶対に治ると思われていました。このような考えは、十九世紀までつづきました。もし、みなさまが今日の時代概念をもって十八世紀末あるいは十九世紀初頭の病気治療法を記した本を読めば、当時おこなわれていたさまざまな治療法、薬草茶、秘薬、危険な薬、瀉血法などに驚かれるはずです。十九世紀という時代は、医学の領域において、このような見方が一八〇度転換した時代なのです。わたしは若いころ、さまざまな分野において見解が転換していったのをこの目で見ました。十九世紀中葉、ウィーンにニヒリズム医学派の流れが発生し、しだいに賛同者を得ていきました。

病気が治るか治らないかについての見解のラディカルな変化は、著名な医師ヨゼフ・ディートルが肺炎の経過について明らかにしたことによっています。彼はさまざまな考察をとおして、さまざまな治療手段が病気に対して正しい影響を及ぼさないことに気づいたのです。ディートル学派の影響下に、当時の若い医学生たちは、何百年にもわたっておこなわれてきた治療法の効果は、「鶏が堆肥の上で鳴くと天気が変わる。あるいは変わらない」ということわざのようなものだと考えました。

ある病気にどの治療法を用いるかは、ほとんどどうでもよいことだ、という意見を彼らは持ちました。ディートルは統計をとって、彼によって導入された治療法によって、肺炎を病んでいた多くの患者が、昔ながらの治療法によるのと同じ割合で治癒したり、死んだりしたことを示しました。ディートルが発案し、ヨゼフ・スコーダが継承発展させた治療法は、自然治癒力をもっともよく用いることのできる外的な状況に病人を置いて、自分の身体器官から自然治癒力を取り出すようにし、医者は病状を見守る以外にはほとんどなにもしないという治療法です。医者は、人間的な手段で助力を与えられる事態が発生したときのためにのみ存在するのです。それ以外は医者はなにもせず、病気が発生したのを見て、自然治癒力が身体から発するのを待つのです。時間が経つと熱が引き、身体から自然治癒力が発するのです。

この医学学派は「ニヒリズム学派」と呼ばれています。「わたしたちは病気を診断し、解明することはできるだろう。しかし、治療することはできない」というスコーダ教授の発言に基づく学派だからです。

十九世紀に生じた事実を、わたしはお話しししています。この領域においてどのような変化が生じたかを、みなさまはお感じになったことと思います。しかし、ここでお話ししたことによって、ある学派に加担しているのだとは思わないでください。スコーダ教授の発言は急進的なものであり、そのような発言が通用する限界をはっきりさせる必要があります。スコーダ教授の意見を基礎づける手段はなく、その意見を思考によって把握することもできませんでした。彼の意見が語られたサークルのなかでは、その意見の妥当性について考えられたことが一度もなかったのです。ある点で病気の結末と経過にとって決定的なもの、基本的に人間の助力の手の及ばないものが人間のなかにある、ということが示唆されたのです。

人間の助力の手が及ばないものについての示唆がなされたのです。ほんとうにこのことに取り組むと、この示唆は、カルマの法則、人生におけるカルマの作用以外のものに関係するものではありえないのです。人生における病気の発生の経過、治療の経過を追っていき、とくにどのような場合に治癒し、どのような場合に治療が不可能かを考慮すると、とらわれのない考察方法によって、より深い法則性の探求へと駆られます。その深い法則性を、前世に探求することができるでしょうか。これが、わたしたちにとっての問題です。ある場合には身体から治癒力を取り出すことができ、ほかの場合にはあらゆる試みにもかかわらず病気を治せないことをあらかじめ決める条件がある、ということができるでしょうか。

きのうお話ししたことを思い出していただけるなら、人間は死から再受肉までのあいだに生じる経過のなかで特別の力を受け取るということがおわかりになるでしょう。欲界期に、生前の出来事、自分がおこなった良いおこない、悪いおこない、自分の性格などが魂のまえに現われ、人間は自分自身の人生を見ることをとおして、自分のなかの不完全さ、不正な行為を取り除いて、均衡を作ろうとする傾向を受け取り、自分を完全なものにしていくのに適した特性を刻印します。このことを理解すると、「人間はこの意図、傾向を保ち、この意図を持って新しい人生に入っていく」と、いうことができます。

人間は新しい人生でまとう新しい身体を、自分で構築します。前世からたずさえてきた力と、死と再受肉のあいだの時期からたずさえてきた力をもって、人間は新しい身体を構築します。人間はそのような力を与えられて、新しい身体のなかに入っていきます。人間が強い力をたずさえてくるか、弱い力をたずさえてくるかによって、新しい身体が強いものになるか、弱いものになるかが決まるということが理解できます。

たとえば欲界期に、自分が「激情、怒り、恐れ、恥じらいなどの影響下に多くの行為をおこなった」のを見た人には、ある特定の作用が現われるということを明らかにしなければなりません。それらの行為が欲界期に、いきいきと魂のまえに現われます。そして、その人の心のなかに、「将来には、もはや激情の影響下に行動することがなくなって、完全な存在になるように、なにかをおこなわねばならない」という考えが浮かびます。この力が、物質界での人生に刻印されて、表現されるのです。

この考えが、人間の魂的個体の一部となります。そして、この考えはひとつの力として、新しく発生する身体に刻印されます。こうして、物質体、エーテル体、アストラル体の全組織をもって、人間が激情や怒りや、憎しみ、妬みなどから行動することが不可能になるような傾向が身体に刻印されます。こうして、人間はより完全な人間になることができるのです。そうして、かつての行為を埋め合わせる行為をなすことができるようになるのです。このように人間は、通常の悟性よりもはるかに優れた賢明さから、以前の行為の埋め合わせをし、自分をより完全にする意図を自分のなかに注ぎ込むのです。

人生とはいかに多様なものであり、いかに人間は埋め合わせが必要な行為を日々おこなっているかを考察するなら、心魂が新しい身体に入るとき、カルマの埋め合わせをしようという考えが心魂のなかにあることが理解できます。さまざまな考えが交差し、物質体とエーテル体にそれらの傾向が織り込まれることが理解できます。このことを明らかにするために、センセーショナルな例をあげてみましょう。これまで繰り返しお話ししてきたことを、とくに強調しなければなりません。すなわち、わたしはなんらかの理論や仮説から話をすることを避けてきました。そして、例をあげるときは、精神科学によって確認された例のみをあげるようにしています。

ある人が前世において、あまりにも弱い自我感情しか有さず、あまりにも外界に没頭して、今日の人類進化周期にはもはや適さない非独立的な、自己を失ったかたちで活動した、としてみましょう。自己感情が欠如した状態で、さまざまな行為をおこなったのです。欲界期に生前の、自己感情の欠如した行為を目にします。「自己感情を高める力を自分のなかで発展させねばならない。身体という抵抗を克服し、物質体、エーテル体、アストラル体から発する力に対抗して自己感情を発揮する機会を、来世では持たねばならない。それは修練でもある。虚弱な自我感情に働きかける素質を持った身体を作らねばならない」という傾向を、その人は受け取ります。

来世でなにが生じるかは、わずかしか意識のなかに入ってきません。それは、多かれ少なかれ無意識の領域で演じられるのです。自己感情に強固に抵抗し、自己感情を最高度に緊張させる必要のある人生を、その人物は求めることになります。物質体、エーテル体、アストラル体の組織に対して自己感情を生かさねばならないような、深い妨害に向かい合う機会を提供する受肉へと、その人物は引き付けられていきます。奇妙に聞こえるかもしれませんが、そのようにして地上に受肉するように努力するカルマを負っている人物は、たとえばコレラのような伝染病にかかる機会を求めます。コレラは、いま述べたような抵抗の機会を提供するからです。そのような抵抗をとおして内面で生じることが、来世において自己感情を発展させる働きをします。

もうひとつ、べつのセンセーショナルな例をあげましょう。それは、いま述べた例と反対の例で、みなさまは全体の関連を見通すことができると思います。ある人物が欲界期に、生前にあまりにも強固な自己感情、あまりにも強固な自負から行為したことを目にするとします。そうすると、その人物は自分の自己感情を和らげ、弱めねばならないと思います。物質体、エーテル体、アストラル体は、自己感情が身体のなかで障害を感じることのない来世を求めます。そのための条件は、その人物がマラリヤにかかることによってもたらされます。

カルマの作用によって、病気になるのです。人間の通常の意識を超える高次の理性によって、カルマの経過のなかで自分をさらに進化させうる機会へと導かれるのです。いま述べたことに注目すると、流行病というものを理解することが容易になります。欲界期における体験をとおして人間が、病気を克服し、自然治癒力を発展させることによって人生を向上させる力を得るために、いかにさまざまな病気になる機会を探求するかを示す多くの例をあげることができます。

激情から行動した人間は欲界期に、激情の影響下におこなった行動を体験する、とお話ししました。その結果、来世においては身体のなかで、激情による行動を克服し、前世の行為を埋め合わせるものを体験しようという傾向が生じます。さまざまな感情のほとばしり、激情からの行動によるカルマのもつれがある場合は、とくにジフテリアにかかります。

さまざまな病気の原因はどのようなものなのかについては、この連続講義で、さらにお話ししていきます。

「どのようにして、さまざまな苦痛を克服することによってなにかを達成しようという傾向をもって生まれるようになるのか。あるときは病気を克服して自分を高めることができ、また、あるときは病気に勝てないのは、どうしてなのか」という問いに答えようとすれば、さらに深い根拠へと進んでいかねばなりません。そもそも、どのようにして人間は病気になるのかという、霊的原則へとさかのぼらねばなりません。

そもそも、どうして人間は病気になりうるのか、どのようにしてカルマをとおして病気になろうとするのかは、神智学的考察から述べてきたさまざまなことがらと関連しています。

「地球」進化のある時期に、ルシファー的な力が人間の進化のなかに入ってきたことを、わたしたちは知っています。ルシファー的存在たちは「月」進化において進化から取り残され、「地球」進化の正規の地点に達していませんでした。このことをとおして、人間のアストラル体に、自我が適切なしかたで働きかけるまえに、ルシファー存在たちから流れ出たものが植えつけられました。そのために、ルシファー的存在の影響は、とくにわたしたちのアストラル体に作用するものでした。その影響を、人間はアストラル体に受けつづけています。このルシファー的影響は、人間の発展にさまざまな意味を持っています。きょうの話の関連からいって大切なことは、人間はルシファーの力を受け入れたことによって、ルシファーの影響がなかった場合よりも善良でなくなったという点です。ルシファーの影響がなかった場合よりも、人間は激情や情念や欲情から行動するようになりました。この影響の結果、人間はその影響がなかった場合よりも深く欲望世界に没頭することになりました。人間はその影響がなかった場合よりも深く地上世界に巻き込まれるようになりました。ルシファーの影響がなかった場合よりも深く、人間はルシファーの影響によって身体のなかに進入し、自分を身体と同一視するようになりました。もしルシファーの影響がなかったならば、人間が地上でさまざまなものを望むように誘惑するものは存在しなかったでしょう。人間は誘惑の影響を受けずに、生きていったことでしょう。ルシファーの影響をとおして、外的な感覚世界への誘惑が生じたのです。この誘惑を、人間は自分の内に受け入れました。自我をとおして与えられた個体は、ルシファー原則から発する作用に浸透されました。人間は最初に地上に受肉したときにルシファー原則の誘惑に陥り、その誘惑をのちの人生に伴っていきました。つまり、人間がルシファー原則の誘惑に陥ったことが、人間のカルマの一部となったのです。

もし人間がこの原則のみを受けとっていたならば、物質的地上世界の誘惑に負けていたことでしょう。人間は物質的地上世界からふたたび自由になる見込みを失っていたことでしょう。のちにキリストの影響がルシファーの影響に対抗して、均衡がもたらされたことを、わたしたちは知っています。人間は進化の経過のなかで、ルシファーの影響を払い落とす手段を得たわけです。

しかし、ルシファーの影響とともに、同時に、いくらかべつのものも与えられました。人間がアストラル体にルシファーの影響を受け取ったことをとおして、外界全体が、ルシファーの影響がなかった場合とはまったく異なったふうに見えるようになったのです。ルシファーは人間の内面に進入しました。人間はルシファーとともに、内面に周囲の世界を見ました。こうして、地上世界に向けられた人間のまなざしは濁り、外界の印象にアーリマンの影響が混ざるようになりました。このことをとおしてのみ、アーリマンは人間に介入することができ、外界を幻影にすることができたのです。人間はすでに以前から、内面をとおして幻影、マーヤーへの性向を形成していたからです。こうして、ルシファーの影響を継承するものとして、アーリマンの影響が人間を取り囲む外界のなかに浸透していったのです。

「ルシファーの力がすでにあったので、人間はルシファーの影響がなかった場合よりも深く感覚的地上生活に巻き込まれる可能性を得た。そうすることによって、人間は同時に、外からの印象にアーリマンの影響が混ざる可能性も作った。このように、人間が輪廻転生を経ていくなかで、人間個体のなかにルシファーの影響と、その継続としてのアーリマンの影響が生きているのである。この二つの力が、人間個体のなかでたえず戦っている。人間個体は、ルシファーとアーリマンの戦いの舞台となった」と、いうことができるのです。

今日でも、人間の通常の意識は、ルシファーの誘惑とアーリマンの誘惑にさらされています。ルシファーは情念と激情をとおして人間のアストラル体に働きかけ、アーリマンは外界に関する錯誤、誤謬をとおして外から人間に進入します。人間が地上に生き、表象の流れが塞き止められているかぎり、ルシファーとアーリマンによって生じることは深みに入ってくることはできず、人間のおこないは道徳的、知的判断に従います。人間が生まれてから死ぬまでのあいだに、ルシファーに従うことによって道徳的な罪を犯したり、アーリマンに従うことによって論理や健全な思考を損なったりしているかぎり、それは通常の意識的な魂のいとなみの要件にとどまります。しかし、人間が死の扉を通過すると、脳に結びついた表象のいとなみは停止します。べつのかたちの意識のいとなみがはじまります。生まれてから死ぬまでに、道徳的判断、悟性的判断に従ったことすべてが人間存在の地下に下って、欲界期ののちに来世の身体存在に対して構築的に働き、それらは造形的な力のなかに刻印されます。そして、その力が物質体、エーテル体、アストラル体を構築します。こうして、アーリマンへの帰依から発する誤謬は、エーテル体から人間に感染する病気の力になり、放縦、すなわち人生において道徳的判断にゆだねられることがらは、むしろアストラル体から働きかける病気の原因になります。

アーリマンによって引き起こされる誤謬、さらに意識的な誤謬である虚偽が、いかに来世における病気の原因になるかが明らかになりました。同様に、ルシファーの影響が病気の原因になることも明らかになりました。「わたしたちが犯した誤謬が罰せられないということはない。わたしたちが犯した誤謬の刻印を、わたしたちは来世にたずさえていく。しかし、わたしたちは通常の悟性よりも高次の理性から、そのようにおこなうのである。死と再受肉とのあいだの時期にわたしたちを強め、将来もはやそのような誘惑に陥らないようにする高次の理性から、そのようにおこなうのである。このように、病気は人生の偉大な教育家なのだ」と、いうことができます。

このように病気を考察すると、その病気にルシファー的な影響が作用しているのか、アーリマン的な影響が作用しているのかを見分けることができます。このようなことを、精神科学の影響の下に治療家になる人が洞察したなら、その人が人体に及ぼす影響は今日よりもずっと深いものになるでしょう。

この意味で、わたしたちは病気にかかった人体を洞察することができます。肺炎を例に取り上げましょう。感覚的な放縦への傾向を持ち、感覚的に生きる欲求を持った人が、その性格を欲界期に振り返ることによって、そのカルマ的な作用として肺炎が生じます。以前の意識に原因のあるものと、来世の意識に現われるものとを混同してはなりません。人間が欲界期に見るものが変化して、肺炎を克服する力を刻印します。肺炎を自分の治癒力によって克服することによって、人間の個体はルシファーとの戦いに導かれるのです。そのために、肺炎を克服することは、前世における性格の欠点を取り除く機会なのです。肺炎をとおして、人間はルシファー的な力と戦うのです。

肺結核の場合は異なっています。有害な影響を覆いに包むという自然治癒力の活動が生じます。石灰—塩分を含む物質が全体を包み込みます。そのような包有物を人間は、通常考えられているよりもずっと多く、肺のなかに有することができ、自分の周囲に担うことができます。そうして、結核にかかった肺が治癒していきます。人間の内面の本質がアーリマンの力との戦いを遂行しているのです。それは、人間の本質を独立させていくために、外的な物質性をとおしてもたらされたものに対して突進し、外にむけて防御する過程です。

結局、アーリマン的原則とルシファー的原則が病気の経過のなかで活動していることがわかりました。いろいろな病気の形態に関して、アーリマン的な病気とルシファー的な病気という二つのタイプがあることがわかりました。このことを考慮すると、患者に適切な助力を与えるための原則が見出されるはずです。ルシファー的な病気は、アーリマン的な病気とはまったく異なった助力を必要とします。今日の電気治療、冷水療法などは、十分な検討なしに用いられている方法です。それに対して、治すべき病気がルシファー的な病気なのか、アーリマン的な病気なのかを精神科学の光によって区別すると、どのような方法を用いるべきかを決めることができる、といわねばなりません。ルシファー的な病気に対しては、電気治療を試みてはなりません。アーリマン的な病気に対してのみ、電気治療をおこなうべきです。ルシファー的な病気を治療するには、ルシファーの作用となんの関係もないもの、すなわち電気原理は助けにはならないからです。電気原則はアーリマンの領域に属します。もちろん、アーリマン的存在のみが電気の力を使用するのではありませんが、電気原則はアーリマンの領域に属するのです。

それに対して、ルシファーの領域は、おおまかな言い方をすれば、暖かさと冷たさに関係しています。人体を暖ためたり、冷したりするものは、ルシファーの領域に属するのです。暖かさと冷たさに関連する治療方法は、ルシファー的なタイプの病気に用いることができます。

いかにカルマが病気に作用し、いかにカルマが病気の克服に作用するかがわかりました。このように考察してくると、病気が治るか治らないかはカルマに関連しているということが理解できるようになると思います。病気の目的、病気のカルマ的な目的は、人間をより完全な存在にすることです。地上に生まれるときに欲界期からたずさえてくる理性によって病気になり、内的な人間を鍛えて、成長させる可能性を治癒力が発展させるのです。病気をとおして獲得されたものを、その人の身体とカルマがこの人生においてさらに発展させることができるとしてみましょう。そうすると、治療は意味あるものになります。患者は治療され、病気をとおして達成すべきものを患者は達成します。病気を克服することをとおして患者は、かつては不完全であった力を完全なものにします。カルマによってそのような力を備え、以前の運命の結果として与えられた境遇をとおして、自分のため、人のために働くことができるなら、病気は治ります。患者は病気から回復します。

患者が病気を克服し、治癒力を発展させたとしてみましょう。それが、その人物がこの人生で達しうる段階であるとしてみましょう。病気が治ったことによって、いくつかのことは達成できるとしても、自分が達成したことをとおしてほかの人々のためになることをおこなうのがカルマ的に不可能な場合です。そうすると無意識が、つぎのように語ります。「おまえが有するべきものから十全な力を受け取る機会は、おまえにはない。物質体においてて病気を克服することをとおしてのみ獲得できる完全さを得る必要があったので、おまえは受肉したのだ。その完全さを、おまえは得なければならなかった。しかし、おまえはそれ以上のものを達成することはできない。いまや、おまえは肉体その他の力がおまえを妨げず、病気をとおして得たものを自由に消化できる状態に移らねばならない」。

つまり、生まれてから死ぬまでのあいだに消化することのできないものを、死と再受肉のあいだに消化するために、その人物は死を求めるのです。その人物の魂は死と再受肉のあいだの人生において、病気を克服したことによって得た力をとおして身体組織をさらに形成し、来世においてさらに活動できるようにします。そのようにして、病気が要求するものを、生前と死後において分割して果たしていくのです。つまり、死後の人生において生前の補足をおこなうのです。

そのように考察するなら、「ある病気は治り、ほかの病気は死にいたるのはカルマに根拠があるのだ」と、いわねばなりません。

このように高次の観点から病気を観察すると、カルマをとおして人生に深いなぐさめが得られます。病気の結果死ぬとしても、病気は人間を進化させるという目的を持っているのがカルマの法則だということを、わたしたちは知るからです。だからといって、「ある種の病気の場合には、死を望むべきなのだ」という結論を引き出してはなりません。そのようなことは、いってはなりません。病気が治るか治らないかは、わたしたちが通常の意識によっては把握できない高次の理性によって決定されるからです。わたしたちは通常の意識をもって、生まれてから死ぬまでの世界のなかで、そのような問いにとどまることに甘んじなければなりません。高次の意識によって、わたしたちは、死を高次の霊的存在からの贈り物として受け取る観点に立つことができます。人生に介入すべき意識によっては、高次の観点に立つことはできません。人生に介入すべき意識によって高次の観点に立てると思うなら、容易に誤謬に陥り、わたしたちが干渉できないもの、すなわち人間の自由の領域に途方もない方法で介入することになります。患者を助けて自然治癒力を発展させたり、わたしたち自身が癒される可能性があるときは、治癒する必要があります。患者が生きつづけるべきか、死ぬのかの判断は差し置いて、わたしたちは治療をします。この場合は、医者は患者を支えるのであって、個体に働きかけるのではありません。

患者が霊的世界での生を求めていて、病気が治らない場合は、対処のしかたはまったく異なってきます。そのときは、患者の個体を霊的世界の作用に委ねなければなりません。その判断は、患者の個体自身に任せねばなりません。言葉を変えれば、「わたしたちは治療するために、あらゆることをおこなわねばならない。治癒への努力は、地球にとって正当な意識から発する。その他の処置は、わたしたちの地球領域を越えている。そこでは、わたしたちの通常の意識とは異なった力が作用しなければならない」ということです。

病気が治るか治らないかについて、正しくカルマ的に理解すると、患者を助けるためにあらゆることをおこなわねばならない一方、べつの決意が霊的世界からやってきた場合には、それに満足することができます。霊的世界の決意に対して、わたしたちがべつの決意をする必要はありません。世界には不完全で悪しきものしかないかのように、病気が治らないことで滅入ることのないような観点を持つことが必要です。カルマを理解することによって、わたしたちの治療行為が萎縮させられることはありません。カルマを理解することによって、治らない病気という重い運命に調和がもたらされるのです。

このようにカルマを理解することによって、病気の経過を正しく把握することができます。カルマを理解することによって、前世からのカルマの作用が現世に及んでいるのがわかります。個々の問題は、これからお話ししていくことにします。

特別な病気の形が二つあります。人間の内面から現われて、特殊なカルマによってもたらされたと思われる病気と、なにかが身に降りかかって、外的な障害によって偶然に遭遇したと思われる病気です。つまり、「列車に轢かれることを、どのようにカルマ的に理解できるのか。いわゆる『偶然の』病気を、カルマ的にどのように理解するのか」という問いを扱う必要があります。

第五章　自然な病気と偶然の病気

昨日の話の内容は、これからの考察にとって、そしてカルマ的関連の理解全体にとって重要なものです。非常に重要な内容なので、きのうの話の主要な点を、もう一度要約しておきたいと思います。

治療と治療の手段に関する見解が、十九世紀にかなり急激に変化した、とお話ししました。そして、十六、十七世紀には、「どの病気にも、治療方法がある」という見方にもとづいた見解が広まっていたことを示唆しました。適切な薬を用いると、それは病気の経過に作用するにちがいないという確信がありました。この見解は十九世紀までありましたが、十九世紀にはニヒリズム学派、あるいはウィーン学派という医学の流れが発生して、それまでの見解にまったく対立する考えを提出しました。ニヒリズム学派は、有名な医師ディートルに発し、スコーダらが継承しました。ニヒリズム学派は病気と治療薬のあいだに絶対的な関係が存在するという見解に疑いを抱きはじめただけではなく、そのような関係についてなにも知りたくない、と思ったのです。そして、ニヒリズム学派の影響を受けた若い医者たちの心情には、「自然治癒」という見解が生まれました。スコーダは、ニヒリズム学派にとって重要な、つぎのような言葉を語っています。「わたしたちは病気を診断することはできる。わたしたちは病気を説明することはできる。しかし、病気を治す手段を、わたしたちは持っていない」。

肺炎のような病気の静観治療において、必要な条件さえ整えれば、自然治癒力が発揮されることを、ディートルが証明することができたのが、この学派の出発点となったのでした。またディートルは、そのような方法による治癒によって治ったり死んだりする人の数が、通常の治療手段によって治ったり死んだりする人の数とおなじであることを、統計的に証明しました。「治療ニヒリズム」という名は、正当なものでした。病気に対する処方があるにちがいないという患者の意見を、医者が支持することができなかったからです。

両者の意見は、対立したままでした。

薬は処方されねばなりませんでした。ニヒリズム学派の医者たちは通常、アラビアゴムを溶かしたものを用いました。彼らの意見によると、アラビアゴムを溶かしたものも、以前用いられていた薬も、同様の作用をもたらすだろう、というのです。現代科学が、わたしたちが人生におけるカルマ的な関連と名づけうるものに向かっているのが認識できます。ここで、つぎの問いに答えねばなりません。「『自己治癒』というものは、一体どのようにして生じるのか」。あるいは、「自己治癒は、なぜ生じるのか。そして、ほかの場合には自己治癒がなされなかったり、そもそも治療が不可能なのは、なぜなのか」という問いです。

医学界の第一人者が指導する学派全体が自己治癒という概念を思いつくと、それについて考える者は、「病気の経過のなかに、病気の克服へと導くものが呼び起こされるのだ」と、思います。そして、病気の深い根拠を究めようとするようになります。病気に関連する、人類進化のなかにおけるカルマがいかに探求されうるかを示唆しようと、わたしたちは試みました。人間が通常の人生において、良い行動と悪い行動、賢明な行動と無意味な行動において遂行するもの、正しい心情把握、誤った心情把握において遂行することすべてが、人体の地下まで深く下っていくのではないことを、わたしは示しました。そして、通常の人生にとって、道徳的、知的、心情的な価値判断に従うものがなぜ通常の人生の表面にとどまり、「人体の深みに横たわる力に影響を与える」法則に従わないのかの理由を示しました。不道徳が人体の深い力のなかに入っていくのを妨げるものがあることも、お話ししました。わたしたちが誕生から死までにおこなう行為は、意識的な表象を伴います。そのために、わたしたちがおこない、考えることが人体の深い力のなかに入っていくことが防がれるのです。わたしたちがおこなう、なんらかの行為や経験に意識的な表象が伴っていると、わたしたちの行為の結果がわたしたちの身体のなかに押し込まれないように防壁が築かれます。わたしたちは、忘れ去られた体験にどのような意味があるかを示唆しました。その体験がふたたび意識的な表象のいとなみのなかにもたらされる可能性は、もはやありません。そのような体験は、表象という防壁を欠いているので、わたしたちの内的な組織のなかに下っていき、わたしたちの身体の形成力に力を貸すことができます。わたしたちは、まだ表面にとどまっている病気の形態としてノイローゼ、神経衰弱症などをあげることができました。ヒステリー状態も、同様に解明されます。そのような状態の原因は、意識複合から外に落ちて、忘れられた表象のなかに探求されねばならない、といいました。その表象はわたしたちの内面に沈み、わたしたちの魂のいとなみのなかに挟み込まれたもののごとく、病気として現われます。

生まれてから、わたしたちが自分の体験を思い出せる時点までの時空がいかに重要な意味を持っているかを示唆し、かつて忘れられたものが生命的な人体のなかで作用をつづけて人体の深い力と結びつき、わたしたちの身体に影響を与えることに注意をうながしました。なんらかの表象複合、一連の体験が、まずわたしたちの存在の深い地下に沈み、それから、わたしたちの人体に作用するにちがいありません。

そのような沈下は、人間が死の扉を通過して死と再受肉とのあいだの時期を生きていくときに、もっとも徹底的になされるということを示唆しました。そこで、あらゆる体験は、いまや組成的に働く力へと、その質を変化させます。そして、人間が死と再受肉のあいだに受け取り、感じたものを、人間は彫塑的な力のなかに受け入れます。その力は、人間が新たに地上に生まれるときに、身体の新たな構築に関与します。かつての魂のいとなみのなか、あるいは意識的な表象のいとなみのなかに有していたものの結果を、いまや人間は形成力のなかに有するようになるのです。

人間は自我に浸透された表象のいとなみを持って、ルシファー的な影響とアーリマン的な影響のあいだを行き来していることも示唆しました。アストラル体の特性である邪悪な情欲や怒りなどをとおして呼び起こされる過ちを人間が犯すと、ルシファー的な力を帯びた行動に駆られます。そのような行為が、いま述べたように、形成力に変化するという道を歩むと、その行為が形成力のなかに存在するようになります。そして、その力はいまやルシファー的な病気の原因として、新しい身体の基盤に横たわります。また、人間は外から作用するアーリマン的な力にいかに屈服するかを、わたしたちは知りました。アーリマンの影響が、人間が地上に誕生するときに新しく構築される身体の形成力へと変化する、といわなくてはなりませんでした。アーリマンの影響が形成力に混ざっているので、わたしたちはアーリマン的な性質の病気について語ることができます。このような方法で形成される力が、どのように作用するかについて、個々の場合を示唆しました。そして、この作用について、極端な例をあげました。極端な例をあげることによって、表象は明確で、はっきりした輪郭のものになるからです。人間が前世において、自尊心、自信をわずかしかもたらさないような生きかたをし、自我がみずからの内になにも保持することができず、ただ一般的なものに没頭した場合を取り上げました。そのような人間は死後、そのような抵抗を克服する傾向を受け取り、来世で自我を力強く、より完全なものにする力を受け取ります。その力は、その人間が虚弱な自己感情と戦うのに適した状態を探求するように促します。虚弱な自己感情が抵抗に合って、強まりうるのです。このような傾向が人間を、コレラになる機会へと導くというのはほんとうです。コレラは、障害を克服する機会を提供するからです。その障害を克服することによって、来世あるいは現世で、強い自己感情が獲得されるか、自己教育をとおした自己感情の強化へと導く力が得られます。マラリアは、魂が前世における行動や感情をとおして過剰な自負として育成したものを和らげる機会を与えます。

みなさまのなかで神智学的な考察を深めてこられた方々は、そのような経過を理解することができると思います。人間の自我は血液のなかに物質的に表現されている、と何度もお話ししてきました。いまあげた二つの病気は、ともに血液、血液の法則に関連していまず。コレラの場合には、血液の濃縮が生じます。血液の濃縮という抵抗を虚弱な自己感情は体験し、自己を教育していかねばなりません。マラリアの場合、一種の血液崩壊が生じて、過剰な自我が無に帰され、過剰な自負心の無意味さが明らかにされることが必要とされているのです。そのようなことが、血液の崩壊によってもたらされます。

もちろん人体のなかで、事物は密接に関連しています。しかし、このような観点から考察していけば、理解が可能です。

さまざまのことをさまざまな方法で克服する傾向を有した心魂によって形成された身体を持っていると、その傾向は人間に病気への可能性を刻印すると同時に、病気と戦う可能性も与えます。治療の可能性があるという理由からのみ、病気は生じるからです。自分のカルマ全体をとおして病気を克服し、余生を物質界における仕事をとおしてほんとうに前進させることができるときに、病気は癒されます。病気をとおして呼び起こされる課題を物質界で達成する力があるなら、人間は以前は持っていなかった、治療過程から流れてくる強められた力をもってさらに働くのです。しかし、病気を克服することをとおして、自分を完成させる力を得るように身体を形成するという意図を持っていながらも、身体をべつの点で虚弱なものにしなければならないという総合的なカルマがあった場合、治療過程において人間が用いた力はその人間を強めはするものの、物質界における仕事へと前進させるにはいたらないという事態が生じえます。そうすると、すでに得ていながら物質界で使用しなかった力を、来世における身体形成のために死後使用し、物質界では付加できなかった力を付け加える試みをすることになります。

このことを思い浮かべると、治癒にも死にもいたらず、慢性、長患いになる病気はどうなのかという問題が残ります。多くの人々にとって非常に重要なことを知る必要があります。治療過程をとおして人体のなかに、到達されるべきものが入ってくるので、ある意味で病気は克服されたのですが、べつの意味では病気はまだ克服されていません。つまり、エーテル体と物質体との均衡は得られたものの、エーテル体とアストラル体のあいだの不調和には均衡がまだもたらされていないのです。その不調和は残り、人間は治療の試みと治療不可能のあいだを振子のように行き来します。そのような場合、治癒において獲得されたものを可能なかぎり用いることが特別重要です。そのようなことは、人生においてほとんど生じません。慢性になった病気に際して、人間はほんとうに旋回舞踏のような状態になるからです。そのような場合に、治療された身体部分を独立させ、まだ秩序を回復していない部分と、通常内的な心魂に横たわっているものを、そこから取り去ることができると、多くの成果が期待できます。しかし、それにはさまざまなことが作用します。なんらかの病気になり、それが慢性状態になると、その慢性状態のなかに常に生きるようになり、おおざっぱにいってよければ、その状態を忘れることが決してできません。まだ健康でない部分を慢性状態から切り離して、それ独自のものとして取り扱うことができません。ほかの身体部分のことを絶えず考えることによって、健康な部分をかつて病気であった部分に関連づけ、かつて病気であった部分が新たに刺激されます。これは、特別の経過です。

このプロセスを明確なものにするために、精神科学の事実を説明したいと思います。病気が慢性的になった状態は霊視的な意識にはどのように見えるかをお話ししたいと思います。とくに人目につく急性の病気ではなく、慢性の病気の場合も、同様のことが生じるのです。そのような場合、たいていエーテル体と物質体のあいだの均衡状態が不安定になっているのです。エーテル体の力と物質体の力が揺れ動くことによって、患者は絶えずいらいらし、絶えず興奮状態にあるようになります。霊視意識によって見ると、その状態がアストラル体に上昇し、その興奮状態は絶えず、半分病気で半分健康な身体部分に押し寄せます。そのようにして、安定した均衡状態ではなく、不安定な状態にいたります。アストラル的な興奮状態が入ってくることによって、そうでなければ良好でありうる人間の状態は非常に悪化します。

この場合、アストラル的なものは意識と重なるのではなく、患者が関わりたくない内的な心魂的興奮と符合するということに注意してください。そのような場合、表象の障害がないので、そのような状態および情動、心情の打撃、絶えざる嫌気、不満感は意識的な力として働くのではなく、人間存在の深みに横たわる生命力のように働き、半分健康で半分病気の部分を絶えずいらいらさせるのです。患者が強い意志によって、心魂の様態をとおして、しばらくのあいだでもその状態を忘れることができると満足が得られ、その満足からさらに先に進む力を引き出すことができます。自分の状態を忘れて、強い意志を持って、「自分の状態に苦悩しないつもりだ」といって自由になった魂の力を、自分を高め、自分を内的に満足させる精神的な内容に用いるのです。苦悩、圧迫、刺すような痛みの感情に絶えず関わっている力を自由にすると、大きな満足が得られます。それらの感情を体験しないで力を自由にすると、その力を使えるようになるからです。

そのような窮境や刺すような痛みに気づこうとはしない、というだけでは、もちろんなんにもなりません。自由になった力を精神的なことがらに用いないと、以前の状態がすみやかにぶりかえします。自由になった力を、魂が精神的な内容に用いると、複雑な道を通って、わたしたちの身体がわたしたちの関与なしに病気を克服します。もちろん、自分の病気と直接関連するもので魂を満たさない、という注意はしなくてはなりません。たとえば、だれかが目が弱いのに苦しんでいるとします。その人が目の弱さを忘れるために、精神的な力を得ようとして本をたくさん読めば、目的に達せないのはもちろんです。しかし、そのための、いわゆる小さな証拠をいくつも取ってくる必要はありません。軽度の体の具合の悪さがあり、べつのことに従事することによってその具合の悪さを忘れると、それがどれほど有益かに、だれでも気づきます。積極的で、健全な忘却です。病気として現われた、前世の人生における過ちのカルマ的な作用に対して、わたしたちは無力ではないことがわかります。

「生まれてから死ぬまでの人生において、道徳的、心情的、知的な判断の下にあるものは、その人生においては、器官の病気になるほどまでに深く浸透することはない。それは死後、死から再受肉までのあいだに深く沈んでいって、病気を引き起こす。そうして、そのプロセスは意識のプロセスに変化することが可能なのだ」と、いわねばなりません。

「病気が心魂によって呼び起こされた精神的体験のカルマ的作用によるのなら、その原因の変化の結果生じた病気は避けうるものとは考えられない。病気をとおしてなされる自己教育と等価の精神的な作業がなされるなら、それが治療プロセスのかわりになり、病気は避けられる。わたしたちが十分に賢明なら、病気を精神的な経過に変化させ、わたしたちの魂の力をとおして成しとげられる自己教育の経過に変化させる」と、いうこともできます。

事実を、例をあげて説明したいと思います。精神科学的に確認したことのみを例としてあげます。仮定の例をあげるのではなく、実際の例をあげます。仮定の話ではなく、事実そのものをお話ししますので、理論的な完璧性を備えたものではありません。

後半生において麻疹に罹ったとしてみましょう。この場合のカルマ的な関連を調べてみましょう。その場合、麻疹はつぎのような前世における経過のカルマ的な作用だということが見出されます。つまり、その人物は前世で外界のことを気にかけず、利己主義的な意味ではないとしても、自分のことに多く関わりあったのです。その人物は多くを探求し、多くを考えたのですが、外界の事物のことを思索したのではなく、内的な心魂のいとなみのなかにとどまったのです。今日でも、非常に多くの人が自己のうちに閉じこもり、物思いに耽ることによって世界の謎を解くことができると信じています。わたしがお話ししている人物の場合、さまざまな場合に人間はどのように振る舞うべきかを内的に思案し、人生を完全なものにしようとしたのです。そのようにして虚弱になった魂によって、死と再受肉のあいだの人生において、比較的おそい時期に麻疹になるような人体が形成されます。

いまや、「一方では、前世の肉体的―カルマ的な作用として、麻疹がある。では、心魂の状態はどうなのか。前世はカルマ的な作用として、心魂の状態も生じさせるのだから」と、問うことができます。

その人物は、麻疹にかかった人生において、何度も自己欺瞞に陥るという心魂の状態を有します。自己欺瞞は前世の心魂的―カルマ的な結果であり、麻疹にかかったことは前世の肉体的―カルマ的な結果である、と見なすことができます。

その人物が麻疹にかかるまえに、自分を根本的に改善すること、つまり自己欺瞞に陥らないような魂の強さを自分のものにしたとしてみましょう。このようにして育成された魂の強さによって、麻疹の発病は抑制されえます。器官の形成に際して器官のなかに呼び出されたものが、自己教育によって強められた魂の力をとおして均衡を得るからです。このことについて語りつづけるなら半年ほども要するでしょうが、人生および個々の経験を、ここでお話しした観点から考察すると、外的な知が、細部にいたるまで、ここで述べたことを確証するのがわかるはずです。

そして、いま麻疹に関して述べたことによって、なぜ麻疹が通常小児病に属するものなのかを解明することができます。いま述べた特性は、非常に多くの人生に現われるからです。とくに、ある時代に、多くの人々のなかにそのような特性が荒れ狂いました。そのような人物が生まれ変わると、可能なかぎり早く、その領域で修正をおこなおうとし、器官の自己教育をおこなうために、生まれてから小児病が現われるまでの時期に、麻疹にかかるのです。小児には一般的に、心の教育はなされえないからです。

このことから、病気はある意味で、精神的なプロセスに変化しうるということができます。このプロセスが魂のなかに人生の金言として受け入れられると、ときに、心魂を健全にする作用を及ぼす見方が作り出されるというのは、非常に重要なことです。今日では、人間が魂にわずかの作用しか与ええないことは、とくに驚くに当たらないことです。今日、時代を精神科学的な観点から考察する者は、非常に多くの医者が唯物論者になりうること、つまり心的な影響力を疑っていることを理解します。多くの人々が、実り豊かな力を有するものに、まったく取り組んでいないからです。

今日、通常の文献に書かれていることがらは、魂を実り豊かにする力をまったく持っていません。ですから、精神科学のために活動しようとする者は、神智学的な活動のなかに、健全なものを感じるのです。人間に関する精神科学的な知識は、身体組織を形成したものから魂が注ぎ出されるようなかたちで魂のなかに注ぎ込まれるものをもたらしうるからです。ただ、神智学運動の初期に生じたことがらと、神智学運動の未来の姿とを混同してはなりません。神智学運動のなかにも、外的世界に荒れ狂う事物がもたらされます。神智学協会に入った人々は、外界の事物に関する興味と、外界の悪習も神智学にもたらすのです。わたしたちの時代の影の部分が、多くもたらされました。しかし、影の部分が見出されると、人々は、神智学がそのような影を生じさせたのだ、というのです。それは安易な言い方です。

カルマの糸がある人生からつぎの人生へと引かれるのを見るとき、わたしたちは真理を一面のみからしか理解していません。カルマの糸がいかにある人生からつぎの人生へとつながっているかを感じる人には、もっと多くの問いが生じることでしょう。それらの問いについては、これからの講義のなかでお話ししていきます。なによりも、「外的な原因による病気と人体のなかに原因のある病気とを、どのように区別すべきか。病気はおのずとやってくるのであって、外的な誘因というものはないといって、けりをつけることができるのか」という問いに触れねばなりません。

実際は、そうではありません。とくに人間が内面をとおしてかかる病気がある、というのはある意味で正しいことです。それに対して、多くの病気の現象に関して、外的な原因をあげることができます。もちろんすべての病気がそうなのではありませんが、外から降りかかってくる多くの病気がそうです。たとえば、脚の骨を折ったとき、その原因は外界にあります。天候の具合によって病気になった場合も、外的な原因があったといわねばなりません。劣悪な公営住宅が原因なのです。こうして、新たな視野が開けます。経験をとおして世界を見る人には、今日の医学が病気の原因を外的なもの、とくに黴菌のなかに探求しているのがわかるようになります。「かつて、病気は神から、あるいは悪魔から来るといわれたように、今日では病気は黴菌から来るといわれる」と、才気あふれる人はいいます。十三世紀には、病気は神から来るといわれました。十五世紀には、病気は悪魔から来るといわれました。そののち、病気は体液に由来するといわれるようになり、今日では黴菌に由来するといわれています。これは、時代の経過のなかで引き継がれていった見解です。

このように、人間が病気であること、健康であることの外的な原因について語らねばなりません。現代人は、わたしたちの世界把握に無秩序を持ち込むのに非常に適した言葉を用いています。まったく健康だった人が、インフルエンザあるいはジフテリアに汚染された地域に来て、病気になったとしてみましょう。そうすると現代人は、その人はその地域に行ったから病気になったのだといって、偶然という言葉を用います。偶然の影響について、現代人は語る傾向にあります。

偶然という言葉は、どの世界観にとっても試金石になるものです。安易に偶然と名づけているものについて少しでも明らかにしないと、いくらかでも満足のできる世界観へと前進することはできません。こうして、わたしたちは「自然な病気と偶然の病気」というテーマに取り組むことになります。それは、偶然という言葉を解明する試みにほかなりません。

わたしたちは偶然ということについて、不信を抱かざるをえません。十八世紀に才気に富んだ人物が、偉業、発見、発明などについて記念碑を建てるときに、歴史の経過を客観的に考察すれば、たいていの記念碑は「偶然に」建てられたものだと語ったのはまったく不当というわけではなかった、とお話ししたことがあります。歴史を探求していくと、偶然の背後に隠れているものについて驚くべき発見をすることができます。望遠鏡の発明は、光学工場でガラスで遊んでいた子どものおかげである、とお話ししました。望遠鏡が発明される状況がもたらされたのです。有名なピサの大聖堂のなかで揺れていたランプについても同様です。何千人もの人々が、そのランプが規則正しく揺れるのを見たはずです。しかし、その揺れを脈拍で計って、振子の法則を発見したのはガリレオ・ガリレイが最初でした。もし振子の法則が発見されていなかったなら、わたしたちの文化生活全体はいまとは異なった様相を呈していたことでしょう。人類進化のなかに意味を探求することができ、たとえばガリレイが振子の法則という重要な発見をなすにあたって、偶然のみが支配していたといえるとしてみましょう。

べつの例を取り上げましょう。ヨーロッパ文化圏にとってルター訳の聖書がどのような意味を持っているかを考えてみましょう。ルター訳聖書が宗教的感情と宗教的思考に深い影響を与え、他方では、ドイツ語の文章語の形成に大きな影響を与えたことを明らかにしておきましょう。事実のみを述べて、それについてどのように考えるべきかは語らないようにしたいと思います。それが深い影響を与えたということだけを強調しておきたいと思います。ルター訳聖書をとおして何世紀にもわたって人間の教育に及ぼされた意味を理解する必要があります。十六世紀から十七世紀までの進化の意味を明らかにしようとすると、つぎのような事実が明らかになってきます。

ルターはある年齢にいたるまで、聖書の読書をとおして自分の人格を「神の子」へと高めることに専念しました。彼は、教父の著作を読むというアウグスティヌス派の習慣を脱して、聖書そのものの読書へといたりました。彼の心のなかに、大きな感情をともなって、神の子であるという自覚が目覚めるために、すべてが語りかけました。この観点から、彼の最初のヴィッテンベルク時代における神学教授がなされました。ここで強調したい事実は、神学博士号を取得することをルターが嫌っていたということです。偶然、エルフルトのアウグスティヌス修道院の旧友と語らっていたとき、ルターは神学博士号を取得するように説得されたのでした。それは彼にとって、もう一度聖書研究を繰り返すことでした。偶然に旧友と語り合ったことによって、聖書をもう一度研究することになったのです。

近代の意味を、ルターが偶然旧友と語らって、神学博士号を取得するように説得されたという事実と結びつけてみましょう。そうすると、進化の意味と偶然の出来事との注目すべき組み合わせが見出されます。

いま述べたことから、偶然というものの意味を、通常考えられているのとは別様にとらえることができる、といえます。通常、偶然というのは自然法則や人生の法則によっては説明できないものと考えられています。説明可能なものからこぼれおちたものと考えられています。

いま述べたことに、人生のさまざまな面を理解する助けになる事実を付け加えましょう。人間は地上に生まれたときから、ルシファー原則とアーリマン原則という二つの力の支配下にあるという事実です。この二つの力は、絶えず人間のなかに働きかけます。ルシファー的な力は人間のアストラル体の内部を襲い、アーリマン的な力は人間が外的な印象として受け取るものをとおして働きかけます。わたしたちが外界から受け取るもののなかに、アーリマン的な力が存在しています。快感、不快感、欲情などとして心のなかに浮かんでくるもののなかに、ルシファー的な力が潜んでいます。ルシファー的な力もアーリマン的な力も、わたしたちを錯誤に導きます。ルシファー的原則をとおして、わたしたちは自分自身の内面に関して錯誤に陥って、わたしたち自身の内面を誤って判断し、自分自身の内面にイリュージョンを見ることがありえます。人生を理性的に考察するなら、自分自身の魂のいとなみのなかのこの幻影に気づくことは困難ではないでしょう。人間がどれほどしばしば、さまざまのことをさまざまの理由からおこなっていると思い込んでいるかを考察してみてください。

しかし通常、人間はそれらのことを、もっと深みに存在する理由からおこなっているものです。怒りや情熱に駆られておこなった行為を、人間は表面意識においてまったく別様に説明するものです。とくに、世間から評価されない行為について、そのようなことがなされます。人間が利己主義からなにかに駆られた場合、その人物はその粗野で利己主義的な衝動に、利己主義的でない覆いを付けて、なぜそのようなことが起こらねばならなかったのかを説明することが、しばしばあります。しかし人間は、通常、そのような経過に気づかないものです。もし気づいていれば、回復のはじまりにすでに一種の恥じらいの感情が現われるはずです。もっとも悪いのは、魂の深みからなにかに駆られながらも、その行為をなした理由をべつに考え出すことです。そのことには、現代の心理学者も気づいています。しかし、現代では心理学がわずかしか育成されていないので、今日の唯物論的な心理学者たちがおこなっているように、真理がグロテスクに発展させられています。彼らは、まったく独特な人生の解釈をおこなっています。

そのような事実に気づいた精神探究者は、そのほんとうの意味を見抜き、意識と、意識の境域下に深い根拠として支配しているものとの二つが共同している、といいます。唯物論的な心理学者もそのことに気づいていますが、それを別様に取り扱っています。人間が行為するときに用いる口実と、本来の動機を区別することについて、屁理屈のような理論を考え出しています。

たとえば現代の心理学者が、今日さかんに話題になっている子どもの自殺について語ると、自殺の口実とされたものはほんとうの動機ではない、といいます。本来の動機はもっと深いところにある、というのです。ほんとうの理由は、混迷した性生活にある、と彼らは語ります。その理由がさまざまに変容して、意識を偽るというのです。

そのようなことが正しいことは、しばしばあります。しかし、ほんとうに深い心理学的思考方法に少しでも触れた者は、そこから包括的な理論を築き上げようとはしません。そのような理論が誤っていることは、容易に証明されます。当事者が、「口実はなんでもなく、動機がすべてであるとするなら、心理学者にもその理論を適用して、『あなたが理論として持ちだしてきたものは口実にすぎない。わたしたちは深い理由を探求する。あなたがあげた根拠は、たんなる口実にすぎない』と、いうことができる」と、考えざるをえないからです。

自分がおこなった非難が自分自身に帰ってきて、奇妙な循環論法に陥ります。わたしたちの周囲にある文献のほとんどすべてには、異常なほどわずかしか深いものが見られません。そのために人々は通常、自分がおこなっていることに全然気づいていないのです。ですから、精神科学はそのような論理的混乱を、あらゆる面において避けることが必要です。心理学に取り組んでいる現代の哲学者たちが、もっともひどくそのような論理的混乱に陥っています。いまあげた例は、その典型を示すものです。わたしたちはそのなかに、ルシファーの影響が人間に与える打撃を見ます。ルシファーの影響によって、魂のいとなみは幻影にされ、自分の内面にあるほんとうの動機とはまったくべつの動機に騙されうるのです。

この領域において、人間はもっとも厳しい「自己教育」に取り組むべきです。今日では、この言葉が非常に安易に用いられています。自己教育という言葉が、事実の誤認へと導くこともあります。この言葉が美しく響き、ある語句が慈善の行為を思い浮かべさせるなら、その美しく響く語句は、ほんとうは利己主義的な動機が背後にあるのに、正当な動機があると魂に思い込ませます。その人物はほんとうの自己認識にいたろうという意志をまったく持っていないので、背後にある動機を予感することはありません。このように、ルシファーは働きます。では、アーリマンはどのように働きかけるのでしょうか。

アーリマン原則はわたしたちの知覚のなかに混ざり、外からわたしたちのなかに入ってきます。わたしたちが、「自分の思考によってはもはやついていくことができない。自分の思考は危機に立っている。思考は混乱してしまった」という感情を持つとき、アーリマンはもっとも強力に作用します。

あたかも外界の亀裂を通ってくるかのごとく、アーリマン的原則はわたしたちのなかに入ってくる機会を得ます。世界の出来事の経過を追っていき、たとえば物理学をさかのぼって、ガリレイがピサの大聖堂のなかで揺れるランプのまえに座った時点まで戻ると、事象を解明する思考の網を紡ぐことができます。しかし、揺れるランプにいたったとき、わたしたちの思考は混乱します。その時点でアーリマンの力がもっとも強くわたしたちのなかに進入してきて、わたしたちの思考は停止し、理性と理解を事物のなかにもたらしうるものを把握することができなくなります。ここにも、人々が偶然と名づけるものが存在します。アーリマンがわたしたちにもっとも危険な作用を及ぼすところに、偶然は存在するのです。アーリマン的な影響によってもっとも容易に誤謬に陥りうる現象を、人間は偶然と名づけるのです。

偶然について語るように促されるとき、それが事実の本質ではないことを理解するべきです。そのように語る人間が、ものごとを偶然だと見なしているのです。人間はしだいに、幻影、幻想を突き抜けるように教育されねばなりません。つまり、アーリマンがもっとも強力に作用する場所で、事物を突き抜けるのです。重要な病気の原因と、多くの病気の経過を解明するものについて語るとき、この面から諸現象に取り組む必要があります。まず、汽車に乗って事故に遭ったとき、それがどれほど偶然なのか、あるいは人間が一定の時期に外から作用する病原菌その他の病気の原因にさらされた場合、それがどれほど偶然なのかを理解するように試みるのです。鋭敏になった認識をもって事物を追究できると、病気であること、健康であることの本質はどのようなものであり、人生にとってどのような意味を持っているかを、より深く把握することができるようになります。

　きょうは、いかに人間の内面においてルシファーがわたしたちを幻影へと導き、外的な知覚のなかにアーリマンが混ざり込んでわたしたちを幻想へと導くかを、くわしくお話ししました。人間が誤った動機を偽るときルシファーが活動しており、アーリマンによって引き起こされた錯誤をとおして現象界を誤認するとき、人間は偶然を承認します。外的な誘因が偶然に病気を引き起こすように見えるところに、前世の結果、カルマ的な出来事が作用しています。さまざまな現象を説明していくまえに、きょう、このようなお話をしたのです。

第六章　事故とカルマ

一昨日と昨日のお話で示唆したように、人間の内面から病気の原因が現われるときにカルマの法則が働いていることは容易に理解できると思います。病気の原因が外から働きかけるとき（今日では伝染病の場合、病気の原因が外部に探求されています）、つまり病気の外的な原因に注目しなければならない場合、前世の体験と行為の作用として人間が地上への誕生をとおしてもたらすカルマ的な法則が、外的な病気の原因をもたらしうるということは、多くの人々にとって理解が困難なことでしょう。しかし、さらにカルマの本質を追究していくうちに、前世で体験したことと外的な原因が関連していることが理解できるだけでなく、今日では偶然と思われている外的な事故が前世の経過といかに法則的に関連しているかを理解できるようになります。もちろん、ヴェールで覆われた状態を解明しようとするなら、人間の本質により深く突き進んでいかねばなりません。

昨日は、偶然というものは外的な出来事をいつもヴェールをかけられた形で提示する、とお話ししました。わたしたちが偶然について語るところには、アーリマン的な力によって引き起こされる外的な誤謬の可能性がもっとも大きいからです。ここで、そのような偶然、つまり通常の人生において「偶然」といわれるものがどのように生じるかを、個々の例で見ていこうと思います。

まず、「『内面から現われる』『人間の内面に由来する』という表現であらわされるものの多くが、すでに錯誤に覆われている。というのは、イリュージョンから抜け出ると、人間の内面に原因があると思っているものの多くが、じつは外から内へと流れるものであるといわねばならないからである」という真理の認識が必要です。

「遺伝された形質」という名の下に理解される人間の体験すべて、人間に及ぶ作用すべてが、そのように外から内に流れてきたものなのです。わたしたちの祖先が有していたという理由のみから、わたしたちに遺伝された形質は、わたしたちの関与なしに与えられたもののように思われます。そして、わたしたちは、わたしたちが前世からたずさえてきたものと、両親あるいは祖先から遺伝をとおして受け継いだものとを、誤って区別することがあります。受肉に際して、わたしたちの内面に関わるなんらかの誘因なしに両親や民族、地域に導かれるということは、けっしてありません。病気になっていない、遺伝された形質についても、そのように仮定すべきではありません。バッハ家には、何世代にもわたって音楽家が輩出しました。ヨハン・セバスティアン・バッハが傑出していますが、バッハ家からは二十人ほどの音楽家が出ました。そうすると、それは純粋に遺伝に関することなのだ、と思われやすいものです。祖先から形質が遺伝され、そのような形質があるために、前世からたずさえてきた特性を音楽の才能へと展開しえたのだ、と思いやすいものです。しかし、そうではありません。事実は、もっと異なっています。

ある人物が、生まれてから死ぬまでの人生において、多くの音楽的印象を受けたとしてみましょう。その音楽的印象は、その人物がたんに音楽的な耳を持っていないという理由によって、その人生においては過ぎ去ります。ほかの印象に関しては、それに適した器官を持っているので、それらの体験と印象を自分の能力に変化させることができます。ですから、誕生をとおしてたずさえてきた素質をとおして、そのような印象を能力、才能に変化させたのだ、ということができます。べつの印象は、それに適した才能を持っていないために、全体的なカルマによって、適切な能力に変化させることができません。それらの印象はとどまり、蓄えられ、死から再受肉までの時期に特別の傾向を形成し、才能が来世において開花するようになります。その傾向が、その人物を来世では、その素質にふさわしい身体を与えうる家族へと導きます。つまり、ある人物が音楽的印象をたくさん受け取りながら、音楽的な耳を持っていなかったので、その印象を音楽的能力へと変化させることができなかった場合、来世において、音楽的な耳を遺伝してくれる家族のもとに生まれようとするのです。鼻の形が遺伝するように、ある家族においては耳の形が遺伝し、前世のありかたによって、音楽的な耳を渇望する者たちが、その家族に生まれようと殺到します。このように、人間は「偶然に」音楽的な耳を遺伝するのではなく、そのような遺伝される形質を探し求めていたのだということがわかります。

そのような人物を誕生の時点から観察してみましょう。そうすると、音楽的な耳がその人物のなかにあり、その人物の内面に特性があるように思われます。しかし、その人物の誕生以前へと考察をさかのぼらせると、その人物が見つけ出した音楽的な耳は、外からその人物にやってきたものであることがわかります。誕生以前、あるいは受胎以前は、音楽的な耳はその人物の内にあったものではなく、その人物のなかには、そのような耳に駆られる傾向のみが存在していました。その人物は外的なものを、自分に引き寄せたのです。遺伝された特性とわたしたちが名づけるものは、わたしたちが再受肉するまえは、外的なものだったのです。それがその人物のところにやってくるのです。その人物は、それを自分のものにしようと急ぐのです。受肉とともに、それは内的なものになり、その人物の内面に現われます。

「遺伝された素質」について語ると、わたしたちはふたたび誤謬に陥ります。内的になったものを、それがまだ外的であった時点において考察しないからです。

いま述べた場合のように、わたしたちが生まれてから死ぬまでの人生のなかで生じる外的な出来事においても、外的なものが内的なものに変化しうるかどうかを考えてみましょう。

いままでよりもさらに深く病気と健康の本質に注目しなければ、この問いに答えることはできません。わたしたちは病気と健康の特性を述べるために、さまざまなお話をしてきました。わたしは定義をせず、事物を叙述していくことを試み、しだいに理解してもらえるように試みてきました。すでに明らかになったことがらに、さらにいくつかの特徴を付け加えましょう。

わたしたちは病気と健康を、通常の人生に生じるもの、つまり眠りと目覚めに比較しなければなりません。そうすると、より深いことが見出されます。目覚めと眠りが交互に繰り返される日常状態において、人間存在にはなにが生じているのでしょうか。眠っているとき、ベッドには物質体とエーテル体が残され、アストラル体と自我は物質体とエーテル体から抜け出ていることを、わたしたちは知っています。眠るということは、アストラル体と自我が物質体とエーテル体から抜け出るということです。目覚めるということは、アストラル体と自我が物質体とエーテル体のなかにふたたび入るということです。毎朝、人間は内的な人間、つまりアストラル体と自我をもって、物質体とエーテル体のなかに下るのです。眠るときと目覚めるとき、人間存在のなかでどのようなことが生じるのでしょうか。

眠りに入る瞬間に注目すると、朝から夜まで、わたしたちの生活のなかに現われては消えるさまざまな体験、なによりも喜びと苦しみ、情熱、表象などの魂の体験が無意識のなかに沈んでいくのがわかります。通常の人生において、わたしたちは眠ると無意識のなかに沈んでいきます。なぜ、眠ると無意識になるのでしょうか。

わたしたちは起きている状態において物質的—感覚的世界の事物と事実に取り囲まれているように、眠りの状態においては霊的な世界に取り囲まれているということを、わたしたちは知っています。なぜ、わたしたちはその霊的世界を見ないのでしょうか。通常の人生においては、寝入ってから起きるまでのあいだ視覚知覚が可能だと大きな危険がもたらされるという理由によって、わたしたちには霊的な事実、霊的な事物が見えないのです。人間が今日、寝入ってから目覚めるまでのあいだに取り囲まれる世界のなかに意識的に移っていくと、古い「月」時代に形成されたアストラル体は霊的世界のなかに流れ出していくことでしょう。しかし、「地球」時代に進化し、「地球」時代の終わりに完成される自我には、そのようなことは不可能です。自我は、寝入ってから起きるまでまったき活動を展開できるほどには進化していないのです。

人間が意識的に眠ると、自我に関して、つぎのような状態が生じます。色のついた液体の滴があるとします。その滴を水の入った水盤に入れます。そうすると、その滴は水に溶けてしまって、滴の色は見えなくなります。

人間が眠って、物質体とエーテル体から出ていくとき、そのようなことが生じます。物質体とエーテル体が人間存在全体を結合させています。アストラル体と自我は、物質体およびエーテル体から離れると、あらゆる方向に絶えず拡張しようという努力のみをします。自我は解消し、人間のまえに霊的世界のイメージが現われますが、自我が解消しているので、自我によって発展できる力、すなわち判断力、概念能力をもってそのイメージを追っていくことができないのです。人間は自分の外に出て、あちらこちらへと引きずり回され、実体なく、方向が定まることもなく、アストラル的な印象の海を漂います。つまり、日常の意識をもって追っていくことができないのです。人間の通常の状態では自我がまだ十分に強くないという理由によって、自我がアストラル体に付き添っていけるようになるまで、自我はアストラル体に働きかけて、アストラル体が意識的に自分の故郷である霊的世界に入っていくことを妨げるのです。ですから、眠るときにわたしたちが意識を失うことには、よい意味があるのです。わたしたちは自我を保持することができません。「地球」進化が終了するとき、わたしたちは自我を十分に保持することができるようになります。ですから、わたしたちはアストラル体の意識能力を発展させることもできないのです。

人間が目覚めると、ちょうど逆のことが生じます。目覚めて、物質体とエーテル体のなかに入ると、物質体の内面とエーテル体の内面を体験するはずです。しかし、そのようなことは起こりません。目覚める瞬間、注意が外界に向けられるので、自分の身体の内面を見ることが妨げられるのです。人間の視力、認識力は内面を見るためには使われず、外界に向けられます。もし人間が自分を内面において把握したなら、眠りに入るに際して意識的に霊的世界のなかに入っていくことができるときに生じるのと正反対のことが生じることでしょう。人間が地上生活の経過のなかで、霊的なものに関して自我をとおして達成したことすべてが圧縮され物質体とエーテル体のなかに下ったあと、物質体とエーテル体のなかであらゆる力が人間に働きかけることでしょう。その結果、利己主義的な特性が大きな力をふるうようになります。人間は自我をともなって身体のなかに下り、ますます力を増す利己主義のなかに情熱、衝動、情念を注ぎ込みます。衝動のいとなみのなかに、あらゆる利己主義が注ぎ込まれることになります。そのようなことが生じないように、わたしたちの注意は外界に向けられ、意識をもって内面に下らないようになっているのです。

そのことは、神秘主義者たちが人間の内面に下る試みをしたときの報告にも現われています。ほんとうに人間の内面に下る試みをおこなった、エックハルトやヨハネス・タウラーや、その他の中世の神秘主義者たちに、そのことが見られます。それらの神秘主義者たちは、注意を完全に外界からそらし、みずからの内面に沈潜しました。自分の内面に沈潜しようとした聖人や神秘主義者たちの伝記を読んでみてください。彼らはなにを体験したのでしょうか。誘惑や試みを体験した様子を、彼らは生彩に富んだ描写で描いています。圧縮されたアストラル体と自我が、対抗力として作用したのです。ですから自分の内面に下ろうとした神秘主義者たちは、沈潜すればするほど、あらゆる力をはらって自我を消し去ったのです。自分の身体のなかに沈潜することを表現するために、エックハルトは「還滅」つまり自我の消去について語りました。『ドイツ神学』を読めば、著者がいかに内面への道を描いているかがわかります。身体のなかに下ろうとしているのは、もはや自分の自我ではなく、自分のなかのキリストであり、彼はキリストに完全に浸透されていることがわかります。このような神秘主義者は、自分の自我を消し去ろうとします。彼ら自身が思考したり、感じたり、意志したりすべきではなく、彼らのなかのキリストが思考し、感じ、意志したのです。そうすることによって、彼らのなかに情念、衝動、欲望として生きているものが現われ出るのではなく、キリストが彼らのなかに注ぐものが現われ出るのです。ですから、パウロは「わたしではなく、わたしのなかのキリスト」と、いったのです。

わたしたちは、目覚めと眠りを人間の内的体験として叙述することができます。目覚めとは自我が人間の身体のなかに下ることであり、眠りは意識からの自己解放です。眠りに際して入っていく世界を見うるほどには、人間はまだ成熟していないからです。こうして、わたしたちは目覚めと眠りを、人間本性の諸構成要素の相互浸透として理解するのです。この観点から目覚めている人間を考察するなら、「起きている人間においては、人間の四つの構成要素、すなわち物質体、エーテル体、アストラル体、自我がたがいに組み合わさっている」と、いうことができます。そのように組み合わさっていると、どうなるのでしょうか。目覚めるのです。自分の身体のなかに下り、目覚めると、人間の注意は外界に向かいます。四つの構成要素が一定の規則正しさで共同していなければ、人間は目覚めていることができません。人間が眠るのは、四つの構成要素が正しく分離するからです。「人間は物質体、エーテル体、アストラル体、自我からなっている」といってすませるわけにはいきません。どの程度にさまざまな構成要素が結びついているかを知ることによって、人間を理解できるのです。それが、人間の本性を認識する上で本質的なことです。目覚めている状態の人間におけるように、四つの構成要素が結びついているのを、わたしたちは正常と見なします。「目覚めている人間の状態を正常なものと考察する」という概念から出発してみましょう。

わたしたちが現在、「地球」人間として生まれてから死ぬまでに有する意識は、意識形態のひとつでしかないことを、みなさまは覚えていらっしゃると思います。『神秘学概論』

や『アーカーシャ年代記より』を研究なされば、今日の意識は七つの意識段階のひとつであることがおわかりになります。今日わたしたちが有している意識は、それに先行する三つの意識状態から発展してきたものであり、将来、さらにべつの三つの意識形態がつづいていきます。人間が「月」人間であったころ、まだ自我はありませんでした。自我は「地球」時代に初めて人間に結びついたのです。ですから、人間は今日のような種類の意識を「地球」時代になって、はじめて有することができたのです。わたしたちが今日、生まれてから死ぬまで有するような意識は、自我が今日のように物質体、エーテル体、アストラル体という三つの構成要素と結びつき、人間存在の四つの構成要素の最高のものとして存在していることを前提としています。

人間は自我を受け取るまえは、物質体、エーテル体、アストラル体のみから成っていました。そのころは、アストラル体が最高の構成要素であり、その当時の意識状態の痕跡は、今日の通常の生活における夢の意識と比較できる程度のものでした。今日の夢意識が当時の意識状態に等しいものだと思い浮かべてはなりません。当時の意識は、夢のイメージのなかに現実を再現するものでした。今日の夢を研究すると、さまざまなイメージのなかに混沌としたものが見出されます。今日の夢意識はかつての意識の痕跡だからです。今日の意識に先行する意識を研究すると、たとえば植物のような外的な対象を、当時は見ることがなかったのがわかります。人間が外的な印象を受け取ることは不可能でした。なにかが人間のそばに来ると、その印象は夢のイメージという回り道をして、人間の内面に入ってきました。そのイメージは象徴イメージなのですが、一定の外的対象、外的印象に相応したものでした。

自我意識のまえに、当時は最高の構成要素であったアストラル体に結びついたアストラル意識があったのです。その意識は漠然として不明瞭であり、まだ自我の光に照らされていませんでした。アストラル意識は、人間が「地球」人間になったとき、自我意識によって掻き消されました。さて、アストラル体はいまでもわたしたちの内にあります。「どのようにしてアストラル意識が掻き消され、その代わりに自我意識が現われることができたのか」と、問うことができます。

人間が自我を受け取り、かつてのアストラル体とエーテル体の結びつきが緩いものになったことによって、そのようなことが可能になったのです。かつての密接な結びつきが解かれたのです。自我意識が到来するまえは、人間のアストラル体とエーテル体および物質体とのあいだには、ずっと内密な結びつきがあったのです。今日よりもずっと深く、アストラル体はエーテル体と物質体のなかに入り込んでいました。このエーテル体および物質体とアストラル体との関係が奪われたのです。

ここで、アストラル体が部分的にエーテル体および物質体から緩んで、分離した経過を明らかにしなければなりません。「わたしたちの通常の自我意識において、かつての結びつきに似たものを作り出すことは、今日でもまだ可能であろうか。今日の人間生活において、アストラル体が普段よりも深くほかの構成要素のなかに浸透することはできるのか」と、問うことにしましょう。

アストラル体がエーテル体および物質体に浸透するには、ある標準尺度が必要です。その標準尺度が、なんらかの方向に超過したとしてみましょう。そうすると、人体全体に障害が現われます。人間が今日のようなありかたをしているのは、さまざまな構成要素が一定の関係を持っていることによっているのです。アストラル体が不調和な状態になり、物質体およびエーテル体に深く入っていくと、障害が現われます。いままでの話と同様、これからお話しすることは、実際に生じることです。それは全体の経過を、さまざまな面から表示するものです。

人間が前世においてアストラル体のなかに、道徳的誤謬、知的誤謬を流し込んだとしてみましょう。その誤謬は、アストラル体のなかに埋没します。その結果、人間が再受肉するとき、前世においてそのような誤謬を犯していなかった場合に有していたはずの物質体およびエーテル体との関係とは異なった関係を、アストラル体は探求するようになります。わたしたちの誤謬は、アーリマンとルシファーの影響下になされたものであり、それは編成的な力に変化します。その力は再受肉に際して、前世においてその力がアストラル体のなかに入っていなかった場合とは別様の関係を、物質体およびエーテル体とアストラル体とのあいだに生じさせます。

前世における思考、感受、感情がアストラル体をとおして、人体に不調和をもたらすことがわかりました。そのような不調和が現われると、どのようなことが生じるのでしょうか。通常の場合よりも深くアストラル体が物質体およびエーテル体のなかに入り込むと、朝目覚めるときに自我が物質体とエーテル体のなかに下るのと同様のことを、アストラル体がおこなうことになります。目が覚めるというのは、自我人間が物質体およびエーテル体のなかに下ることです。前世の体験が誘因となって、正常な場合よりも深くアストラル体が物質体とエーテル体のなかに入ったとき、アストラル体はなにをおこなうのでしょうか。

わたしたちが自我とアストラル体をもって物質体とエーテル体のなかに下ると、わたしたちは目覚めて外界を知覚します。自我人間が物質体とエーテル体のなかに下った結果、目覚めるのです。そのように、ふつうは自我人間のおこなうことを、アストラル体がおこなうと、どうなるでしょうか。アストラル体は、エーテル体と物質体のなかに下ります。通常の場合よりもアストラル体が深くエーテル体および物質体と結合する傾向がある人の場合、通常なら目覚めるときに自我人間がおこなうのとおなじ現象が、アストラル体に現われます。

アストラル体があまりにも強くエーテル体および物質体に入るというのは、どういうことでしょうか。それは、わたしたちが病気の本質と名づけうるものです。わたしたちが目覚めに際しておこなうこと、すなわち物質体とエーテル体のなかへの嵌入をアストラル体がおこなない、意識を発展させるべきでないアストラル体が物質体とエーテル体のなかで意識を持とうとし、わたしたちの内面で目覚めようとするなら、わたしたちは病気になります。病気とは、アストラル体が異常に目覚めた状態なのです。わたしたちが通常健康に目覚めている状態であるとき、わたしたちは本来なにをおこなっているのでしょうか。わたしたちは通常の人生に目覚めているのです。しかし、通常の目覚めた意識を有することができるためには、アストラル体が別様のありかたをしなければなりません。アストラル体は眠らねばならないのです。昼間わたしたちが自我意識を有するためには、アストラル体は眠らねばならないのです。アストラル体がわたしたちの内で眠っている場合にのみ、わたしたちは健康なのです。ですから、健康と病気の本質を、つぎのように要約することができます。「病気とは、アストラル体が人間のなかで異常に目覚めている状態である。健康とは、アストラル体が正常に眠っている状態である」。

アストラル体の意識とは、なにでしょう。病気がほんとうにアストラル体の目覚めであるなら、意識のようなものがアストラル体に現われるはずです。アストラル体は異常な方法で目覚めます。異常な意識が現われると予想することができるかもしれません。いずれにしても、意識が存在するにちがいありません。病気になると、朝目覚めるときに生じることに似たことが生じるにちがいありません。わたしたちの体験はべつのものにそらされるにちがいありません。ふつうは朝、通常の意識が現われます。わたしたちが病気になると、意識は現われるのでしょうか。

人間がよく知っている意識が現われてきます。その意識は、ある体験のなかに現われます。アストラル体が眠っている、通常の健康なときには体験されない苦痛という体験のなかに、その意識は現われます。アストラル体が眠っているということは、アストラル体が物質体およびエーテル体と規則正しい関係にあることであり、苦痛がないということです。苦痛は、アストラル体が物質体およびエーテル体のなかに入るべきでないのに押し入って、意識を持ったことをあらわしているのです。

いま述べたことを際限なく拡張していくべきではありません。精神科学について語るときには、いつもそれが語られた範囲を守らねばなりません。

アストラル体が目覚め、意識が生じると苦痛に浸される、と申し上げました。しかし、そこから、苦痛と病気はいつも同時に生じるという結論を出してはなりません。アストラル体がエーテル体と物質体のなかに押し込められると、かならず病気になります。しかし、病気のときはかならずアストラル体がエーテル体と物質体のなかに押し入っている、ということはできません。病気はほかの性質をも持ちえます。どの病気も苦痛を伴うわけではないことから、そのことは理解できます。たいていの人は日常、健康であろうとは努力せず、苦痛なしに生きようとしており、苦痛がなければ健康だと思っているので、このことに注意しないのです。つねにそうではありませんが、たいていの場合、人間は苦痛がないと健康だと思っています。苦痛と病気とが符合すると思うなら、大きな錯誤に陥ります。

たとえば腹膜に異常をきたしたのではない場合、肝臓が害されていても、苦痛は現われません。苦痛として表明されない病気の経過があるのです。そのような場合が数多くあります。それどころか、客観的に考察すると、そのような病気は悪性のものであることがわかります。人間は苦痛を感じると、苦痛から解放されたいと思います。苦痛を感じないと、病気を治すことに多くの労苦を払わないものです。

病気に苦痛が伴わないというのは、どういう現象なのでしょうか。

人間存在はしだいに今日の姿に進化してきたのであり、「地球」時代に、アストラル体、エーテル体、物質体に自我を付加したことを思い出してください。わたしたちは、かつては物質体とエーテル体のみから成る存在でした。物質体とエーテル体のみを有する存在というのは、今日の植物のような存在です。そのような存在は第三の意識、今日の夢意識ほどにも明るくない、うつろな意識を有しています。眠っているとき人間は意識を持たないと思うのは錯覚です。眠っているときも人間は意識を持っているのですが、非常に漠然とした意識なので、自我のなかに思い出として呼び出すことができないのです。植物にも、そのような意識があります。一種の眠りの意識、アストラル的意識よりも深い意識です。

前世における体験をとおして、アストラル体を不調和に物質体とエーテル体のなかに沈下させただけでなく、エーテル体を不正な方法で物質体のなかに押し込めたとしてみましょう。エーテル体と物質体の結びつきかたが今日の人間にとって正常なものではなく、エーテル体が深く物質体のなかに押し入っているという状態が生じることがあります。その際、アストラル体は関与していません。前世において査定されたものが人体のなかで作用して、通常よりも濃厚なエーテル体と物質体の結合を生じさせたのです。そうすると、アストラル体における苦痛の意識とおなじものが、エーテル体に現われます。

エーテル体が物質体のなかにあまりに深く沈み込むと、人間の眠りの意識、植物の意識に似た意識が現われます。それが人間にはまったく感じ取られない意識であることに驚く必要はありません。眠っているあいだ人間はなにも感じ取らないように、この状態を人間は感じ取らないのです。とはいえ、これはひとつの目覚めなのです。アストラル体はあまりに深くエーテル体と物質体のなかに下ると異常な目覚めをします。同様に、エーテル体はあまりに深く物質体のなかに下ると、異常な方法で目覚めます。ただ、それは苦痛の意識よりも漠然とした意識なので、人間には知覚されないのです。エーテル体がそれ自体として目覚める、すなわち物質体のなかに強力に場を占めるように、死と再受肉のあいだに作用することを、前世においておこなったとしてみましょう。そのようなことが生じると、人間のなかに深い意識が生まれますが、その意識は、人間の魂の通常の体験が知覚されるような方法では知覚されません。知覚されないから、作用することがないといえるでしょうか。一段深い段階にいたると、意識がどのような独特の傾向を持つようになるかを明らかにしてみましょう。

たとえばやけどをするというような外的な体験をすると、痛みが生じます。痛みが発生するためには、意識は少なくともアストラル体の意識の段階になくてはなりません。アストラル体のなかに、痛みが生きねばなりません。人間の心のなかに痛みが発生するときには、いつもアストラル体の事実が存在します。苦痛を伴わないながらも、外的な刺激、外的な印象を呼び起こすものが生じた、としてみましょう。なにかがみなさまの目に飛んできたら、外的な刺激が生じます。目は閉じられます。そこには、苦痛は結びついていません。なにが刺激を引き起こすのでしょうか。ある動きです。足の裏になにかが触れたときと同様です。痛みはありません。それでも、足は疼きます。苦痛を伴ってはいないけれども、なにか動きを人間に呼び起こす印象があるのです。人間は意識の深い段階にまで下ることができないので、どのようにして刺激につづいて動きが生じるのかがわかりません。痛みを感じたことによって、なにかを退けたなら、その痛みはみなさまが退けたものに、みなさまの注意を向けさせたわけです。みなさまを内的な動き、反射運動へと駆り立てるものも現われえます。そこでは、刺激が動きに変わる段階にまで意識は下っていません。そこでわたしたちが有する意識段階は、アストラル的な体験にいたっていないので、意識的に体験されることなく、一種の眠りの意識の領域のなかで経過するのですが、なんらかの事象へといいたらないものではありません。エーテル体が物質体のなかに深く入り込むと、そこにはアストラル体が関与しておらず、人間には知覚できないほど鈍いものなので、苦痛の意識とは異なった意識が出現するのです。そういったからといって、状況に相応することを人間はその意識においてなすことはできない、といっているのではありません。人間は意識をともなわない行為もおこなうものです。通常の昼の意識が消え去り、さまざまなことをおこなう夢遊病者のことを考えてみればよいでしょう。その場合、意識がないのではなく、人間が体験できない意識があるのです。人間は、快と苦として現われるアストラル的な意識と、判断および通常の昼の意識としての自我意識という二つの高次の意識のみを体験しうるからです。ですから、人間は眠りの意識から行動することはできないということはないのです。

エーテル体が物質体のなかに下ると、人間には到達できない深い意識が存在することになります。通常の生活においてはなにも知ることのできない、なんらかの状況に関連することをおこなおうとすると、人間は知ることなくおこなうことになります。

前世におけるなんらかの出来事によって、死と再受肉の時期にエーテル体の深い印象が物質体のなかに導かれるように作用する原因を自分の内に置いた人間を考察してみましょう。そうすると、そこから、深い病気のプロセスの作用へと導きうる行為が現われてきます。こうして、病気の外的な原因を探求するように促されます。

それが通常の自我意識に明らかに現われないのは奇妙なことに思われるかもしれません。人間は通常の自我意識からは、そのようなことをおこなうことはできません。人間は通常の意識によって、病原菌が自分のなかに入ってくるように命じることはできません。漠然とした意識によって、外的な障害が生じ、昨日お話しした病気の意味が現われるべきだと思ったとしてみましょう。そうすると、物質体のなかに入ったこの意識が、病気の原因となるものを見出します。昨日お話しした病気のプロセスに到達するために病気の原因を見出すというのが、人間固有の本質です。このように病気の深い本質から、苦痛が現われていないときにも反応が現われうることが理解できます。苦痛が現われているときも、エーテル体があまりに強く物質体のなかに入っているなら、人間の意識の深層をとおして外的な病気の原因が探求されます。変に聞こえるかもしれませんが、つぎのようにいえるのです。「わたしたちに遺伝された特性のごとく、必要とあらば、わたしたちはべつの意識の段階をもって、外的な病気の原因となるものを探す」。この言葉も、きょうお話ししたことがらの範囲内で通用するものです。

きょうはとくに、人間は自分が知っている意識段階によってではなく、正常でない、深い意識状態が生じることをとおして病気になろうとするということを明らかにしようとしました。そのために、「人間がすでにかつて克服した意識段階が目覚めることによって病気になる」ということを示そうとしました。前世において過ちを犯したなら、現代にふさわしいものよりも深い意識段階を引き起こすことになります。わたしたちがこの意識段階から駆り立てられておこなうことは、病気の経過、病気へのプロセスに影響を与えます。

異常な状態において、人間がはるかな過去に乗り越えた意識段階が現われます。通常の生活の事実をわずかでも考察すると、きょうお話ししたことを明確にすることができるはずです。人間は痛みをとおして自分の本質のなかに深く下っていきます。ある器官に痛みが生じることによって、はじめてその器官の存在を知る、とよくいわれます。ポピュラーな言葉です。なぜ、通常の意識において、人間は器官についてなにも知らないのでしょうか。通常、人間の意識は眠っていて、十分に深くアストラル体のなかに下っていないからです。意識がアストラル体のなかに下ると、痛みが生じます。そして、その痛みをとおして、人間はそのような器官を有していることを知ります。巷に流布している言葉の多くには、真実が含まれているものです。それらの言葉は、人間が霊的世界を見ることのできたかつての意識状態からの遺産であり、今日では苦労して探求しなければならない多くのものを当時の人間は知っていたのです。

人間は意識の深層を体験しうるということを理解したなら、外的な病気の原因のみならず、外的な運命の打撃も人間によって求められたものだということが理解できる可能性が得られます。その運命の打撃を人間は理性的に解明することはできず、理性は意識の深層に作用します。

人間が通常の思慮によって、雷が落ちる場所に居合わせることはできないということも理解できます。表層意識によって、そのような場に居合わせることを避けることはできるでしょう。しかし、人間のなかには表層意識よりもずっと深い意識が活動しており、その意識が人間を雷の落ちる場所へと導くのです。表層意識には不可能な先見の明をもって、その意識は人間を雷の落ちる場所へと導き、事故に遭わせるのです。

カルマの作用をとおして事故や外的な病気の原因が探求される可能性があるということを、わたしたちは理解しました。そのようなことが個々の場合にどのように生じるのか、意識の深層にある力が人間のなかでどのように働くのか、わたしたちの表層意識はそのような不運を避けることができるのかという問いに、これから取り組んでいかねばなりません。病原菌に感染しうる土地に行くとき、そこに人間を駆り立てる深層意識が作用していたことがわかります。同様に、感染しないような処置をし、表層意識によって衛生的対策を施すことによって、感染を避けることができるということも理解できます。表層意識によって、そのように作用をそらせることが可能であるということが理解できます。無意識が病気を探求し、表層意識には病気を避けることはできないというのは非常に非理性的である、といわねばなりません。

病気を探求することは「理性的」なことであり、表層意識によって衛生的対策を講じて病気を避けることも「理性的」であることがわかります。

第七章　天災とカルマ

わたしたちはこれまでの考察をとおして、一歩一歩目的に近づいてきました。一歩進むごとに、より深い考察を試みてきました。先回は、病気の経過と結びついた痛みについて、お話ししました。同時に、痛みの体験を伴わない病気の経過についても注意を向けました。苦痛の本質について、もっと正確な考察をおこないましょう。苦痛というのは、病気にともなって生じうる現象であるということを、もう一度しっかりと把握しておかねばなりません。昨日お話ししたように、病気と苦痛を対になっているものと考察してはなりません。病気に苦痛が結びついているときには、たんなる病気とはべつのものが加わっているということを明らかにしなければなりません。生まれ変わるときに、前世の体験が病気の原因に変化するということ、そして、一方ではルシファー原則が働き、他方ではアーリマン原則が働くということをお話ししました。

病気の原因は、本来どこにあるのでしょうか。人間はどうして病気になる傾向を自分の内に有しているのでしょうか。どのようにして、死と再受肉のあいだに、来世で病気になる力が準備されるのでしょうか。死と再受肉のあいだの時期に、病気を引き起こす力が集められることは、すでにお話ししました。

人間は一方ではルシファー的な力の誘惑に陥り、他方ではアーリマン的な力の誘惑に陥ります。「ルシファー的な力に捕えられること」がどのようなものなのかを、わたしたちはすでに知っています。

わたしたちのなかで欲望、利己的特性、名誉心、高慢、虚栄などとして作用する、自我が威張っている状態は、すべてルシファー的な力の誘惑によるものです。わたしたちのアストラル体のなかで作用する力、利己主義的な欲望、情熱として表現される力に陥ると、ルシファーの誘惑に由来する行為を犯すことになります。そして、そのようなルシファーに影響された行為の結果を、わたしたちは死と再受肉のあいだの時期に見て、病気になる傾向を自分の内に受け取ることになります。その病気を克服することによって、ルシファー的な力の触手から解放されるのです。ルシファー的な力がなかったなら、そのような力をわたしたちのなかに受け取らせようとする誘惑に屈することはありません。

わたしたちを利己主義的な衝動や情熱に駆り立てるルシファーの作用以外にはなにも存在しないとしたら、人生においてルシファーの誘惑から解放されることは、けっしてないでしょう。繰り返し新たにルシファーの誘惑に陥るので、いつまで経ってもわたしたちはその誘惑から解き放たれることがないでしょう。わたしたちが単純に「地球」進化に委ねられ、そこにルシファー的な力が存在したなら、わたしたちはルシファー的な力の誘惑を受け、その力がわたしたちをどこにもたらしたかを死後になって知覚することによって、病気のプロセスを呼び起こすのです。

もしべつのものがなにも活動しなければ、この病気のプロセスが快方に向かうことはありません。ルシファーに敵対する力がそのプロセスに加わることによって、病気は快方に向かうのです。ルシファーの誘惑に陥ったなら、ルシファーに敵対する力が対抗作用として働きます。その力はルシファーの影響をわたしたちから追い出すために、抵抗力を発展させようと試みます。ルシファーに敵対する力が、ルシファーの影響下に生じた過程に苦痛を付け加えるのです。ルシファーの力を悪の力と名づけるなら、苦痛はよい力によって付け加えられたものと見なさねばなりません。苦痛によって、わたしたちは悪の力の触手から離れ、もはや悪の力に陥らないようにできるからです。ルシファー的な力に捕えられた結果として生じた病気のプロセスの場合、苦痛が現われることがないと、「ルシファー的な力に捕えられるのは、そんなに悪いものではない」という経験をします。そして、ルシファー的な力から離れるために、わたしたちは自分の力を用いることがないのです。不正に目覚めたアストラル体の意識化である苦痛は、わたしたちが陥った領域にルシファーの力がさらに入ってくることを防ぎます。苦痛は、ルシファー的な力の誘惑に対して、わたしたちを教育するものなのです。

「苦痛を感じるだけで、そのよい働きに気づかないなら、苦痛はどのようにわたしたちを教育しうるのか」とは、いわないでください。その力のよい働きに気がつかないのは、わたしたちの自我意識の結果にすぎないのです。自我意識の下に横たわる意識のなかで、人間の日常意識をもっては、「いま、わたしは苦痛を体験している。それは、よい力がわたしの過失を埋め合わせるべく与えたものである」と知ることのできない経過が生じているのです。

それはカルマの成就であり、その病気を引き起こした行為や衝動や情念にもはや陥らない衝動として意識下の力が作用します。

どのようにカルマが作用するか、わたしたちはどのようにルシファーの力に捕われるのか、どのようにしてルシファーの力は来世へとわたしたちを導いていく病気をもたらすのかがわかりました。そして、よい力が単なる器官障害に痛みを付け加え、痛みは意識の表面下に横たわってわたしたちを教育するということがわかりました。病気に際して苦痛が現われると、そこにはその病気を引き起こしたルシファー的な力が存在するのです。苦痛は、わたしたちがルシファーの力の基盤に関わりあっていることのしるしなのです。

分類整理するのが好きな人は、純粋にルシファー的な影響による病気と、純粋にアーリマン的な影響による病気とを区別したいと思うことでしょう。理論的作業においては、分類、図式化がもっとも安楽なことであり、分類や図式化によって多くを理解できると思われがちです。しかし実際には、事物はそのような安易な手段によって理解できるものではありません。事物は絶え間なく交差し、入り交じって継続していきます。ほんとうの病気のプロセスがあるとき、その一部はルシファーの影響、つまりわたしたちのアストラル体の特性のなかに探求される事物に由来し、べつの部分はアーリマンの影響に由来することが、容易に理解できます。ですから、痛みを感じたときに、それが単にルシファーの影響に由来するものだと思ってはなりません。痛みがあるということは、それがルシファー的な影響に起因する病気だということを示しています。しかし、そのことは、「アーリマン的な影響はどこから来るか」と問うことによって、より容易に理解できるでしょう。

人間は最初にルシファーの影響に捕われることがなければ、アーリマンの影響に捕われることはありません。人間がルシファーの影響を自分のなかに受け入れることで、今日の、物質体、エーテル体、アストラル体、自我の四つの構成要素の結びつきが生じました。ルシファーの作用がなく、ルシファーに敵対する力のみが作用していたなら、そのように結合は生じていなかったでしょう。そうなっていれば、人間はいまとはちがったふうに進化していたことでしょう。人間の内面に、ルシファー原則は障害を呼び起こしたのです。人間がどのように外界に接近するかは、人間の内面しだいです。内面に欠陥があって外界を正しく見ることのできない目のように、人間はルシファーの影響によって、外界をありのままの姿で見ることができないのです。人間が外界をありのままに見ることができないことによって、正しくない外界の像のなかにアーリマンの影響が入り込むことができるのです。最初にルシファーの影響が作用することをとおしてのみ、アーリマンは人間に接近することができるのです。ルシファーの影響によって、人間は利己主義的な情念、衝動、欲望、虚栄、高慢などに捕われるだけではなく、そのように利己主義が作用する人体のなかに、外界を歪んで、不正に見る器官を形成するのです。このことをとおして、外界の不正なイメージのなかにアーリマンが混入するのです。アーリマンがやってくることによって、人間はべつの影響にさらされます。人間は内的な誘惑に陥るだけではなく、外界に対する判断、外界についての論述において誤謬と虚偽に陥るようになるのです。

このように、アーリマン的な影響とルシファー的な影響は、独自で存在することはないのです。両者はいつも相次いで作用し、ある意味で、均衡を保ちます。内面からルシファーが押し寄せ、外からアーリマンが働きかけます。その中間に世界像が形成されます。人間の内面が強力になり、より内的な影響にさらされると、高慢や虚栄に捕われ、ルシファーの影響に捕われます。総合的なカルマをとおして、内的な影響に屈することがあまりないと、容易にアーリマンの誘惑と誤謬に陥ります。わたしたちの人生は、事実そのようなものです。わたしたちは日々、あるときはルシファーの誘惑、あるときはアーリマンの誘惑の犠牲になっています。わたしたちは、この二つのあいだを揺れ動いています。一方はわたしたちを内的に膨張させ、他方は外界についての幻想に導きます。

これは非常に重要なことなのですが、この両面からの誘惑は、高次の進化にむけての努力、霊的世界への参入にむけての努力を妨害します。外界の現象の背後の霊的なものに突き進もうとするにしろ、自分の内面に神秘的に沈潜しようとするにしろ、それらの誘惑が霊的世界への参入を妨害するのです。物質界の背後にある霊的な外界に参入するに際しては、アーリマンが誤謬のイメージのなかに忍び込ませたものが作用し、自分の魂のなかに神秘的に沈潜しようとするときには、いつもルシファーの誘惑が非常に大きいのです。

まえもって自分の性格形成をとおして高慢、虚栄などに対抗する手段を確認し、神秘家として生きることができたとしても、特別の道徳的育成が伴っていなければ、内面から心魂のなかに働きかけるルシファーの誘惑に陥ります。神秘家が道徳的な育成に大きな価値を置かずに、自分の内面に参入すると、大きな危険がやってきます。いままで以上にルシファーの影響の反動力を呼び出し、以前よりも虚栄心が強く、傲慢になります。ですから、どのような場合にも虚栄、誇大妄想、高慢に対抗する手段を持てるように、まえもって性格を形成しておくことが必要です。人間は慎み深さ、謙虚さへと導く特性を十分に身につけることができていないのです。神秘主義的な進化のためには、そのような特性を身につけることが非常に重要です。

外界の現象の背後を通って、事物の霊的根源にいたろうと試みるときには、アーリマンの幻影から身を守ることが必要です。内面を力強く、確固としたものにするように性格を形成しておかないと、外界の背後の霊的世界へと進んでいった人間はアーリマンに捕われます。アーリマンはその人間に、幻想につぐ幻想、幻覚につぐ幻覚を注ぎ込みます。

人間はある点で、言質をとる場合がしばしばあります。わたしが外界の現象の背後にいたろうとする高次の進化にはまったき意識がともなっていなければならないとしばしば強調してきたので、人々は、「わたしは霊界を知覚するとき、意識は完全に目覚めている」と確言する半分夢遊病の人をつれてきます。

「意識」ということを、人々は思い違えているのです。夢遊病の人がいっているのは、たんなる像意識、アストラル的意識のことです。もし、その人が意識下的な意識段階に立っていなければ、そのような知覚はできません。大事なのは、霊的世界に参入するときに自我意識をしっかり保っていることです。自我意識には、判断力と明確な識別能力が結びついています。そのような意識を人間は、霊的世界に見られる形姿に対しては持っていません。人間が意識を持っていることは、それ自体としては驚くにあたりません。わたしたちは、自我の育成に結びついた意識を持っていなくてはならないのです。ですから、高次の観照にいたる進化に際して、人間は可能なかぎり早く高次の世界に参入して、さまざまな形姿を見たり、声を聞いたりすべきだとは強調されずに、意識と識別能力と判断力を鋭くした時点でのみ霊的世界に参入してよい、と強調されます。

そのためには、精神科学の真理を研究するのが最良です。精神科学の真理に取り組むことによって、判断力を行使できないさまざまな形姿を憶測によって見ることがなくなります。ほんとうに修行した人は、種々の現象について空想的な見方をすることがなく、現実と幻像を区別することができます。とくに聴覚によって知覚されるものに対して、用心深くなければなりません。絶対の静寂の領域を通過しないかぎり、聴覚知覚は正しいものではありえないからです。最初に霊的世界の完全な沈黙を体験していない人が知覚するのは幻聴だ、ということができるのです。高次の世界の真理を把握しようと試みる人のみが、幻影から身を守ることができます。外的な科学では不十分です。霊的世界における識別に必要な鋭く、強力な判断力を外的な科学は提供できません。ですから、「とくに精神科学の研究によって判断力をまえもって鋭敏にしておかないと、霊的な知覚は怪しいものになる。本物の修行をとおして、つねに自分をコントロールしていなければならない」と、いうことができます。

ルシファーを退ける力があります。道徳です。道徳はルシファーを焼き尽くす激しい炎です。アーリマンに対抗する手段は、精神科学によって修練された判断力と識別能力以外にはありません。わたしたちが地上で獲得する健全な判断力はアーリマンにとって恐ろしいものであり、健全な判断力のまえにアーリマンは逃げ去ります。わたしたちが自我意識の健全な修行をとおして達成したものが、アーリマンは大嫌いなのです。アーリマンは、わたしたちが健全な判断力として発展させるものとは遠く隔たった領域に属しているからです。わたしたちが地上において獲得する健全な判断力に出合うと、アーリマンは大変な恐怖を感じます。健全な判断力というのは、アーリマンにとってはまったく見知らぬものであり、それゆえに大きな恐怖を感じるのです。生まれてから死ぬまでの人生において健全な判断力を育成しようと努力すると、わたしたちはアーリマンに対抗できるのです。霊的世界について「でまかせ・でたらめ」な事を語る人々が、理性と識別能力を獲得する努力をしなければ、アーリマンは大きな力をふるい、その力に対抗することはほとんどできません。アーリマンの誘惑が音によって表現されるようになればなるほど、アーリマンの力は強くなります。幻像に対しては、音や声に対するよりも対抗手段がたくさんあります。幻影のなかに生きる人々は、生まれてから死ぬまでのあいだに自我意識のために獲得すべきものを学ぶことを毛嫌いします。嫌いなのであって、やれないのではありません。そのような努力から人間を遠ざけるのは、アーリマンの力です。人間が健全な判断力を育成しようとし、啓発されると、すみやかに声や幻覚が消えます。それらはアーリマン的な幻であり、アーリマンは、「この人間には健全な判断力がある」と感じ取ると、恐ろしい不安に捕われます。

アーリマンをとおして引き起こされる、幻視と幻聴という特別有害な病に対抗する手段は、健全な判断力です。健全で理性的な判断力を獲得するために、あらゆる手段を用いるのです。これは、多くの人々にとって、非常に困難なことです。ほかの力が心地よく、ほかの力に導かれるからです。ほかの力を除去するのは、心地よいものではありません。人々は、かつて自分たちを霊的世界に導いたものが取り去られたと主張します。ほんとうは、そうすることによって彼らを健全にし、有害な作用が彼らに及ぶことから守ったのです。

ルシファー的な力とアーリマン的な力にとっては、なにがもっとも大きな抵抗になるかがわかりました。健全な判断を持ち、謙虚、控え目であり、自分を過大視しないことは、ルシファーの気に入りません。それに対して、功名心、虚栄心があるところでは、ルシファーは汚い部屋のなかの蠅のように飛び回ります。功名心、虚栄心、とくに自分についての誤った思い込みが、今度は、アーリマンに道を開きます。アーリマンから身を守るには、生まれてから死ぬまでの人生から学べる健全な思考の育成に努めるしかありません。精神科学の土壌に立つ者は、地上生活をとおして与えられるべきものを見過ごすべきではない、と繰り返し強調しなければなりません。

健全な判断力と理性的な識別能力を身につけることを拒み、そのような能力なしに霊的世界に上昇したいと安易に思う者は、地上生活から逃れようとしているのです。そのような人は、地上生活の上空を漂いたいと思っているのです。地上生活の理解へと導くさまざまな事柄に関わりあうことを過小評価しているのです。そのような人は、自分をなにか優れた者と見なしています。そのように感じることは、高慢さへの土台となります。夢想への傾向のある人、地上のものごとに触れたくない人は、わたしたちの運動のような流れと共同体を形成しようとは思いません。そのような人々が、「人間は霊界に参入しなければならない」と、いうのです。

しかし、霊的世界に参入するには、ひとつの健全な道しかありません。それは地上で獲得される、高次の意味での道徳性です。そのような道徳性があると、わたしたちは自分を過大評価したり、自分自身について誤った判断を下したりせず、またわたしたちの衝動、欲望、情念に依存したりしません。地上生活の状況の彼方を漂おうとするのではなく、地上生活の状況と勤勉かつ健全に共同することを目指すのです。

こうして、わたしたちはカルマの深みから、精神生活の深みに関連するものを取り出してきました。しかし、人間の進化、人間個体の進化にとって、健全な理性なしに霊的世界から取ってこられたものには価値がありません。また、道徳性なしに取ってこられたものも、価値がありません。そのことは、先回と今回お話しした事実から洞察できます。そのことを洞察すると、「以前から作用していたルシファーの影響は病気に変化し、苦痛によって均衡を取られる。ルシファーの影響は、人間のなかにアーリマン的な影響を引き寄せないことがあろうか。わたしたちに苦痛をもたらし、ルシファー的な病気の経過が現われるとき、ルシファー的影響の直接の結果としてアーリマン的影響が加わらないことがあろうか。アーリマン的影響は、どのように作用するのか。アーリマンの誘惑は、どのようにして病気の原因に変化するのか。アーリマンの作用は、どのように来世に現われるのか」と、問うことができます。

アーリマン的な影響によるものも、間接的にはルシファーに帰するのです。ルシファーの影響がアーリマン的な影響を挑発するほどに強いと、アーリマンの影響はもっとも陰険なものになります。アーリマンの影響は深いものです。それはアストラル体の誤謬のなかだけではなく、エーテル体の誤謬のなかに潜んでいます。痛みの意識の下にある意識のなかに、痛みのない害を伴ったアーリマンの影響が現われます。その害が現われた器官は、無用なものになっていきます。

ある人生においてアーリマンの影響が現われ、その影響の結果、なにかが生じたとしてみましょう。やがて、その人物は死後の時期を過ごし、再受肉します。そうすると、ある器官がアーリマンの作用に捕えられます。言葉を変えれば、「その器官のなかに、本来の姿よりも深くエーテル体が入り込んでいる。本来の姿よりも強く、エーテル体がその器官に浸透している」ということです。そのような場合、人間は誤った器官のために、アーリマンがもたらした誤謬により深く陥ります。アーリマンの影響によってエーテル体に深く浸透された器官とともに、人間はアーリマンが引き起こす幻影のなかに深く沈んでいきます。しかし、外界が幻影として生み出すものすべてが霊的世界に持っていかれるのではありません。霊的世界はわたしたちから、ますます取り上げられます。霊的世界には真理のみが存在するのであって、幻影は存在しないからです。アーリマンによって引き起こされた幻影のなかに沈んでいけばいくほど、害を被った器官がないときよりも深く感覚的――外的世界、物質的―感覚的世界の幻影のなかに入っていくのです。

しかし、ルシファーの影響に際して、痛みが対抗作用をおこなうように、アーリマンの影響に対抗する作用が現われます。わたしたちが物質的―感覚的世界に縛りつけられて、わたしたちを霊的世界に導くものが奪われたとき、器官は損なわれ、麻痺するか、虚弱になります。破壊過程が生じるのです。

器官の破壊は、よい力によって引き起こされているということを明らかにしなければなりません。器官がわたしたちから奪い去られ、わたしたちはふたたび霊的世界に帰る道を見出すのです。ほかに道がない場合、ある力によって器官が破壊されたり、器官が病気になったりすることによって、わたしたちはあまりに深く幻影のなかに落ち込むことから救われるのです。

だれかが痛みを伴わない肝臓病を患っているなら、前世におけるアーリマンの影響が存在するのです。アーリマンの影響が、肝臓に害を与えたのです。その器官がわたしたちから取り上げられなかったら、エーテル体の嵌入に結びついた力をとおして、わたしたちは幻影のなかに導かれていたことでしょう。

伝説や神話は深い叡智を知っており、それを見事に表現しています。肝臓は、そのよい例です。肝臓は、人間をもっとも容易に物質的―幻影的世界のなかに導く器官だからです。肝臓は同時に、わたしたちを地上に縛りつける器官です。人間を地上生活に導き、地上で活動させる力をもたらした伝説の人物、プロメテウスが禿鷹に肝臓をえぐられるのは、この真理と関連しています。禿鷹が肝臓をえぐるのは、プロメテウスに苦痛を与えるためではありません。その場面は、現実世界のことを語っているものではありません。伝説はいつも、生理学の事実と合致しています。禿鷹が肝臓をえぐるのは、痛みがないからなのです。プロメテウスが人類にもたらしたものは、それに対して均衡をもたらす作用がなければ、アーリマン的なもののなかに深く沈み込むものだったからです。神秘学の文献に述べられていることは、わたしたちが精神科学として告げることといつも一致しています。

ルシファーの影響に対して、人間に痛みをもたらすのはよい力であるということが、さまざまな事実からわかりました。このことを、旧約聖書の記述と比較してみましょう。エヴァを誘惑した蛇として象徴されているルシファーの影響が生じたとき、ルシファーによって人間がもたらされた状態に、痛みが加えられたのです。ルシファーに敵対する存在がやってきて、いまや人間に痛みが与えられる、と語らねばならなかったのです。ヤハウェ(エホバ)が、「おまえは痛みをもって子どもを生むことになる」と、いうのです。

精神科学を知らないうちは、神秘学文献のなかに書かれていることがらを、人間は通常解釈できません。精神科学を知ると、神秘学文献に書かれていることが、いかに深いものであるかがわかります。適切な前提なしに、すぐさま事物の説明を要求することはできません。「おまえは痛みをもって子どもを生むことになる」という文について語るためには、そのまえにカルマについての考察が必要だったのです。適切な場所で、はじめて説明ができるからです。精神的に進歩していないと、神秘学文献についての説明を聞いても、あまり益がないものです。「これは、どういう意味ですか。それは、どういう意味ですか」と問うのは、困ったことです。

ふさわしい場にいたるまで、忍耐強く待たねばなりません。説明だけでは、なににも到達できないのです。

わたしたちの人生のなかには、一方ではルシファーの力が働きかけ、他方ではルシファーに敵対する力が働きかけます。そして、アーリマンの力がわたしたちの人生のなかに働きかけます。そして、アーリマンの影響下に陥ったときに器官を役に立たないものにする力はよい力であり、アーリマンはその力の敵なのだということを明らかにしなければなりません。

いまお話ししたことを出発点にすると、人間本性の複雑な仕組みを洞察することができます。そして、「ルシファー的な力は、古い『月』時代にとどまった力である。ルシファー的な力は、『月』の力をもって、『地球』の人間生活に働きかけている。その力は『月』の力であり、『地球』進化において、ルシファーに敵対する力の宇宙領域のなかで活動することはできない」と、いうことができるようになります。このように、ルシファーはべつの存在の領域に働きかけます。

ここで、わたしたちはさらに過去の進化段階へとさかのぼることができます。

ある存在たちが「地球」で人間生活に介入するために、「月」の進化段階にとどまったことがわかると、古い「太陽」で進化から遅れ、ルシファー的存在がいま「地球」上でなしているのと同様の役割を「月」で果たした存在もいることが理解できます。今日、人間のなかには、戦いと名づけることのできるものが存在しています。わたしたちのアストラル体のなかに入っているルシファーの力と、わたしたちの自我をとおして、すなわち、わたしたちが「地球」で得たものをとおして作用する力とのあいだの戦いです。ルシファーに敵対する力は、わたしたちの自我をとおしてのみ、わたしたちに働きかけることができるのです。わたしたちが自分自身について明確で正しい評価を下せるのは、わたしたちの自我に働きかける力の助けがあるときのみです。そのためには、わたしたちは自我を用いなくてはなりません。

ですから、「わたしたちの自我がルシファーの力に対抗するとき、わたしたちのなかでヤハウェがルシファーと戦っているのである。よい宇宙計画を育成するものが、宇宙計画に対抗して自分のみを通用させようとするものと戦う。わたしたちは、ルシファーがほかの存在と戦うのに関わっているのだ」と、いうことができます。わたしたち自身が、この戦いの舞台なのです。そして、わたしたちがこの戦いの舞台であるということによって、ルシファーとの戦いをとおして間接的に、わたしたちはカルマのなかに引き込まれます。それに対して、外にまなざしを向けると、わたしたちはアーリマン的な力のなかに引きずり込まれます。外からなにかがやってきて、アーリマンがわたしたちのなかに入ってくるのです。

わたしたちが「地球」進化の経過のなかで人間段階を通過しているのに類似した方法で、人間段階を古い「月」において通過した存在たちがいることを、わたしたちは知っています。『アーカーシャ年代記より』や『神秘学概論』のなかでは、それらの存在たちは天使、すなわちアンゲロイ、ディヤーニと呼ばれています。名前は問題ではありません。わたしたちのなかでおこなわれるルシファーの戦いと同様の戦いが、それらの存在たちの内面で当時おこなわれていました。それらの存在たちは古い「月」において、「太陽」で進化から逸脱した存在たちによっておこなわれる戦いの舞台となっていました。「月」におけるこの戦いは、わたしたちの内的な自我と関係したものではありませんでした。「月」において、わたしたちはまだ自我を有していなかったからです。その戦いは、わたしたちの自我が関与できないところ、古い「月」の「天使たちの胸のなか」でおこなわれたのです。正常な「太陽」進化から逸脱した存在たちが、今日ルシファーがわたしたちに対しておこなっているのとおなじ役割を、当時、天使たちに対して演じました。それらの存在たちの影響下に、天使たちは現在の姿になったのです。ルシファー的存在たちが「月」進化において逸脱したように、「太陽」進化のあいだに逸脱したのはアーリマン的存在たちです。ですから、わたしたちはアーリマン的存在たちには、間接的にしかいたれないのです。アーリマンは天使たちの胸のなかで誘惑するものであり、天使たちのなかで活動します。アーリマン的存在たちの作用を受けて、天使たちはいまのような姿になったのです。そして天使たちは、アーリマンの作用を受けたものを、善にいたらせたのです。

わたしたちはルシファーのよい贈り物として、善悪の区別、自由な決断力、自由意志を得てきました。それらは、ルシファーをとおしてのみ得られたのです。しかし、これらの存在はなにかを獲得し、地球存在のなかにそれを持ち込みます。そのことについては、「いま天使たちは、霊存在としてわたしたちの周囲にいる。天使たちはいまの姿を、古い『月』進化の時代に、魂のなかにおけるアーリマン存在の戦いをとおして準備したのである。これらの存在が成しとげたこと、およびその作用として自分のうちに有しているものは、わたしたちの内奥の自我のなかには入っていかない。わたしたちの自我は、そのことには関与しない」と、いうことができます。

アーリマンの影響が、ふたたびわたしたちに働きかけます。いかに間接的にわたしたちがその影響を受けるかは、これから見ていきます。

これらの存在はアーリマンの影響下に、「月」において受け取った原因の作用を実らせました。これらの存在は、「月」においてアーリマンの影響をとおして受け取ったものを、「地球」存在にもたらしました。「地球」存在のなかに、当時のアーリマンの戦いの作用として現われているものを見出すことを試みてみましょう。

古い「月」においてアーリマンの戦いが生じていなかったなら、これらの存在は古い「月」に属するものを「地球」のなかにもたらすことはできなかったでしょう。古い「月」

が崩壊したあと、「月」に属したものも消え去っていたことでしょう。天使たちがアーリマンの影響を受けたことによって、彼らは「月」存在の巻添えになったのです。わたしたちがルシファーの影響によって「地球」存在の巻添えになったのとおなじです。彼らは、「月」の要素を自分の内面に受け入れ、その要素を「地球」存在にもたらしたのです。そのことをとおして彼らは、わたしたちの地球全体がルシファーの影響に捕えられないようにするために必要なものを、「地球」存在のなかにもたらすことができたのです。「月」における天使とアーリマンの戦いに相応する事実が「地球」存在のなかにもたらされていなかったならば、わたしたちの地球全体がルシファーの影響に捕えられていたにちがいありません。

「地球」存在における正常な経過とはどのようなものでしょうか。現在の太陽系にふさわしい「地球」の目的が据えられたとき、太陽の規則正しい運行、地球の規則正しい運行、諸惑星の規則正しい運行が生じ、昼と夜が生じ、規則正しい四季が生じました。さらに、日が射し、雨が降り、野の穀物が実るようになりました。それらの秩序は、「月」存在がたそがれのなかに沈んでいったあと、現在の「地球」存在のために形成された宇宙のリズムにしたがって繰り返されるものです。しかし、「地球」存在のなかにはルシファーが活動しています。ルシファーは、わたしたちがたんにルシファーを追跡できる領域におけるよりも、はるかに人間自身のなかで活動します。ルシファーは人間のなかに、もっとも重要な活動の場を探し出すのです。もしルシファーが地球のなかだけに存在していたとしても、太陽を巡る諸惑星の規則正しい運行、四季の繰り返し、雨と晴れなどの秩序をとおして、人間はルシファーの誘惑に陥っていたことでしょう。秩序づけられた宇宙から人間にやってくるもの、太陽系の規則的―律動的な動きがもたらすものすべてが人間にふさわしいものであり、現在の宇宙に適した法則のみが支配していたなら、人間はルシファーの誘惑に陥っていたにちがいないでしょう。宇宙的な救済のために獲得しなければならないもののよりも快適な生活を好み、到達すべきものよりも、規則正しい進行のほうを選んでいたにちがいありません。

そのために、反対の力が創造されねばなりませんでした。地球生活の規則正しい宇宙経過のなかに、古い「月」にとって正常で有益な経過が混ざることによって成立した抵抗力が作用しなければなりませんでした。古い「月」にとって正常で有益な経過は、「地球」存在に作用すると、今日では異常なものであり、規則正しい「地球」の歩みを危険にさらします。この影響は、たんなるリズムのみが存在していたなら、快適な生活への愛着、安楽、贅沢として現われたものを正すのです。たとえば激しく降る雹のなかに、たんなる安楽なリズムを突き破る力が示されます。地球の正規の力の下に創造されたものが破壊されると、全体の益のために訂正がなされます。その作用は、人間が理解できるものよりも高次の理性によって引き起こされるものなので、最初のうちは人間には洞察できないことがあります。畑に雹が降ると、「今日では、雨や日光のなかに、恵みをもたらす力が働いている。古い『月』においては、降る雹のなかに存在する力は恵みをもたらす力であった」と、いうことができます。雹が降ることによって、ルシファーの影響によってもたらされていたかもしれないものが訂正されます。規則正しい進行がつづくと、さらなる訂正をおこなうために、さらに激しく雹が降ります。規則正しい進歩へと導くものは、すべて「地球」の力に属すものです。火山が熔岩を流し出すとき、古い「月」からもたらされた遅滞した力がそのなかに活動しており、そうして、地球生命に訂正がなされるのです。地震もそうであり、そもそも天災はそういうものなのです。そして、外部から到来するものの多くは、進化の歩み全体のなかに、その理性的な根拠を見出されることがわかります。それがどのように人間の自我意識と関連しているかは、あとでお話しします。きょう十分にお話しできなかったことは、あすの話で補います。

これらのことがらは、人間存在の一面、地球存在の一面、宇宙存在の一面のみを表示するものだということを明らかにしておかなければなりません。器官が破壊されるのは益をもたらす霊的な力の働きであり、「地球」進化の歩み全体が古い「月」存在の力によって訂正されねばならない、と申し上げました。ここで、「地球の人間として、わたしたちは古い『月』の力の有害な影響をべつの面から訂正することを試みなければならないということを、どのように考えるべきなのか」と、問わねばなりません。

わたしたちは火山噴火や地震を待ち望むべきではありません。また、霊的な力の恵み豊かな作用を支えるために、自分で身体器官を破損すべきではないということが予感できます。しかし、つぎのようにいうこともできます。「なんらかの流行病が発生することによって、自分のなかで均衡を取るために人間が探求していたものがもたらされる。人間は損傷を経験し、その損傷を克服することによって完成に近づくように駆られるということを、わたしたちは理解できる」。そのように語るのは正しいことなのです。

衛生上の対策は、どうなのでしょうか。「流行病がよいものをもたらすのなら、さまざまな健康促進、病気予防のための処置は、よい影響が生じる可能性を奪うものではないか」と、いうことはできないでしょうか。昨日と今日お話ししたことから、人間は天災を防ぐべきではないという意見を抱く人がいるのではないでしょうか。

そうではないこと、そして、そうではないということにはある条件が必要なことを、これから考察していこうと思います。器官の損傷によって、幻影の作用に陥らないというよい影響が現われることを知り、そして他方では、病気に対して衛生上の処置をほどこすことによって、そのような益をもたらす影響からまぬがれるとき、どのような作用が呼び起こされるかを、これから理解していくための正しい準備が、いまできたところなのです。

見かけ上の矛盾が現われ、矛盾の力に追い詰められるとき、人間はアーリマンの力が大きな影響を及ぼす地点の近くにいます。人間は、よくその地点に立たされます。そのような狭い道にいたったときほど、わたしたちが錯誤に駆られる可能性が多いことはほかにありません。しかし、わたしたちが、いまそのような地点にいたったのは、よいことです。いまや、わたしたちは「益をもたらす力は、器官を損傷する。それが、アーリマンに対抗する作用なのだ」と、いえるからです。「アーリマンの力に対抗する、益になる作用」を要求しないのは、人類にとって有害なことにちがいありません。衛生上の処置は、アーリマンに対抗する、益になる力を制限するからです。

わたしたちは狭い道にいます。このような矛盾に導かれて、そのような矛盾が生じうること、さらには、そのような矛盾がわたしたちの精神にとってよい修練になるということを考えてみるのはよいことです。このような矛盾からいかに抜け出ることができるかがわかると、わたしたちみずからがアーリマンの錯誤から離れるための力を与えることができます。

第八章　高次の構成要素とカルマ

昨日の考察の終わりに出てきた矛盾を振り返って考え、答えを出すために、時間の経過のなかでわたしたちのカルマに挑戦するものでもあり、わたしたちのカルマを調整するものにも見える二つの力、二つの原理に、もう一度目を向ける必要があります。

ルシファーの力の影響をアストラル体に受け、その力の誘惑によって、わたしたちが自分をある意味で不完全にする感情、衝動、情熱の表明へといたることをとおして、わたしたちのカルマに動きがもたらされることを見てきました。ルシファーの影響がわたしたちに作用すると、その影響はほかの面でアーリマンの影響を挑発します。アーリマンの力は、内面からではなく、外からわたしたちに働きかけます。アーリマンの力は、世界との交流において外からわたしたちに立ち向かうものをとおして働きかけます。アーリマンが、ルシファーによって挑発されるのです。そして、わたしたち人間はこの二つの原理の戦いのなかに置かれています。ルシファーやアーリマンの触手に触れたなら、そのときわたしたちのなかに引き起こされたものを克服することをとおして進化する手段と道を探求することを試みなければなりません。

先回お話しした事例をべつの形でもう一度考察すると、ルシファーの力とアーリマンの力との相互作用がいかに人間の周囲に生起しているかが明らかになります。だれかがアーリマン的な影響に陥り、さまざまな虚像、誤謬を体験し、特別な伝達、印象を受け取ったと思うという事例です。健全な判断力を有する者には、その人物が誤謬と錯誤に陥っていることが容易に認識できます。先回、悪い意味での霊視、霊的世界についての霊視的な誤謬に陥るという事例をお話ししました。それはアーリマン的な力によって呼び起こされた誤謬であるということをお話ししました。そのように正しくない霊視によって生じた錯誤に対抗する有効な手段は、生まれてから死ぬまでの物質的な生活のなかで獲得される健全な判断力以外にはないということがわかりました。

霊視における錯誤について考えるとき、昨日お話ししたことは本質的に意味深いことです。厳密に遂行される正規の体系的な修行をとおして獲得されたのではなく、遺伝された古い特性をとおして獲得された霊視力においては、そのイメージのなか、音の聴取のなかに、誤った霊視がいつも見られます。その人物が真剣に神智学を研究し、神智学的認識をほんとうに受け入れたり、本物の修行に取り組む性向と可能性を持っていれば、そのような錯誤はなくなります。つまり、誤った超感覚的認識に対して、その人物に可能な認識の真の源泉が、その人物を正しい道へともたらす助けになるのです。

それに対して、だれもが知っている通俗的な真理を持ち出してはなりません。カルマの顕在化によって、被害妄想、誇大妄想へといたった人が、当人には論理的と思われる妄想の体系を心のなかに形成することは、だれもが知っています。人生の他の領域においてはまったく正常に論理的に思考できる人が、なんらかの理由によって追跡されているという妄想を抱くことがありえます。その人物は、ささいな出来事から、「わたしを迫害する党派が、また存在する」という才気ばしった考えを形成します。

そしてその人物は、彼の疑いがいかに根拠のあるものかを、才気ゆたかに証明します。まったく論理的な頭を持っていながら、狂気の症状が現われることがありうるのです。そのような人物に対して論理的な根拠から反論するのは、まったく不可能です。反対に、論理的な根拠を述べることによって、当人が内面に有する妄想が挑発され、被害妄想の内容を正当化する、さらに鋭い証明手段を探求するようになります。

精神科学の意味で語るときは、事物を正確に把握しなければなりません。非常な努力を払い、そして原則的で組織的な修行に取り組むことによって得られる精神科学の認識のなかに、霊視力の錯誤に対抗する力がある、とすでに強調してきました。そのように、先程述べたこととまったくべつの場合のことを語っているのです。いま述べているのは、当事者に精神科学の認識をもって対処するということではありません。一般的には、そのような人に対して、通常の悟性的な根拠によって立ち向かおうとします。しかし、通常の悟性を、その人物はまったく受けつけないものです。どうしてなのでしょうか。

いま述べたような症状の病気が現われるのは、前世における錯誤というカルマ的な原因が顕在化したからです。内面の錯誤と見なされるものは、この場合は現世のなかにはなく、前世にあるのです。どのように前世から、なにかが現世にもたらされるかを思い描いてみましょう。

そのためには、わたしたちの心魂がどのように進化するかを注視しなければなりません。

わたしたちは外的には、物質体、エーテル体、アストラル体からなりたっており、時の経過のなかで、自我がこれらの体《たい》に働きかけることによって、感受体のなかに感受魂、エーテル体のなかに悟性魂（心情魂）、物質体のなかに意識魂が形成されました。わたしたちが内面で発展させる三つの魂的構成要素は、三つの体《たい》のなかに構築されるものであり、現在、三つの体《たい》のなかに生きています。わたしたちがある人生において、ルシファーの影響である利己主義的な衝動、欲望、本能を発展させることによって、心魂に誤謬を負ったとしてみましょう。その誤謬は感受魂のなかにあることもあるし、悟性魂（心情魂）のなかにあることもあるし、意識魂のなかにあることもあります。それが、来世において魂の構成要素のなかに現われます。

それが、とくに悟性魂の力に基づく誤謬であるとしてみましょう。その誤謬は、死と再受肉のあいだの状態において、たとえば悟性魂が犯したものの作用がエーテル体のなかに示されるというように変化します。その作用は、死の扉を通って再受肉へと向かうまでのあいだに、エーテル体のなかに入れられます。前世における悟性魂のなかの原因に帰せられる作用が、現世においてエーテル体に現われるのです。来世の悟性魂は現世において、独立して、それ自体として働きます。人間が誤謬を、すでに以前に犯していたか、そうでないかでは、ちがいがあります。前世で誤謬を犯していたなら、その誤謬はいまエーテル体にあります。その誤謬は悟性魂ではなく、もっと深く、エーテル体のなかに場を占めます。しかし、人間が物質界で理性、分別として修得できるものは、悟性魂にしか作用しません。前世で悟性魂がおこない、いまやエーテル体のなかに入っているものには作用しません。ですから、悟性魂の力は現在の人間に見られるように、論理的に完璧に活動することができます。人間の本来の内面はまったく完璧なのですが、悟性魂とエーテル体の病んだ部分との共同をとおして、エーテル体からある方向に向けて、誤謬が投影されます。そうすると、物質界で育成できる根拠をもって悟性魂に働きかけることはたしかにできますが、直接エーテル体に働きかけることはできません。ある人物が凸面鏡のまえに立つと、その人物は歪んだ像を見ます。その人物にむかって、そのように像を見るのは正しくないと論理的に証明することはできません。その人物は歪んだ像を見つづけます。そのように、論理、説得によってはなにも果たせません。そのように、ある人がなにかを病的に誤って理解するのは、その人に原因があるのではなく、本来は健全な論理がエーテル体によって不健全な方法で反射されているからなのです。

このような方法で、前世のカルマ的な作用を身体の深みに担うことができるのです。ここではエーテル体を例にあげていますが、身体のある一定の部分のなかにいかに有害なものが存在するかをほかにも示すことができます。わたしたちは、ルシファーの影響によって前世で発生させ、ついで変化させたものを、そこに見ます。そして、死と再受肉のあいだの時期に、内的なものから外的なものへの変化が実現し、アーリマンがわたしたちに、わたしたちのエーテル体から抵抗します。いかにアーリマンがルシファーによって、わたしたちのエーテル体におびき寄せられるかが示されます。前世における誤りはルシファー的なものでした。それは変化して、つぎの人生にアーリマンによって決着をつけられます。自分のエーテル体の害を自分から取り出さねばならないということが問題になります。外的な悟性の通常の手段によって可能なよりも深く自分の身体を把握することによってのみ、それは可能です。

たとえば、ある人生において被害妄想の症状に陥っている人が死の扉をくぐったとき、アーリマン的な損傷の結果おこなった事実すべて、それらの不条理性を目のまえに見ます。その経験が、その人物を来世において根治する力になります。そのような症状の影響下に外界でおこなったことの結果が不条理と思われることによってのみ、その人物は癒されるからです。こうして、わたしたちがそのような治療のためになしうることがわかってきます。だれかが妄想を抱いていたなら、論理的な根拠をとおして、その人物から妄想を取り除くことはわずかしかできません。そうすることによっては、その人物の有する矛盾に挑戦できるだけです。しかし、とくに少年期にそのような症状が見られるとき、その症状の結果がひどく無意味なものとして表示される場にその少年をもたらすと、よい効果が現われます。その少年が引き起こしたことが、ひどく無意味なものとしてその少年に返ってくるという事実が示されると、よい成果が見られます。そのようにして、治療が可能なのです。

精神科学の真理を魂の内的な財産として所有すると、治療的に活動することができます。精神科学の真理が自分の全人格と一体になるまでに身につくと、その真理は考えうるかぎりもっとも強い信条になります。みなさまの人格全体が、精神科学の真理を放射します。生まれてから死ぬまでのあいだの人生のなかに流れ込み、人生を満たしながらも、この人生を越えて聳える超感覚的世界からの認識である真理によって、外的な理性的真理よりも深い作用が達成できます。外的な論理的根拠によってはなにもなすことができないのに対して、通常は回り道を通って来世で生じることをひとつの人生において成し遂げることができるほどの衝動を当事者に与えることができるなら、そして十分な時間と機会があるなら、精神科学の真理を用いて、悟性魂からエーテル体に働きかけることができます。物質界の真理は、感受魂と感受体、悟性魂とエーテル体、意識魂と物質体のあいだの間隙を飛び越えることができません。物質界では感覚的世界についての叡智を受け取ることができますが、その叡智は心情界とわずかの関連しか持っておらず、衝動と情熱が感受体に浸透することは、ほとんどありません。

ですから、非常に学識ある教授が物質界の事物に関して偉大な理論的知識を有しながらも、自分の感受体のなかに渦巻く衝動・感受・情熱を、その知識によって変容させていないということが起こります。物質界についてよく知っている、ひどい利己主義者になることがあるのです。そうなる衝動を青年期に受け取ったからです。

もちろん、外的な物質的科学の発展と、内面からの感受体およびエーテル体の鍛練とが平行しておこなわれることは、まったく可能です。同様に、人間は悟性的真理を受け入れることができます。物質界に関するさまざまな心情魂の力を受け入れることができますが、悟性魂とエーテル体とのあいだにある深い間隙を乗り越えることはできません。べつの言葉でいえば、「だれかが外的な真理を受け取り、さらに多くを学ぶと、その学習内容は身体形成力に作用を及ぼす」ということがわかります。

真理がある人物の存在全体を捕えると、十年も経つと、顔つきが変わるのがわかります。その人物の額から、その人物がどれほど努力してきたか、どれほど心のなかで疑いと格闘してきたかを読み取ることができます。その人物が落ち着いた人間になったのを、身振りから読み取ることもできます。真理は身体を形成する力のなかに入り込み、身体のもっとも精妙な部分をつかみます。人間が精神的に受け取るものが、人体のもっとも精妙な部分にまで働きかけます。心情が把握するものが物質界のみを示唆するものでないなら、人間は十年後には別人になります。素質が通常の人生において育成され、変化するように、そのような変化は正常なものです。十年後には、顔の表情が変わってくることがあります。しかし、内的な方法で深淵を乗り越えないと、それは外的な影響でしかありません。人間を内面から把握し、変化させる力ではありません。内奥において、もっとも内なる人間と結びつく精神的なもののみが、誕生から死までの時期に形成力を変化させつつ、形成力に作用し、死と再受肉のあいだのカルマの活動のなかで深淵が乗り越えられるのです。たとえば感受魂が体験したものが、死と再受肉のあいだに人間が歩む世界のなかに埋め込まれると、それは来世で形成力として活動します。

わたしたちはアーリマンとルシファーの共同をこのような方法で把握しました。ここで、

「事態がさらに進み、たとえばルシファーの影響が悟性魂からエーテル体への深淵を乗り越えただけではなく、さらなる道を進むときには、この共同はどのようなものとして現われるのか」と、問うことにしましょう。

わたしたちがある人生において、特別強力にルシファーの影響下にあったとしてみましょう。そのような場合、内的な人間としてのわたしたちは、以前よりもすべての点で不完全になります。そして欲界において、「この不完全さを改善するために、非常に力強いことをおこなわなくてはならない」と、激しく思います。

そのような傾向をわたしたちは受け取り、いま形成中の力をもって、前世でおこなったことの埋め合わせをする傾向を、来世で新しい身体が持つようにしなければなりません。しかし、ルシファーの影響を引き出したものが、外的なものをとおして引き起こされたものや外的な欲望であったとしてみましょう。そうすると、ふたたびルシファーの影響が存在します。ルシファーがわたしたちのなかで活動しなければ、外的なものがわたしたちに働きかけることはできません。わたしたちがルシファーの影響下におこなったものを埋め合わせようという傾向を、わたしたちは自分の内に有しているのです。

ある人生におけるルシファーの影響が、つぎの人生においてアーリマンの影響を挑発することは、すでにお話ししました。ルシファーの影響がアーリマンの影響を引き起こし、両者は相互作用をおこなっている、とお話ししました。ルシファーの影響については、「ルシファーの影響は意識のなかで、わたしたちに示される。すなわち、わたしたちは意識をもってアストラル体のなかに一時的に下っていくことができる」と、いうことができます。痛みが意識に上るのはルシファーの影響である、といいました。

しかし、わたしたちはエーテル体の意識、物質体の意識の領域へと下っていくことはできません。わたしたちは夢のない眠りの状態にあるときも意識を有していますが、その意識は通常の生活において、その意識についてなにも知ることができないほどの低い段階のものです。しかし、だからといって、わたしたちがこの意識においてなにもおこなうことができないということにはなりません。たとえば、物質体とエーテル体からのみ成り立っている植物が、その意識を有しています。植物は絶えず、夢のない眠りの意識をもって生きています。わたしたちのエーテル体と物質体の意識は、昼のあいだも存在します。しかし、わたしたちはその意識へと下っていくことができません。しかし、この意識が行為をなしうることは、たとえば、わたしたちが眠っているあいだに、自分ではなにも知らずに夢遊病的な行動をすることが示しています。そのような行動をさせるのは夢のない眠りの意識です。夢遊病者の行動を生じさせる意識の深みまで、通常の自我意識とアストラル意識が到達することはありません。

わたしたちは昼間、自我意識とアストラル意識のなかに生きているので、ほかの意識の種類が存在するとは思えません。わたしたちは、それらの意識について知らないだけなのです。前世におけるルシファーの影響によって、強力なアーリマンの影響を誘発したとしてみましょう。このアーリマンの影響は、わたしたちの通常の意識に働きかけることはできません。しかしアーリマンの影響は、わたしたちのエーテル体のなかにある意識を把握します。その意識は、たんにエーテル体組織へとわたしたちを導くことができるだけではありません。わたしたちのエーテル体の意識がわたしたちに働きかけ、「おまえが前世において陥ったルシファーの影響がおまえのなかに入れたもののみを、いまおまえはおまえから遠ざけることができる。そして、それは、かつてのルシファー的な誤謬とは正反対の方向の行為をおこなうことによって可能になる」と表現できるような行為へと導くのです。

ルシファーの影響によって、かつて有していた宗教的観点、精神的観点から、「この人生を享受したい」という観点に移行したとしてみましょう。全力で感覚的なものに飛び込んだとしてみましょう。そうすると、正反対のものに基づく方法で、アーリマンの影響が挑発されます。人間は人生を歩むうちに、感覚的な生活から一挙に精神的な生活へと飛躍する地点に到ります。あるときは感覚的なものに一足飛びに陥り、あるときは一足飛びに精神生活へと戻ろうとします。表面意識は、そのことに気づきません。しかし、物質体とエーテル体に縛りつけられた大変不思議な潜在意識は、人間が雷に打たれる場所、樫の木の根元のベンチを見つけるように、人間を駆り立てます。そうして、その人は雷に打たれるのです。その人が前世でおこなったことを、潜在意識が成就させるのです。そのように、前世においてルシファーの影響下に活動した結果として、いまの人生にアーリマンの影響があるのです。わたしたちが表層意識を排除し、エーテル体と物質体の意識にのみ従うようにさせようという意図を持って、アーリマンが共同します。

このような方法で、わたしたちは人生に生起するさまざまなことがらを理解できます。しかし、だれかが死んだり、重傷を負ったりしたとき、どの場合もおなじ原因によるものと考えてはなりません。そのようにすると、わたしたちは非常に限定された方法で、カルマを把握することになるでしょう。神智学運動のなかには、カルマをほんとうに窮屈な方法で理解している流れが、ほんとうにあります。彼らは、カルマのなかには高次の視点に導くものが存在すると信じながら、それを実際には知らないのです。全宇宙の秩序はいつも個々人のために特別に整えられていて、個々人の生活の調和的経過と均衡に役立っているにちがいないと理解し、カルマも実際に同様のありかたをしていると理解しているのです。前世で生じたことのために、まったく正確な埋め合わせがなされるような状況が用意される、と思っているのです。そのような観点は根拠のあるものではありません。不幸に見舞われた人のまえに行って、「それは君のカルマだ。前世からのカルマの作用だ。君は前世で罪を犯したのだ」といったら、どうでしょう。

その人が今度は幸運な目に遇ったとき、べつの人がやってきて、「これは、君が前世でおこなったよい行為が原因なんだよ」といったら、どうでしょうか。

そのように語る人が、そのような作用が引き起こされるために前世でどのようなことが起こったのかを実際に見たのなら、そのような言葉はほんとうに価値のあるものです。前世に戻ると、原因が見出されます。そのあとで、その作用を見るために、のちの人生を観察しなければなりません。このことから、「どの人間の場合も、人生における最初の出来事が示され、それが受肉から受肉へと作用して、来世でカルマ的な均衡が作り出される」というのは論理的です。来世で作用が見られたなら、原因に目を向けることができます。しかし、もし不幸な出来事が生じ、どのような手段を使っても、その原因が前世に見出されないなら、来世において埋め合わせがおこなわれる、と思わざるをえません。カルマは宿命とはちがいます。どの人生からも、なにかが来世にもたらされていきます。

このことを理解すると、人間は新しい人生における出来事を意味深いものと思うことができます。人類の進化における偉大な出来事は、一定の人物たちに担われていくことによってのみ生起しうるということを考えてみましょう。ある人物たちが、ある時点で、進化の意図を引き受けねばならないのです。もしある時点でカール大帝が決定的な影響を与えていなかったら、中世の進化はどのようになっていたか、ある時点でアリストテレスが活動していなかったら古代の精神生活はどのようになっていたかを考えてみてください。人類の進化の歩みを理解しようと思うなら、アリストテレスがその時代に登場しなければならなかった、と考えてみる必要があります。もしアリストテレスがいなかったなら、のちの精神史はずいぶん異なったものになっていたことでしょう。このことから、カール大帝、アリストテレス、ルターなどは、自分のためではなく、世界のために、ふさわしい時期に生きなければならなかったということがわかります。彼らの個人的な運命は、世界に生じたことと密接に絡み合っているのです。彼らが前世においておこなったよい行為、あるいは罪が彼らの活動と符合するということができるでしょうか。

ルターの場合を取り上げてみましょう。彼が体験し、耐え忍んだことすべてを彼のカルマの口座に書き込むことはできません。一定の時期に人類の進化のなかで生起すべきことは、一定の人物の活動をとおして遂行されるということを明らかにしておかねばなりません。そのような人物たちは、地上に下るのに十分成熟しているかどうかを考慮されることなく、霊的世界から地上に導かれます。彼らは人類進化の目的へと導かれるのです。それらの人物は適切な時期に地上で活動するために、カルマ的な道を早められたり、遅らされたりします。それらの人物には、彼らの以前のカルマと関わりのない運命がもたらされます。しかし、そのように生き、生まれてから死ぬまでになしうることをおこなったなら、カルマ的な原因が形成されます。ルターが人類のために彼の人生を生き、彼の以前のカルマとは関係のない運命を耐え忍んだのは事実です。それと同時に、その人生で彼がおこなったことが、彼ののちのカルマに関わっていくことも事実です。カルマは普遍的な法則であり、だれもが体験しなければなりません。しかし、わたしたちは前世を振り返るだけでなく、来世にも目を向けねばなりません。ですから、「わたしたちのカルマに属さないことが生じたことが正当であったということが、来世で明らかになる」と、いうことができるのです。

つぎのような例をあげてみましょう。実際にあったことです。自然災害で、多くの人が死にました。それらの人々が一緒に死んだのは彼らのカルマだ、と思ってはなりません。そのように思うのは、安っぽい考えです。現世で生じることが、つねに前世に犯した罪に起因する必要はないのです。多数の人が自然災害で亡くなったのを探求した事例がありまず。それらの人々は、来世で結びつき、共通の運命によって、共同でなにかを世界にもたらすことを試みます。その災害によって、来世ではたんに物質に関わることをやめる原因が形成されたのです。そうして来世のために、精神的なものへと向かう態度が形成されるのです。

この場合、なにが生じたのでしょうか。前世にさかのぼってみると、特別の出来事として、地震によってともに死んだことが見出されます。地震の瞬間に、物質の価値のなさが彼らに明らかになり、精神的なものへの傾向が発展したのです。精神科学的に調査すると、精神的—霊的なものを世界にもたらした人々が、そのような出来事をとおして用意されたということがわかります。

このように、はじめてなにかが人生のなかで生じることがあります。災害によって多数の人々が亡くなったり、だれかが事故で早死にした場合、つねに前世の過失にその原因を帰してはならないということを、お話ししました。そのような死は最初の原因として現われたのであって、その埋め合わせが来世でなされるのです。

それ以外の場合もありえます。その人物は、三つの人生をとおして人類になにかをもたらす使命を持っていて、その使命は構築力の働いている身体をもって物質界に生きるときにのみ果たされうるということがありえます。

三十五歳までの身体のなかに生きるか、高齢の身体のなかに生きるかは、まったく異なったことです。三十五歳まで、人間は自分の力を身体のなかに送ります。力を内面から展開するのです。三十五歳以後になると、人間はただ内的にのみ先に進むようになり、生命力をもって絶えず外的な力にむかって突進するようになります。内的組織を見ると、三十五歳以前と以後とでは、まったく異なっています。人類進化の叡智にしたがって、三十五歳以後に押し寄せるものにむかって突進しないことによってのみ使命を果たせる人間が必要とされるとしてみましょう。そうすると、その人物の人生は短いものになることがあります。そのような場合があるのです。偉大な預言者（エリヤ、ヨハネ）、重要な画家（ラファエロ）、偉大な詩人（ノヴァーリス）として現われ、いつも早死にした人物のことを、わたしたちの集まりでお話ししたことがあります。後半生を生きるまえに死ぬことによってのみ可能なことを、この人物は三つの人生をとおしておこなったのです。ここに、人間個人のカルマと人類一般のカルマとの独特の絡み合いが見られます。

さらに深く進んで、人類一般のカルマのなかに、のちの時代に作用を及ぼすカルマ的な原因を探し出すことができます。個人が、人類のカルマのなかに投げ込まれたのがわかります。アトランティス時代後の進化を考察すると、ギリシア―ラテン時代がその中心にあります。そのまえにはエジプト―カルデア時代があり、ギリシア―ラテン時代のつぎが、われわれの第五文化期です。わたしたちの時代のあとに、第六文化期、第七文化期が到来します。しかし、ある点で、一連の文化期のなかに循環があるということも、かつてお話ししたことがあります。つまり、ギリシア―ラテン文化期が特別の位置を占めて自立していて、エジプト―カルデア文化期は現在の第五文化期のなかに繰り返されているのです。この連続講義の第一講ですでにお話ししましたが、第五文化期に生きたケプラーはエジプトに受肉していたことがあり、エジプトの司祭の影響下にまなざしを天空に向け、星々の秘密が彼に明かされたのでした。第三文化期が繰り返される第五文化期に彼はケプラーとして受肉して、当時得たものをもたらしたのです。

世界の進化と人間生活について、ほとんどの現代人は盲目の状態にある、と精神科学の立場から主張することができます。細目にいたるまで、人生が世界の進化に符合し、世界の進化が人生のなかで反復されていることを追究していくことができます。紀元前七四七年に生じた人類進化上の出来事を取り上げてみると、そこに一種のゼロ地点を見ることができます。その時点の前、その時点の後に生じたことは一定の方法で対応しています。

エジプト文化期へとさかのぼると、儀式の法則、「神々の掟」を見出すことができます。たとえば、エジプトには、儀式的な指図によった一定の清めをしなければならないという掟がありました。神々が望むとおりに日々身を清めることによって生きていくことができる、とエジプトではいわれました。清潔を重んじるエジプト文化のなかに生きていたのは神々の命令でした。つぎに清潔ということがそれほどは重んじられないギリシア―カルデア時代がやってきて、今ふたたび、唯物論的な理由から衛生上の規則が重視される時代が到来しています。エジプトで消え去ったものが、いま繰り返されているのがわかります。注目すべきしかたで、カルマ全体のなかで、かつての事象が成就されます。ただ、全体の性格はつねに異なったものです。ケプラーは、エジプトに生きていたころ、まなざしを星空に向けました。彼がそこで見たものは、エジプトの占星術の偉大な霊的真理のなかに刻印されました。唯物論の時代に再受肉したケプラーは、現代にふさわしく、その霊的真理を唯物論的な色彩を帯びた三つのケプラーの法則として表現しました。

古代エジプトにおいて、清めは「神が啓示した」法則でした。おのおのの機会に信じがたい方法で自分を清めることに気を配ることによってのみ、エジプト人は人類に対する義務を果たせると信じていたのです。同様のことが今日、まったく唯物論的な思考の影響下に繰り返されています。現代人は神々に仕えているとは考えず、自分のためにおこなっていると思っています。しかし、エジプト時代にあったものが、ふたたび現われているのです。

このように、ある意味で周期的にすべてが世界のなかで成就していきます。昨日、ある矛盾のかたちで定義したことがらが、人々が思うほど簡単なものではないことが予感できると思います。もし、ある時代に人間が流行病に対して対策を立てることができないでいたとしたら、それはアーリマンの影響とルシファーの影響によって引き起こされたものを埋め合わせる機会を人間の魂が見出せるように、普遍的な叡智に満ちた宇宙の計画にしたがって流行病が作用すべきであったために、その流行病に対してなすすべがなかったのです。いまべつの条件が生じるなら、それも一定の偉大なカルマの法則によるものです。これらの問いを表面的に考察すべきでないということがわかります。

人間が流行病、伝染病にかかる機会を探求するのは、以前のカルマ的な原因に対する必要な対抗作用だ、とお話ししました。それなら、衛生上の処置をおこなってもよいのでしょうか。この二つは、どのように調和するのでしょうか。

この問いは深いものです。この問いに答えるために、わたしたちは正しい判断材料を見出さねばなりません。同時に、あるいは長い時間のなかで、ルシファー原則とアーリマン原則が共同し、対立すると、人間生活のなかに紛糾が生じます。その紛糾はさまざまな場合に、さまざまな方法で作用します。ですから、二つの場合をおなじ方法で考察することはできません。しかし人生を研究すると、つぎのようなことがわかります。ルシファーとアーリマンの共同を、個々の場面に探求すると、この関連を貫く一本の糸をいたるところに見出せます。ただ、その際、内的な人間と外的な人間をはっきりと区別しなければなりません。悟性魂のなかに生きるものと、悟性魂の働きとしてエーテル体のなかに示されるものとを、はっきりと区別しなければなりません。わたしたちは、カルマが成就する過程を考察しなければなりません。内面をとおして将来のカルマの均衡が準備されるように、カルマ的影響をとおして内面に作用する可能性があるということを明らかにしなければなりません。このことをとおして、以下のことが生じる可能性があります。

前世において、隣人に対して愛のない感情を持って生きたことがありえます。たとえば、その人物がカルマの作用をとおして、愛のなさを自分のうちに受け取ったとしてみましょう。まず下降する道を進んで、ふたたび上昇できるようになるために、つまり反対の方向へ向かう力を発展させるために、悪事をおこなうという下降の道を進むことは確かにありえます。ある人物がなんらかの影響を受けて、愛のなさに傾斜したとしてみましょう。そうすると、愛のなさはのちの人生にカルマ的な作用として現われ、内的な力を人体のなかに作り出します。ここで、わたしたちは意識的、あるいは無意識的に行為することができます。現代の文化は、そのことを意識的におこなうまでには進んでいません。愛のなさに由来する特性を人体のなかから追い払う配慮をすることができます。愛のなさを示す外的な身体組織の作用に対して対策を講じることができます。しかし、そうすることによって、心魂のなかの愛のなさすべてが消去されるわけではありません。愛のなさの外的器官が取り除かれただけです。それ以上なにもしなければ、作業は半分のままにとどまるか、あるいは、なにもおこなわなかったのと同じことになります。わたしたちは人々を、物質的、外的に助けはしたものの、魂を救ってはいません。わたしたちがその人物から、愛のなさの浸透した身体器官を取り去ると、その人は愛のなさを十分に体験できずに、来世のために愛のなさを内面に保管しなければなりません。

多数の人々が愛のない状態にあり、流行病に罹るために病原菌を受け入れたとしてみましょう。そして、わたしたちが流行病に対してなにかができるとしてみましょう。そのような場合、わたしたちは外的な身体が愛のなさを表現するのを防ぐことでしょう。しかし、そうすることによっては、愛のなさへの内的傾向を取り除くことにはなりません。わたしたちは愛のなさの外的器官を取り除いたとき、魂からも愛のなさへの傾向を取り去るように魂に働きかける義務を受け取るのです。つぎのような例が、精神科学によって探究されています。ある文化期に、利己主義、愛のなさを進展させる一般的な傾向があったとき、天然痘が現われたのです。外的な身体にも、天然痘が現われました。そうなのです。神智学においては、真理を語ることが義務です。

こうして、現代に予防接種がはじまったことが理解できます。しかし、ほかのことも理解できます。すなわち、現代のすぐれた人物たちに、予防接種に対する反感があることです。それは内面と相応しています。そして、いま、「一方で器官を殺すなら、その対応物として、その人物の唯物論的な傾向を精神的な教育によって変化させるという義務を、わたしたちは負う。そのように対応物を形成することが必要なのである。そうでなければ、仕事を半分しかしなかったことになる」と、わたしたちはいうことができます。

痘毒を体内に有し、天然痘への傾向を持つような特性を除いたなら、来世でなんらかの方法でそれに対応するものをみずから作らねばなりません。天然痘の素因を取り除くなら、カルマの作用の外面のみに注目していることになります。一方で衛生的な処置をおこなうなら、他方で、組織を変化した人間の心魂のためにもなにかを与えねばならないという義務を感じます。種痘のあと、のちに精神的な教育を受けなければ、種痘は人間を害するものではありません。一方のみを狙って、他方に価値を置かないと、天秤は深く傾きます。「衛生的な処置が行きすぎると、虚弱な体質になる」と語るサークルに、そのような傾向が見られます。それは、たしかに根拠のないことではありません。しかし本質的なのは、ひとつの課題を、べつの課題なしに受け取ってはならないということです。

人類進化における重要な法則は、外的なものと内的なものとの釣り合いが取れていなければならないということと、たんに一方のもののみを見るのではなく、他方をも考慮しなければならないということです。こうして、わたしたちは偉大な関連を洞察しますが、

242

「衛生とカルマはどのように関連しているのか」という問いを扱うには、まだいたっていません。この問いに答えることによって、わたしたちはさらに深くカルマのなかに導かれていくことになります。さらに、人間の誕生と死のあいだにどのようなカルマ的な関連があるのか、人生のなかに他人はどのように関与するのか、人間の自由意志とカルマとはどのように調和するのかといった問いについて考察していくことにしましょう。

第九章　男と女・誕生と死

繰り返し注意してきたように、カルマの法則というほとんど無辺の領域については、素描的な示唆をいくつかできるだけです。いままでお話ししてきたことを考慮すると、人間がいくつかの意識の層から駆り立てられ、みずからが摂取したカルマ的な原因を埋め合わせる働きを外界にも探求するということが、もはや変わったこととは思われないと思います。自分が摂取したカルマ的原因を埋め合わせるために、たとえば伝染病にかかることがあります。また、事故死をすることによってカルマの均衡を取るように駆られることもあります。

なんらかの処置によって、そのようにカルマの均衡を取るのが妨げられると、カルマの経過はどのようになるのでしょうか。

衛生的な処置によって、人間が自分のカルマ的な関連によってかかるはずの病気の原因がなくなったとしてみましょう。そのような処置を取るのは本人の希望ではないということは、すでに知りました。エジプト—カルデア文化期にあった清潔への傾向は、ギリシア—ラテン文化期という中間期にいったん消え、現在、逆のかたちで繰り返されて現われていることも知りました。どの時代に生まれて、どのような処置が取られるかは、人類のカルマの法則によるということがわかります。しかし、人間はかつてはそのような処置を受けることがなかったということも、容易に理解できます。今日では衛生的な処置によって世界から取り除かれるべき流行病を、かつて人類は必要としたからです。人生のありように関して、人類の進化は一定の法則に従っています。そして、なにかが人類進化全体にとって意味と益のあるものでありうるまえには、そのような処置が取られる可能性はまったく現われません。そのような処置は、人間が生まれてから死ぬまでに自分のものにしうる意識的で、理性的で、分別のある人生から出現するのではなく、人類全体の精神から出現するのです。さまざまな発見、発明が、人類がそれにふさわしく成熟した時点でなされたことを考えてみるだけで十分です。地上における人類の進化の歴史を概観すると、多くのことがわかってきます。

アトランティス大陸において、わたしたちの魂はいまの人体とはまったく異なった身体のなかに生きていたということを考えてみてください。アトランティス大陸は沈み、いまわたしたちのありようは、今日の大陸の領域において形成されたということを考えてみてください。ある時期に、水面に浮かび上がった巨大な大陸の住人が、べつの大陸の住人と出会ったのです。そんなに遠くない昔に、ヨーロッパの諸民族はアトランティス大陸の一領域に達することができたのです。そのようなことがらのなかには、ほんとうに偉大な法則が見られます。カルマ的に把握すれば、事物が発見されるかどうか、なんらかのことがなされるかどうかは、人間の意見や恣意によるのではありません。それは、生じるべきときに生じるのです。カルマ的に働きかけて人間に作用を及ぼすはずだった原因を取り去くと、わたしたちは人間のカルマに影響を与えることができます。影響を与えるということは、生じるべき事態を取り除くということではなく、ほかの方向に導くということです。

カルマが混乱しており、多数の人間がカルマ的な均衡を引き起こす影響を探し求めている場合を取り上げてみましょう。衛生的処置によってそのような影響や状況は当分のあいだ取り去られ、そのような影響や状況はもはやなくなります。しかし、人間は自分のなかに誘発されるカルマ的作用から解放されることはありません。ほかの作用を探し出すように駆られるのです。カルマから逃れることはできません。そのような処置によって、カルマの作用を免除されることはないのです。

カルマ的な作用をある側に取り除くと、カルマの均衡を取るために、べつの側への揺れが生じなければならないということが推測できます。なんらかの影響を取り除くと、ほかの機会と影響を探し出すことが必要になります。病因を探し求めている人々が、自分がカルマ的に引き寄せたものを取り除こうとしたことによって多くの流行病が生じた、としてみましょう。たとえば、愛のない天然痘の器官のようにです。その器官を除去しても、愛のなさの原因は残ります。そして、その人は、その人生において、あるいは来世において、べつの方法でふさわしい均衡を作らねばなりません。そこでなにがおこなわれるのかは、つぎのようなことをお話しすることによって、理解できます。

かつて人類が背負い込んだカルマ的な事物の均衡をもたらす外的な影響と外的な原因の多くが取り除かれています。そうすることによって、わたしたちは人間が外的な影響を受ける可能性を取り除いたにすぎません。わたしたちはその人の外的な生活を快適にしたり、健全にしたりします。そうすることによって、わたしたちはその人が病気をとおしてカルマ的な埋め合わせができていたはずのものを、べつの道で探さねばならないようにさせたにすぎません。そのようにして健康面において救われる魂は、ほかの方法でそのカルマの埋め合わせをするように定められます。いまお話ししたのと同様の多くの場合において、カルマ的な埋め合わせを探求しなければなりません。健康な生活をとおして快調な身体を得て、物質的な生活を楽なものにすると、魂は反対の方法で影響を受けることになります。その魂は、しだいに空虚さ、不満、満たされなさを感じるように、影響を受けていきます。純粋に唯物論的な生活において一般的に求められるように、外的な生活が快適に、健康になればなるほど、魂には自分のなかで進歩するための励ましが少なくなります。魂の荒廃が、平行して生じるのです。

　人生を正確に観察する者は、そのことに気づきます。今日ほど、外的には快適な生活を送りつつ、荒廃した、怠惰な魂をもって生きている人々が多い時代は、かつてありませんでした。そのような人々は、センセーショナルなことを追いかけます。そして、お金があれば、町から町へと旅して、見物をします。おなじ町に滞在しなければならないなら、毎晩娯楽を求めます。しかし、魂は荒廃したままで、ついには、なにを求めればよいのかわからなくなります。外的、物質的に快適な生活をとおして、物質的なことしか考えない傾向が生じるのです。そして、物質的なもののみに関わる傾向がすでに長く存在していなかったならば、理論的唯物論への傾向が今日のように強力なものになってはいなかったことでしょう。外的な生活が健全になると、魂は病気がちになるのです。

神智学はあらゆるところで事物を理解可能にすることによって、どこに均衡があるかを洞察するので、神智学者はそのような事実に不平を述べたりはしません。魂は、ある程度までしか空虚であることができません。魂はみずからの弾力によって、べつの側に急ぎます。魂は、みずからの深みに通じる思想を探求し、神智学的世界観に到達することが自分にとっていかに必要かを理解します。

唯物論的人生観から発するものは、外的な人生を安易なものにし、内面生活を困難なものにすることがわかりました。そして、魂が苦悩することによって、精神的―霊的な世界観を探求するようになることがわかりました。荒廃した魂が快適な外的生活に満足を見出せないことによって、今日では神智学として告知されている精神的―霊的な世界観が到来します。魂は、みずからの弾力によって反対側におもむき、精神生活との一体化を求めて、つねに新しいものを受け取ろうとします。このような関係が、衛生と精神科学的世界観が有する未来への希望とのあいだに存在します。

今日すでに、そのことに気づくことができます。今日、外面的なしかたで、つぎつぎと新しいものに注目する人々がいます。神智学的世界観に興味を抱き、神智学的世界観を新しいセンセーションとして受け入れている人々です。深い、内的な意味を持っているものが、モード、センセーションとしても作用することは、人類の進化のどの流れにも見られることです。ほんとうに神智学のために用意された魂は、外的なセンセーションに不満を感じるか、あるいは外的な科学は事実を説明できないということを洞察します。そのような人々はみずからのカルマによって、魂のいとなみのもっとも内的な部分を神智学と結びつけることができるように準備された人々です。精神科学も人類のカルマ全体に属するものであり、人類のカルマ全体に属するものとして浸透していくのです。

こうして、わたしたちは人間のカルマをほかの方向に導くことができるのです。しかし、わたしたちはカルマの作用そのものを人間から取り去ることはできません。なんらかの方法で、人間が前世でみずから用意したことが戻ってきます。

いかにカルマが世界のなかで意味深く作用するかは、カルマがまだ道徳的な色合いを帯びずに作用する領域を考察することによって、もっとも明瞭になります。人間が魂から道徳衝動を発展させて道徳的行為、不道徳的行為へと導くものにカルマが関わらないところ、すなわちカルマが大宇宙そのもののなかで作用する領域を考察するのです。道徳的なものがまだ作用せず、中立的なものとしてカルマの連鎖が示される領域を思い描いてみましょう。

　ある女性が人生を生きているとしてみましょう。たんに女性であるという理由によって、男性とは異なった体験をするにちがいないということは否定できないでしょう。その体験はたんに内的な魂の経過に関連しているだけではなく、女性であることによってのみ経験しうる外的な出来事、境遇に大きく関連しています。その外的な境遇は、魂の状態、魂の気分に作用を及ぼします。女性は女性であることと密接に関連する行為へと導かれる、ということができます。男性と女性の均衡は、精神的共同生活の領域で、はじめて実現します。たんなる人間の心魂のなか、人間の外的な部分のなかに深く下っていくと、男性と女性の生活の差異は大きくなっていきます。そして、女性の心魂の特性は男性と異なっている、ということができます。感情的な衝動へと導く心魂の特性に、女性は傾いています。男性の人生においては、主知主義と唯物論がアット・ホームであり、魂のいとなみに大きな影響を与えます。主知主義と唯物論は、男性によって世界にもたらされました。女性は心魂的、感情的であり、男性には理知的、唯物論的な要因があります。そのように、男女の本性にしたがって決まっているのです。このように、女性は女性であるということによって、心魂のいとなみに一定のニュアンスを有するのです。

　魂のなかの特性として死と再受肉のあいだにわたしたちが体験するものがわたしたちの来世の身体組織のなかに押し寄せることをお話ししました。より心的なもの、より感情的なもの、**地上での生のあいだにより魂の内面に向かうものは**、身体組織のなかに深く介入し、身体組織に集中的に浸透する傾向を有します。女性は心的なもの、感情的―情緒的なものに関連する印象を受け取ることによって、深い魂の根底のなかに人生の経験も受け取ります。男性はより豊かな経験、より学問的な経験を好みます。男性の場合、経験が女性のように深く魂のいとなみのなかに入っていくことはありません。女性の場合、経験の世界全体が深く魂に刻印を押します。そのことによって体験は、身体組織のなかに働きかけ、身体組織を将来、より強く包囲する傾向を持ちます。女性は、人生の経験をとおして人体を把握し、来世において人体をみずから形成する傾向を受け取ります。身体に深く働きかけるということは、男性の身体を準備するということを意味します。魂の力が深く物質のなかに刻印されることによって、男性の身体がもたらされるのです。ある人生における女性の体験は、来世において男性の身体をもたらすということがわかります。こうして、道徳の彼方にある関連が見られます。ですから、神秘学においては、「男性は女性のカルマである」と、いわれるのです。

事実、男性の身体組織は、前世における女性としての体験と経験の結果なのです。現代の男性は女性として生まれることに耐え難い感情を持っているので、感じが悪いと思う人もいるでしょうが、わたしは事実を客観的にお話ししなくてはなりません。

男性の体験はどうでしょう。いま述べたことから出発することによって、男性の体験をよく理解できます。男性の身体においては女性の場合よりも、内的人間が根本的に物質のなかに生きており、物質に結びついています。女性はより精神的なものを保ち、非肉体的なものにとどまっています。女性はそれほど深く物質のなかに生きておらず、身体を柔軟に保っています。女性はそれほど霊的なものから分離していません。自由な精神を保持し、そのために物質に関わることが少なく、とくに脳を柔軟に保っているのが女性の特徴です。ですから、女性が新しいもの、とくに精神的な領域において新しいものに対する傾向を持っていることは驚くにあたりません。女性は精神を自由に保ち、新しいものを受け入れることに抵抗が少ないからです。精神的なものに関わる運動に男性よりも女性のほうが多く参加することは偶然ではなく、深い法則性に基づいたことなのです。男性は、自分の脳がどのように困難な道具であるかを知っています。柔軟な思考の経過を必要とするとき、男性の脳はたいへんな妨げになります。男性の脳は、柔軟な思考に同調しようとはしません。固さから解放されるために、男性の脳はあらゆる手段を用いて形成されねばなりません。

それは、男性独自の体験です。

男性の性質は、より凝縮しており、収斂しています。男性のなかの内的人間によって、男性の性質は圧迫され、堅苦しく、融通のきかないものにされています。堅苦しい脳は、なによりも知的なもののための道具であって、心的なもののための道具ではありません。知的なものは、物質界に関係したものだからです。男性の主知主義は、堅苦しい、硬化した脳に由来しているのです。男性については、脳の「凍結状態」について語ることができます。精妙な思考の過程に入っていくためには、男性の脳はまずほぐされなければなりません。そのために、男性はより外的なものを把握する素質があり、魂のいとなみの深みに関連する体験を受け入れる素質はあまりありません。男性が受け入れたものは、あまり深みにはいたりません。外的な科学がいかに深みにいたらず、いかに少ししか内面を把握しないかが、その証拠です。たしかにつねに広範な思考をしますが、根本的に事物に収斂することは少ないのです。みずから修養をとおして思考において事実を結合するように鍛えた者は、外的な科学が恥ずかしげもなく並列することがらを受け入れると、しばしば大変悪い気分になります。

今日の科学がいかに表面的かの例をあげてみましょう。ある青年が熱狂的なダーウィン主義の講義に出たとしてみましょう。自然淘汰説の代弁者から、学生はつぎのようなことを聞きます。「たとえば、雄鶏の羽根が美しい青い光彩を放っているのはなぜか。それは性淘汰による。色彩によって雄鶏は雌鶏を魅惑する。雌鶏は、青い光彩のある羽根を持った雄鶏を選んだ。ほかの雄鶏は憂き目を見たその結果、とくにひとつの種類が繁殖していった。こうして、進化がおこなわれた。『性淘汰』である」。

学生は、進化がいかにおこなわれうるかを知って、うれしく思いました。その学生はつぎに、感覚生理学の授業に出席します。そこでは、つぎのような話がなされます。「スペクトルの色がさまざまな存在にいかに作用するかを示す実験がおこなわれた。たとえば鶏はスペクトルの色のうち、青と紫を知覚することができなかったことが証明された。鶏が知覚できたのは緑から、オレンジ、赤、赤外線までだった」。

その二つの事実について、その学生は考えようとします。すると、事実を表面的に受け取るように、と教示されます。

「雌鶏は、とくに喜びをもたらす鮮やかな色を雄鶏に見るにちがいない。しかし、実際にはその色を見てはおらず、雌鶏の目にはそれは真っ黒に見えているのだ」という基盤の上に、自然淘汰説は構築されているのです。

これは、ひとつの例にすぎません。しかし、ほんとうに科学的に探究しようとする者は、絶えずいたるところで、そのようなことに出合います。このことから、知性は生命を深く把握せず、表面に立ち止まることがわかります。ここでは意図的に、際立った例をあげました。

知性がむしろ表面的なものであり、魂のいとなみのなかに深く入っていかず、人間の内面をわずかしか把握しないということを、人々は容易に信じようとしません。唯物論的な見解は、魂のいとなみをまったく理解しません。その結果、魂のなかにわずかしか働きかけなかった人生から、来世ではわずかしか身体組織に進入しない傾向を、死と再受肉のあいだに受け取ります。身体組織に進入する力を、すこししか受け取らないのです。そのために、魂は身体に少ししか浸透しません。そうして、来世では女性の身体を構築する傾向が発生します。神秘学で「女性は男性のカルマである」といわれるのは正しいことなのです。

このように道徳的に中立的な領域において、人間が人生のなかで準備したものが、いかに来世の身体を編成するかがわかります。こうして、わたしたちの内的ないとなみだけでなく、わたしたちの外的な体験とわたしたちの行為も理解されます。ですから、「人間がある人生において男性としての体験を持つか、女性としての体験を持つかによって、来世においてさまざまな方法で、その人物の外的な行為が決定される。女性としての体験をとおして、男性の身体組織を形成する傾向を得る。逆に、男性としての体験をとおして、女性の身体組織を形成する傾向を得る」と、いわねばなりません。

ただ、まれに、おなじ性を繰り返すことがあります。しかし、せいぜい七回までです。原則的には、男性の身体組織は来世では女性になろうと努力し、逆に女性の身体組織は来世では男性になろうとします。異性に生まれ変わることにどんなに反感、嫌悪感があっても役に立ちません。人間が物質界でなにを望むかが問題なのではなく、死と再受肉のあいだに有する傾向によって、すべては決まるのです。男性が女性として生まれ変わることに対して感じる身震いするような嫌悪と恐怖よりも理性的な要因によって決定されるのです。

いかに前世によって、つぎの人生、および、つぎの人生における行為が決定されるかがわかります。

次回からの重要な考察に光を投げかけるために必要な、もうひとつのカルマ的な関連を洞察することが大切です。

そのために、もう一度、人類進化のはるかな過去に目を向けてみましょう。人間が地上に受肉をはじめた時点です。人間がはじめて地上に受肉したのはレムリア時代です。その当時、最初に徹底的にルシファーの影響が人間に作用し、ルシファーの影響はアーリマンの影響を挑発したということが重要な点です。ルシファーの影響がどのように外的に人間の生活に作用したかを思い浮かべてみましょう。

人間が太古にルシファーの影響を自分のなかに受け入れたこと、すなわちルシファーの影響がアストラル体に浸透したことによって、アストラル体は深く身体組織に食い込み、肉体の物質性のなかに深く下りました。ルシファーの影響なしに身体組織のなかに下ったのとはまったく異なったかたちで、身体組織のなかに下ったのです。ルシファーの影響によって、人間はより物質的になりました。ルシファーの影響がなかったならば、人間には物質界に下るわずかの傾向しか生じなかったことでしょう。人間は存在の高次の領域にとどまっていたことでしょう。ルシファーの影響の結果、外的人間と内的人間が非常に強度に浸透しあったのです。

この浸透が誘因となって、まず、人間は外的な身体との強い結びつきをとおして、受肉以前の出来事を振り返って見ることができなくなりました。いまや、人間は深く物質と結合し、そのことによって、かつての体験を振り返って見ることができなくなるというかたちで、地上に生まれるようになりました。そうでなければ、人間は生まれるまえに霊的世界で体験したことを記憶していたはずです。ルシファーの影響によって、誕生をとおして人間は外的人間と内的人間の強烈な結びつきを作り出すようになりました。ルシファーの影響によって、人間は生まれるまえの霊的な体験の記憶を奪い取られたのです。外的な身体性と結びつくことによって、人間は以前の出来事を振り返って見ることができなくなったのです。そうして、人間は生きているあいだ、つねに外界からのみ経験と体験を取ってくるように教示されます。

人間が自分のうちに受け取る粗雑な外的な実質のみが人間に作用すると思うのは、まったく誤っています。人間に作用するのは食糧だけではありません。人間の経験や、人間の感覚をとおして流れ込むものも作用します。しかし、物質との粗雑な結合をとおして、食糧はほかのものとは異なった作用をします。ルシファーの影響がなかった、と仮定してみましょう。そうしたら、食糧も感覚的印象も、ずっと精妙に作用していたことでしょう。外界との相互作用として体験されるものすべてが、人間が死と再受肉のあいだに体験するものに浸透したことでしょう。人間は物質性をより濃密に形成したことによって、より濃密なものを受け入れる傾向を持つようになったのです。

ルシファーの影響によって、人間は物質の硬化をとおして外界からも濃密なものを受け取るようになりました。人間がいま外界から受け取った濃密なものは、濃密でないものとはまったく異なっています。濃密でないものは、前世の記憶を堅持します。また、濃密でないものは、人間が生まれてから死ぬまでに体験するものすべてが無限の時空へと広がっていくという確かさを人間に与えます。濃密でない状態にあれば、人間は、「外的な死はある。しかし、生じたことすべては、作用をつづける」ということを知ったことでしょう。濃密なものを受け取らねばならなかったことによって、人間は生まれたときから、自分の身体的本性と外界との強固な相互作用を作り出したのです。

その相互作用の結果、どうなったのでしょうか。誕生すると、霊的世界が消え去るのです。人間が霊的なもののなかに生き、霊的世界のなかに目覚めるためには、強固な物質性として外界からわたしたちのなかに入ってくるものすべてが人間から取り出された状態が、ふたたび生じなければなりません。わたしたちは強固な物質性を自分のものとしたために、ふたたび霊的なもののなかに入っていくためには、外的な物質的身体性がわたしたちから取り上げられるのを待たねばならないのです。濃密な物質性としてわたしたちのなかに進入してくるものは、わたしたちの誕生以来、わたしたちの人体をすこしずつ破壊していきます。ルシファーの影響がなかった場合に受け取っていたはずのものよりも濃密な物質性を、わたしたちは誕生のときに受け取ります。わたしたちは身体をゆっくりと破壊していき、死ぬときには身体はまったく不要なものになっています。

ルシファーの影響がカルマ的な原因となって、人間が死ぬようになったことがわかります。このようなかたちの誕生がなければ、このようなかたちの死はなかったでしょう。そうでなかったなら、来たるべきものへの確かな展望が目のまえに現われるようなかたちで、人間は死のまえに立ったことでしょう。死は、誕生のカルマ的な結果です。誕生と死は、カルマ的に関連しています。今日人間が体験するような誕生なしには、今日人間が体験するような死はなかったことでしょう。

動物については、人間とおなじ意味でカルマについて語ることはできない、とすでにお話ししました。動物においても誕生と死はカルマ的に関連しているとだれかがいうなら、その人は人間にとっての誕生と死は動物にとっての誕生と死とはまったく異なったものだということを知らないのです。外面的にはおなじように見えても、内的にはおなじではありません。誕生と死に際しては、外面的な構造が問題なのではなく、内的な体験が重要なのです。動物においては、属の魂、群の魂のみが体験を持ちます。動物が一匹死ぬのは、群の魂にとっては、ちょうどわたしたちが夏、髪を短く切るのとおなじことを意味します。髪は、ふたたび生えてきます。ある属の動物が一匹死ぬことを、その群の魂は、身体の一部が壊死したように感じます。ふたたびその部分は補充されます。属の魂は、人間の自我に比較することができます。属の魂は、誕生と死を知りません。属の魂は、誕生に先行するもの、死につづくものを見ます。動物の誕生と死について、人間の誕生と死とおなじように語ることは無意味です。動物における誕生と死は、人間の誕生と死とはまったく異なった原因によるものだからです。外面的におなじように示されるものは、内的におなじ原因によって引き起こされたのだろうと思うなら、精神の内的な活動を否定することになります。外面的な経過がおなじであるということは、けっしておなじ原因を指し示すものではありません。人間の誕生には、動物の誕生とはまったく異なった原因があり、人間は動物とはまったく異なった原因によって死ぬのです。

内面がおなじものを体験していないのに、外面的にはまったくおなじに見えることがあるのはどういうことかを考えてみてください。非常にかんたんな方法によって、外的な現象は内的ないとなみの証明とはならないことが証明できます。

二人の人がいるとしてみましょう。わたしたちは九時に、ある場所にその二人が並んで立っているのを見ます。そのあと、わたしたちはべつのところに行って、三時にその場所に戻ります。さっきの二人が、そこに立っています。そうすると、「Aさんは、ずっとここに立っていた。Bさんも、ずっとここに立っていた」という結論を出すことができます。しかし、この二人が九時以後なにをしていたかを調べてみるなら、ひとりは静かにそこに立ちつづけていたことがわかり、もうひとりはそのあいだにいろいろなことをして疲れて、戻ってきたことがわかります。まったく異なったことを、その二人はしていたのです。三時におなじ場所に立っていた二人の人間の内面におなじことが生起していた、というのは愚にもつかない推測です。おなじ構造の二つの細胞を見て、その二つはおなじ意味を持っていると思うのも、愚かなことです。細胞は、それにふさわしい場所に置かれているという事実を知ることが大切です。ですから、細胞の内的構造を調べることから出発している現在の細胞生理学は、まったく誤った道を進んでいます。外的な現象は、事物の内的本質にとって、けっして決定的なものではないのです。

たとえば、人間、哺乳類、鳥のそれぞれによって、誕生と死の意味がまったく異なったものであるように、神秘学的な考察によって神秘学者に明らかになることがらを洞察しようとするなら、以上のことを徹底的に考えねばなりません。霊的な探究によって明らかになることがらに人々が同意するようになったときに、このような研究ははじめて可能になります。そのような同意がなされないうちは、現象と外的な事実に立ち止まる外的な科学が、さまざまな事実を明らかにするでしょう。しかし、人間がそのような前提の下にそのような事実について考えうることは、すべて事実にとって決定的なものではありません。今日の理論的科学は、外的な事実を外見にしたがって組み合わせることによって発生したものです。多くの領域において、外的な事実は正しく解釈されるように急き立てます。しかし、今日の意見によっては、人は正しい解釈にはいたれません。

きょうは、カルマ的法則を中立的領域において考察しました。きょう考察したことが、これからの考察の基盤になります。女性の身体組織が男性の体験の結果であり、男性の身体組織が女性の体験の結果であることを洞察しました。そして人間の場合、死は誕生のカルマ的な結果であることを洞察しました。このことをしだいに理解していくと、人生のカルマ的関連のなかに深く導かれていきます。

第十章　カルマと自由意志

きょうお話しするようなしかたで、わたしたちの宇宙存在の意味深い秘密に触れることがなければ、わたしたち人間がカルマに与える影響、とくに他者のカルマに与える影響、すなわち、カルマの方向を変化させるということについての深い問いに答えることはできません。なんらかの考えが持ち出され、それがなんらかの方向から解明されていくと、いままで述べてきたことから、つぎのような問いが生じることでしょう。

「ある人のカルマの関連のなかで、その人がかつて経験し、おこなったことをとおして、そのカルマを除去するために病気のプロセスが必要なとき、そして、その人が薬やその他の処置によって癒されたとき、なにが生じるのか。そのような事実は、カルマ的法則とどのように関係しているのか」。

この問いにわずかでも本質的な光を投げかけるためには、今日の科学や今日の思考には遠く隔たったことがらに触れなければなりません。このようなことがらを聴く準備ができている神智学者たちにのみ語りうることがらです。存在の深い地下に関連する多くの真理を受け入れ、きょう示唆することがいかに根拠あるものかを感じうる神智学者にのみ語りうることがらです。それでも、この機会につぎのようなお願いをしておきたいと思います。わたしには、地球存在の深みについて語る必要があります。たとえば、わたしがもっとも正確なかたちで語ろうと努力しているものが、べつの関連から語られたり、なんらの関連もなしに語られると誤りになって、誤解を招くことになります。わたしがお話しするかたち以外では受け入れられない、ということを理解していただきたいと思います。また、このようなことがらをひとつの教義として受け取って、伝えていくことはできません。そのようなことがらを思考において表現するために言葉を意識的に使うときにのみ、そのような表示は正当とされるからです。

ここで問題になるのは、ひとつは物質存在の本質への問いであり、もうひとつは心魂存在の本質に関する問いです。心魂と物質についての深い理解を自分のものにすることが、わたしたちには必要です。いままでお話ししてきたように、人間の心魂は多かれ少なかれ物質のなかに深く進入しうるために、心魂と物質についての深い理解を自分のものにすることが必要なのです。昨日、男性においては、心魂が深く物質のなかに入って、刻印を押していると、男性の性質を述べました。女性の場合は、心魂はある点で身を引いて、より独立した存在として物質に対峙しています。カルマの成就は、どのように心魂と物質が浸透しあっているかにかかっていることがわかりました。また、ある人生において現われる病気のプロセスが、心魂が前世において犯した誤謬のカルマ的結果であることもわかりました。

心魂は前世において、みずからの行為、体験、衝動を自分のなかで消化し、死と再受肉のあいだに、かつてはたんに心魂の特徴、心魂の影響として生じたことを身体、物質のなかに刻印する傾向を帯びます。そして、ルシファーの影響、アーリマンの影響を受け取った心魂が人間の本性に浸透することによって、人間の身体は損なわれます。そうして、病気が発生します。ですから、「病気の身体のなかには、ルシファーの影響、アーリマンの影響という、不正な影響を受けて損なわれた心魂が入り込んでいる。ルシファーの影響、アーリマンの影響を心魂から取り去ることができたなら、心魂と身体は正しく浸透しあい、健康がもたらされる」と、いうことができます。

ですから、「物質と心魂という、地上の人間の二つの構成要素はどのように関係しているのか。それらの深い本質は、いったいなになのか」と、問わねばなりません。

このような問いが投げかけられると、今日の人間は通常、「物質とはなにか。心魂とはなにか」という問いに対する答えが世界のいたるところに見出されると思います。古い「月」に生きていた存在たちにとって、「物質とはなにか。心魂とはなにか」という問いは、「地球」に生きている存在にとってとはまったく異なった意味を持ったものであるということを知る必要があります。進化の経過のなかで、ある存在がみずからの存在の基盤について抱きうる表象が変化するごとく、「物質とはなにか。心魂とはなにか」という問いに対する答えも変化します。ですから、ここで与えられる答えは、「地球」の人間が与えうる答えであり、「地球」の人間にとってのみ意味のある答えであるということを、まず強調しておかねばなりません。

まず外界で出合うさまざまな存在や事物にしたがって、つまり自分になんらかの印象を与えるものごとにしたがって、人間は「物質」を判断します。そして人間は、さまざまな種類の物質があることに気づきます。このことは、あまり詳しくお話しする必要はないでしょう。このことに関していうべきことは、みなさまが時間がおありになれば、通俗的な読物のなかに見出すことができます。ここでは、物質はさまざまに人間に現われるということを示唆しておけば十分です。人間は金、銅、鉛など、さまざまな金属を見ますし、金属ではない物質も見ます。化学はこれらの物質を、元素に還元しています。十九世紀まで、元素とはそれ以上分解することのできない物質であると見られていました。たとえば水のような物質を水素と酸素に分解できると、十九世紀の化学の意見にしたがえば、それ以上分解できない元素が得られたことになります。そのような元素が約七十見出されました。たとえばラジウムのような特別の元素に結びついた現象やさまざまな電気現象に結びつけて元素の概念がさまざまに動揺したことを、みなさまはご存じでしょう。そして、約七十の元素として知られているものは、物質の暫定的な境界にすぎないという見解にいたったこともご存じでしょう。さらに分解をつづけて唯一の基本物質にいたり、その基本物質が内的な化合、内的な本質的元素によって、あるときは金、あるときはカリウム、あるときはカルシウムと特殊化することもご存じでしょう。

このように、科学理論は変化します。科学理論は十九世紀において五十年ごとに変化し、ある物理学者たちは物質のなかに実在、存在と名づけるべきものを見るにいたり、電気から取ってこられたものを見るにいたりました。現在はイオン理論が流行していますが、そう遠くない将来にべつの科学理論が流行して、物質はもっとべつなふうに構成されていると考えられるようになるでしょう。これは事実です。科学的な意見は変わりやすいものです。その時代にとくに重要なものとして作用する事実に依存するので、変わりやすいものにならざるをえないのです。それに対して、精神科学の教えは地球文化が存在するかぎり、あらゆる時代を貫いていきます。精神科学は地球文化が存在するかぎり、物質存在の本質について同一の見解を持ちつづけます。精神科学が物質の本質と見ているものを明らかにするために、つぎのようなお話をしたいと思います。

よくご存じのように、氷は固体です。氷は、それみずからの本性によって固体なのではなく、外的な状況によって固い物質になっています。温度が高くなると、氷は固体ではなくなります。温度が上がると、氷は液体になります。物質が外界においてどのようなありかたをするかは、その物質の内面に存在するものによるのではなく、周囲の状態によるのです。

さらに熱を加えると、水はある時点で蒸気になります。氷、水、蒸気があるわけです。

周囲の気温を上昇させることによって、「さまざまな形態における物質」が得られます。わたしたちのまえに現われる物質を、内的な、物質を構成する特質にしたがって区別するのではなく、物質がわたしたちに現われるしかたは、世界の構成全体のありかたに依存しており、宇宙全体から個々の物質を切り離すことはできないということを明らかにしなければなりません。

もちろん、精神科学が到達しうるものにいたるためには、今日の科学の方法は不十分なものです。今日の科学の方法によっては、一片の氷のかたちを取った物質を、気温を上げることによって液体、気体にすることはできますが、あらゆる物質が地上において到達しうる最後の状態にまで導くことは、けっしてありません。今日、科学的な手段によって、そのような状態を生じさせることは不可能です。その状態は、「金を、地上で可能なかぎり希薄化すると、最後にはある状態にいたる。おなじことを銀に関しておこなうと、最後に、やはりある状態にいたる。銅でもおなじである」ということによって示せる状態です。

精神科学は霊視的探究方法に基づいているので、そのようなことをおこなうことができるのです。霊視的探究方法をとおして精神科学は、「なぜ、物質と物質のあいだの空間のなかに、いつもおなじものが見出されるのか。それは、もっとも外側の境界を示している。

どのような物質であろうと、そもそも物質はその境界にもたらされうる」ということを観察します。霊視的に探究すると、あらゆる物質が溶解する状態が見られ、その状態においてはすべての物質がおなじものを示します。ただ、そこに現われるのは、もはや物質ではなく、わたしたちの周囲にある特殊化された物質すべての彼方にあるものです。金であろうと、銀であろうと、個々の物質はこの基本物質（もはや物質ではありませんが）から凝縮、硬化したものとして現われます。物質的地球存在における基本存在があり、その基本存在からすべての物質が凝固したのです。

「地球存在の基本物質とはなにか」という問いに対して、精神科学は「地上のあらゆる物質は凝固した光である」と答えます。なんらかのかたちで凝固した光でない物質存在というものは存在しません。ですから、事実を知っている者は、十九世紀に現われた振動仮説のような理論を打ち立てることはありません。振動仮説においては光を、光よりも粗雑な手段をもって提示しようと試みられています。光は、物質存在のなかのなにかべつのものに還元されることはありません。わたしたちが物質に触れるところすべてに、凝縮、圧縮された光があるのです。物質の本質は光なのです。

精神科学の観点から、事物の一面を示しました。わたしたちは光のなかに、あらゆる物質の基盤となっているものを見ました。人間の物質体は、物質であるかぎりにおいて、光から織られたものにほかなりません。人間は物質的存在であるかぎりにおいて、光から織られたものなのです。

ここで、もうひとつの問い、「心魂の本質とはなにか」という問いに取り組みましょう。同様の方法で、精神科学的な手段によって、心魂の実質、心魂の本質を探究するなら、あらゆる物質が圧縮された光であるように、地上のさまざまな心魂現象は愛が多様に変容したものだということがわかります。もちろん、愛という言葉の根本の意味を正しく把握しなければなりません。心魂の活動はすべて、なんらかの方法で変容した愛なのです。外的な身体は光から織り成され、内的な心魂は愛から織り成されたものなのです。愛と光が、地球存在のあらゆる現象のなかに織り込まれているのです。精神科学的に事物を理解した者は、まず最初に、「どのように、愛と光が織り合わさっているのか」と、問います。

愛と光は、あらゆる地球存在を貫く二つの元素、二つの成分です。愛は心魂的地球存在、光は外的—物質的地球存在です。

ここで、本来は宇宙存在の偉大な歩みにしたがって並列していたはずの、光と愛という二つの元素に、仲介者が現われねばなりません。その仲介者は、一方の元素を他方の元素に、つまり光を愛のなかに織り込みます。それは、愛にとくに大きな興味を持たない力にちがいありません。その力が、光を愛の元素のなかに織り込みます。その力は、光を可能なかぎり拡張し、光を愛の元素のなかに注ぎ込むことに興味を持っています。そのような力は、「地球」の力ではありえません。「地球」は愛の宇宙です。「地球」は、いたるところに愛を織り込むという使命を有しています。ですから、「地球」存在に正しく結びついているものはすべて、愛に触れられていないものには関心がありません。

そのような興味を、ルシファー存在は持っています。ルシファーは「月」すなわち叡智の宇宙にとどまった存在たちです。ルシファーは、光を愛のなかに織り込むことに特別の興味を持っています。ですから、本来愛から織り成されているわたしたちの内面が、なんらかのかたちで存在している光と関係するとき、それはルシファー存在の活動なのです。光はあらゆる物質存在のなかに向かってきます。わたしたちがなんらかの方法で光と関係すると、ルシファー存在が現われてきて、ルシファー的なものが愛のなかに織り込まれます。このことをとおして、人間は受肉の過程において、はじめてルシファー的要素のなかに入ったのです。ルシファーが愛の要素のなかに混ざり込みました。愛から織り成されたもののなかに、ルシファーの要素が入り込みました。ルシファー的要素は、愛をたんなる献身にはせず、愛を叡智で貫きます。それは、内面から叡智に貫かれた愛なのです。叡智なしには、愛は人間が責任を取ることができない自明の力であったことでしょう。

こうして、愛は本来の自我の力になります。本来は外部の物質のなかに存在するルシファー的要素が、この愛のなかに織り込まれます。そのことによって、「地球」存在のなかで愛の特徴を完全に得るのにふさわしいわたしたちの内面が、ルシファーの活動に貫かれることが、はじめて可能になります。愛が光から織り成されたものに浸透されるだけでなく、ルシファーに浸透された愛が発生するのです。人間はルシファー的な要素を受け入れることによって、自分の身体のなかの物質的存在に、愛から織られてはいるもののルシファー的要素が混入した心魂を織り込むのです。

ルシファー的要素に浸透された愛が物質に刻印されると、それが内面から作用する病気の原因になります。ルシファー的要素による病気の必然的な結果として先に述べたことに結びつけて、「痛みはルシファー的要素の結果である。ルシファーに由来する作用、ルシファーの誘惑の克服へと導くものが、痛みのなかに現われる。そのような、カルマの法則があるのだ」と、いうことができます。

そのような場合、わたしたちは手を差しのべることができるでしょうか。ルシファー的要素から押し寄せて、その結果、痛みとなったものすべてを、なんらかの方法で取り除くことができるでしょうか。

心魂の本質についての問いに答えたあとでは、病気の原因としてルシファー的要素を自分のうちに持っている人間のために、ルシファー的なものを適切な方法で排除するための手段を見出すことしかわたしたちにはできないということが、必然的に明らかになります。ルシファー的要素を正しい方法で遠ざけるために強力に作用するにちがいない手段とは、なにでしょうか。ルシファー的要素によって、わたしたちの「地球」のなにが不純にされたのでしょうか。

愛です。ですから、愛を補給することによってのみ、そのような病気を癒すことができるのです。そうして、カルマ的な要因が正しい方法で生じます。この方向で病気の原因になるものすべてのために、ルシファーの影響をとおして損なわれた心魂のなかの愛の要素を、わたしたちは補給しなければなりません。わたしたちは愛を流し込まねばなりません。愛の行為として流れ込むものが助けとなりうるのです。このような性質を与えられた愛を、多かれ少なかれ心理的治療過程にもとづく治療行為は有しています。心理的治療過程で用いられるものは、なんらかのかたちで、愛の補給に関連しています。わたしたちは芳香のように、愛を他者に流し込みます。わたしたちが他者に注ぐものは、愛から発したものです。心理的要因を動かし、落ち込んだ人を回復させるとき、それは最終的に愛に還元される行為です。すべてが愛の衝動をもたねばなりません。

　その際、実際のところ、治療家は患者になにを伝えるのでしょうか。物理学の用語を使うなら、「張力の交換」です。治療家のなかに生きているもの、すなわちエーテル体のなかにあるプロセスが、なんらかの状態をとおして患者にいたることによって、患者と治療家は一種の両極関係にもたらされます。電気の陽極を呼び出すと、それに相応して陰極が現われるように、両極性が現われます。両極性が呼び出されるのです。それは、ひとつの供犠の行為だということができます。人間は自分のなかに、わたしたちのなかで意味を持つように決まっているプロセスのみを呼び出すのではありません。ひとつのプロセスを呼び出すと、そのプロセスに対立するプロセスがべつのもののなかに呼び出されるように決められています。

　もちろん、この対立は治療家と患者がなんらかの意味で関係を持つことによって生じます。対立する経過を患者のなかに呼び起こすことは、変化した愛の力、愛の行為を供犠に捧げることにほかなりません。これが、心理的治療において作用する本来のものです。なんらかのかたちに変化した愛の力が作用するのです。ですから、基盤になる愛の力なしには、正しい目的に導かれないということを、明らかにしておかなくてはなりません。しかし、愛のプロセスは、いつも人間の通常の昼の意識のなかで完全に意識されているようなかたちで経過する必要はありません。愛のプロセスは、意識下をも経過していきます。そればかりでなく、治療テクニックと見なされうるもの、手で触れるというテクニックのようなもののなかにさえも、供犠の行為の模像があるのです。治療プロセスのなかに直接的な関連が見られないところにも愛の行為が存在しています。まったくテクニックに変化しているとしても、愛の行為が存在しているのです。

心魂は本質においては愛なので、人間存在外部に向けられたプロセスのように見える心理的治癒が可能になるのです。愛を本質とする心魂が、愛のこもった治療要因によって豊かになります。このような助力を、わたしたちはおこないえます。助力を与える人間が必要なのです。そうすることによって、その人がルシファーの触手に触れたあと、その人をその触手から解き放つことができるのです。心魂の本質が愛であるので、わたしたちはカルマに影響を与えることができるのです。

ここで、もうひとつの面に目をむけて、問いを発してみましょう。光から織られた物質はなにになるのでしょうか。心魂はどこに入り込むのでしょうか。光から織られた人間の物質体は、どうなるのでしょうか。

ある人間の身体、外的な人間の物質的身体を取り上げてみましょう。心魂から、カルマ的プロセスをとおして物質のなかに、ルシファーとアーリマンに浸透された愛の実質が刻印されていなければ、ただひとつの愛の実質のみが光から織られた物質のなかに流れ込んでいたことでしょう。そうすれば、この愛の実質は、不純にされ、悪しくされたものではなかったことでしょう。ただ愛のみが物質のなかに流れ込んでいたなら、愛は悪しくなりえないかたちで人間の身体に流れ込んでいたことでしょう。ルシファーの力もしくはアーリマンの力を受け取った愛が流れ込むので、光から織られた物質は本来の姿よりも悪しきものになりうるのです。人体のなかに、あるべきでない姿で存在するものがあるのは、一連の受肉をとおして人間のなかに流れ込んだルシファー的な損傷、アーリマン的な損傷に由来するのです。あるべき姿をしていれば、それは健康な人間身体を示していたことでしょう。しかし、アーリマンとルシファーの作用を受け入れたために、病気の身体になりうるのです。

正しくない心魂をとおして、正しくない愛の実質をとおして内面から流れ込んだ影響を、どのように外から取り出すことができるでしょうか。正しくないものが流れ込むことによって、身体になにが生じるのでしょうか。そのようにして織り成された光から、なんらかの方法で、反対物が作られるのです。光の反対は闇です。奇妙に聞こえるかもしれませんが、光から織られたものが不純になったものとして示されるのが、アーリマン的影響あるいはルシファー的影響によって織り込まれた闇なのです。人間の身体が「自我」として一連の受肉を貫いていくものの担い手になったことをとおして、この闇ははじめて織り込まれたのです。かつては、闇は入り込んでいませんでした。人間の身体のみが、とくにこの悪化を有しえます。闇はかつては、光から織られたもののなかにはありませんでした。

人間は今日、進化の経過のなかにしだいに出現してきたものから、物質の基盤を受け取っています。動物界、植物界、鉱物界です。これらの界は、さまざまな物質、つまり「地球」存在のために光から織られたものを含んでいます。しかし、これらの物質のなかには、人間のカルマの経過のなかで、人間の内面から人間の物質存在のなかに入ってくることのできるものは含まれていません。人間が愛の実質から働いているかぎり、ルシファーとアーリマンから受けた影響によって不純にされることのないものが、鉱物界、植物界、動物界のなかに存在するのです。それらの自然界のなかには、ルシファーとアーリマンの影響を受けたものはひとつもありません。人間においては不純になったものが、本来の純粋さのままで広がっています。

外に鉱物、たとえば塩があります。それは人間が自分のうちにも有している、あるいは有することのできる物質です。しかし人間においては、その物質に、アーリマンとルシファーによって不純にされた愛の実質が織り込まれています。物質は、外では純粋です。このように、外界の物質は、人間がみずからのうちに担う物質とは区別されます。外にある物質は、人間のなかにある物質と、いつも異なっています。人間のなかでは、物質はアーリマンとルシファーの影響に浸透されるからです。人間において損なわれた実質に対応する、純粋な状態において存在する実質が見出されねばなりません。外界に損傷なく存在しているものは、それに相応する損傷を受けた人体器官を癒す薬です。その薬を正しい方法で人間に与えると、損傷に対する特効薬になります。

それは、人体に薬として与えることのできるものです。損傷は細かに区分された闇であり、闇になっていないものが外に織られた光です。光から織られた純粋な物質を与えることができるなら、人間のなかにある闇、暗い物質を解消することができます。このように、光から織られた純粋な物質は、損傷に対する特効薬なのです。

そのように、おのおのの器官に作用する特効薬を摂取するのを拒否するのは偏狭なことです。このような偏狭さに神智学者が陥ってはなりません。たしかに、人体はみずから治癒的な力を有するといわれます。ウィーンのニヒリズム学派がいう、「抵抗力を呼び起こすことによって治癒過程を導き出す」ということが正しいとしても、わたしたちは薬をとおして治癒過程を導き出すことができます。

たとえばジフテリアについてお話ししたことから、それがとくにカルマ的にアストラル体に関連しているということが推測できると思います。アストラル体にもっとも類縁のものは動物界のなかに見出されます。とくにアストラル体に類縁の病気の治療薬が、無意識のうちに動物界から取られていることがわかります。

エーテル体に原因のある病気の場合、治療薬は植物界から取ってこられます。たとえば、紅色ジギタリス（ジギタリス・プルプレア）とある種の心臓病との関係について、興味深いことを述べることができます。医学者の見解のように、五年間だけは正しいもので、そのあとは間違ったものになりはじめるというようなものではありません。人々に由来が知られていない、精神科学との関連を有する薬がいくつもあります。今日の天文学者がカントーラプラス星雲説が中世の秘密の学院に由来するものであることを知らないように、人々はどのように薬がもたらされたのかを知りません。

肉体の本質に関連する病気には、鉱物界から取った薬を用います。

このような類似性を眺めることをとおして、指針が得られます。周囲の世界との関連をとおして二つの面から助けられる可能性が、人間にはあるわけです。変化した愛を物質的治療過程に加えるのがひとつ、さまざまな方法で変化した光を外的な治療過程に関連するプロセスにもたらすのがもうひとつの面です。なしうることすべては、内的な心理的手段である愛によって成し遂げられるか、外的な手段である硬化した光によって成し遂げられるか、どちらかです。いつか科学が超感覚的なものを信じ、「物質は硬化した光である」ということを信じるにいたると、外的な治療手段の探求に霊的な光が投げかけられます。長い時間をかけて、エジプトとギリシアの秘密の学院から、しだいに治療法が広まっていったのがわかります。それらの治療法は無意味なものではなく、健全な核を含んだものです。神智学は、「そのようなやり方は、人間に毒をもたらすものだ」といって、党派を形成するためのものではありません。

毒という言葉は、暗示的に作用します。人々は、この言葉がいかに相対的なものかを考えません。どの物質も、毒でありえます。治療方法と、摂取量のみが問題なのです。水を一度に一〇リットル飲めば、それは毒です。化学的に理解される毒の作用は、人間になんらかのほかの物質を補給することと、とくに区別されるものではありません。すべては相対的なものであり、問題はいつも摂取量なのです。

きょう洞察したことから、「わたしたちを取り囲んでいる自然のなかに、わたしたちの障害を癒すものが見出される。人間が障害を克服できるというのは、喜ばしいことである」と、いうことができます。外界に対して、「花々を咲かせ、山を輝かせるというだけの理由で、わたしたちは外界に喜びを感じるのではない。わたしたちの周囲に存在するものすべてが、人間のなかで善あるいは悪と見なされるものと密接な関係を有しているので、外界に対して喜びを感じるのである」という美しい感情を持つことができます。わたしたちは自然のなかで、わたしたちが興味を抱くもののみに喜びを感じるのではありません。外的な物質にまで硬化したもののなかに深く入っていけばいくほど、「自然のなかには、人間が被った損傷を力強く癒すものが隠されている」というふうに治癒力は自然のなかに潜んでいる」ということがわかってきます。治療家の言葉を理解するだけでなく、その言葉をどのように聞き、どのように実行するかが問題なのです。今日ではたいていの場合、光が誤認され、認識のなかに闇が混ざり込んでいて、多くの点で自然の純粋言語が耳に入ってこない状態がもたらされているために、治癒的な自然の言葉を聞くことができなくなっています。「治療がなされず、カルマ的な関連によって苦痛が和らげられない場合、それはその苦痛が絶対に和らげられないということを意味しているのではない」ということを明らかにしておかなくてはなりません。

人間も含めて、世界全体をひとつの存在と見させる注目すべき関連を、わたしたちは知ります。「物質は光で織られたもの。心魂は希薄化された愛」という言葉のなかに、地球存在の無数の謎を解く鍵があります。その鍵は地球存在にのみ通用するものであって、ほかの宇宙領域には通用しません。カルマの方向を転換するとき、わたしたちの地球存在を構成する要素と結びつくのです。一方では物質になった光、他方では心魂になった愛と結びつくのです。わたしたちは薬を周囲、すなわち濃密化した光から取ってくるか、わたしたち自身の心魂、すなわち治癒的な愛の行為、犠牲の行為から取ってきて、愛から生じた心魂の力によって癒すかのどちらかです。わたしたちが一方では光に結びつき、他方では愛に結びつくとき、わたしたちは地上で、内的な深みにおいて正当なものと結びつくのです。「地球」状態というのは、光と愛の均衡が取られている状態です。光と愛の均衡が乱されると、不健康になります。愛が妨げられたときには、わたしたちみずからが愛の力を発展させることによって手助けすることができます。光が妨げられたときは、わたしたちの内の闇を消し去る光を世界から得ることによって治療ができます。

これが、人間を助ける基本要素です。地球存在においては、すべてが対立する要素に基づいています。光と愛は、本来は相対する要素です。地球での生において心魂と物質のなかに経過するもののすべては、最終的には光と愛の混紡に基づいています。ですから、人間生活のあらゆる領域において、均衡が一方に傾くと今度は他方に傾くというしかたで、時代から時代へと発展していくことは驚くにあたりません。規則的な振動のようなかたちで進化していくのです。事実、わたしたちの進化は宇宙的な振動にたとえることができます。下降したかと思うと上昇し、振子のように、乱れた均衡状態を調整します。

人間の生のなかでは、いたるところで均衡が乱されうることを知ると、文化のプロセスを解明することができます。たとえば、神秘主義が花咲き、外的なものが考慮されず、認識においてのみならず行動においても誤認があった中世のように、人間が内面のみを見て、外面を見ることがなかったことをとおして人間の進化が害を被った時代を考察してみると、そのつぎには人々が神秘主義に耐えられず、まなざしが外界に向けられた時代が来るのがわかります。そのように、振子がふたたび反対の方向に振れるのです。このように、中世から近代に移行していきました。さまざまに、均衡が乱されるのが見られるわけです。

ここでいっておきたいのは、現代のような時代には、超感覚的世界についての意識の完全な忘失が多くの人間の特性になっているということです。現代には、霊的世界が存在するということを全然意識しない人々が多数おり、霊的世界に関する思索を拒否する多数の人々がいるということです。そのような時代には、いつも、ある点でその対になる像が存在します。そのことを、単純な方法で述べてみましょう。

霊的なものをまったく忘れ去っているほどに深く物質的なものに関わっている人間が地上にいると、霊的世界に生きる、死と再受肉のあいだの人間たちが、物質界から霊的領域に働きかけるものに対抗する衝動をもたらします。霊的世界から物質界の事物に関与しようという衝動です。再受肉するまえの人間の側からの物質界への働きかけの基盤の多くに、このような事実が存在します。霊的世界からの影響を受けやすい人々をとおして、死者は物質界に働きかけます。

この領域に明瞭さをもたらすならば、死と再受肉のあいだにある人々によって霊界の啓示として語られることの多くを否認しなければなりません。ただ特別の場合、振子を反対側に振るために、死者たちが人々に、「霊的な世界は存在する」ということをわかりやすく示そうとしていることを認識しなければなりません。今日、精神のなかに多くの闇があって、霊的世界についてなにも知ろうとしない、完全に精神錯乱の人々がいると同時に、そのような欠如ゆえに物質界に働きかけようとする衝動を持つ死者たちがいます。物質界の人間がなにもしないと、そのようなことが生じます。特徴的なのは、人工的な実験なしに、霊的世界からの通知が現われることです。こうして、一方では唯物論的な立場の人間がおり、他方では霊的世界からの啓発があるのです。

そのための証拠になるものが、ルードヴィッヒ・ダインハルトの『人間の神秘』(一九一〇年)に書かれています。わたしたちが今日必要としており、科学的な文献においては取り集めるのが不可能なほどに四散していることの多くが、その本では体系的にまとめられています。現代に特徴的な精神科学の事実がこのようにまとめられているのは非常にすばらしいことです。とくに、霊的世界について唯物論的な方法による証明を地上で試みた、英国心霊研究協会の故フレデリック・マイヤーズが死後、霊的世界からの助けを借りて、彼が地上で成し遂げようとしたものを地上の人々に示そうという強い衝動を感じたという事実が述べられているのは幸運なことです。

これは、世界で絶えず均衡が乱されて、その均衡をふたたび取り戻そうとするという定理の実例です。「地球」存在においては、絶えず均衡を乱し、また均衡を取り戻すもっとも深い要素として光と愛があります。そして人間のカルマのなかで、光と愛という二つの要素が、乱された均衡を回復しつつ、受肉から受肉へと作用していきます。というのは、根本において、受肉を通過していくカルマのなかに均衡の乱れがあり、光と愛のなかに均衡を回復しようという絶えざる試みがあるからです。遠い将来に、人間が受肉をとおして「地球」において到達しうる最終的な均衡状態を形成するときまで、そのような均衡の乱れと回復が繰り返されます。遠い将来、人類は「地球」の使命を果たし、「地球」存在は新しい惑星形態へと移行していきます。

いま述べたことを抜きにしては、カルマ的関連、カルマの法則を深く打ち立てることは不可能です。ですから、今日の科学にはまだ理解が不可能な、「物質は濃縮した光であり、心魂は希薄化した愛である」という秘密を取り上げる必要があったのです。この言葉は古くから神秘学では知られていたものですが、これからもずっと真理でありつづけます。この言葉は人類進化のなかで、認識のためのみならず、人間の働きと行為にとって実り豊かなものであることでしょう。

第十一章　個人のカルマ・共同体のカルマ・人類のカルマ・霊的存在のカルマ

きょうがこの連続講義の最終回になりますが、カルマのさまざまな開示について、お話しすべきことはまだたくさんあります。カルマというテーマは膨大なものであって、一回の連続講義ではすべてを語ることができません。今回の講義で、みなさまがたの心のなかにある問いにすべて答えられたわけではないでしょう。わたしたちの運動はこれからもつづいていくものであって、この連続講義では十分にお話しできなかったことは、これから詳しく取り上げ、みなさまの心のなかにある問いに答えていけると思います。

人間はカルマの法則性を、あらゆる瞬間に確固としたものとして体験します。人生のあらゆる瞬間に、わたしたちが前世において体験し、行為し、考え、感じたことを振り返って見ることができます。わたしたちのそのときそのときにおける人間としての内的な運命と外的な運命を、一種の「人生の口座」として理解できます。一方のページには思慮のある、賢明な体験が書き込まれ、もう一方のページには無分別で、邪悪で、憎むべき体験が書き込まれます。あるページに余剰が生じると、それが人生のその時点での運命を意味します。

さまざまな問いが生じることでしょう。まず、「人間が共同生活のなかでおこなうこと、共同体のなかでおこなうことは、個人のカルマとどのような関係にあるのか」という問いが生じます。この問いに関しては、すでに触れました。たとえばペルシア戦争のような歴史上の出来事を振り返って見ると、その戦争が個々人の人生の書に記されているものを示していることは思えないでしょう。ペルシア戦争を指揮した人々のこと、ペルシア戦争で犠牲になった人々のことを考えてみましょう。ギリシア軍の指導者たちから個々の兵士にいたるまでの人々がおこなったことを考えてみましょう。このような出来事を理性的に考察してみると、彼らがおこなったことは、彼らの個々の個人的なカルマの口座に書き込まれうるものでしょうか。そのようなことは不可能です。ひとつの民族全体あるいは文明人の大部分に関連する事件に際して、個々人の個人的カルマ以外のものは生じなかったと考えることは不可能です。歴史の経過のなかで生じた事件を追っていくと、そこには人類の進化にとって意味を有するものが見出されますが、それらの事件は個々人の個人的なカルマとひとつのものではありえません。

ペルシア戦争という事件を取り上げて、「この事件は人類の進化の歩みにとってどのような意味があったのか」と、問うことはできます。東洋において、偉大で力強い光の面を有した文化が発展しました。しかし、どのような光にも影がつきものです。ですから、東洋の文化全体が、人間の進化のなかに継承されるべきでない影の面をも内に含んでいたということを明らかにしておかねばなりません。東洋が有した、そのような影の面は外的な、純粋に物質界に存在する権力手段によって拡大していきました。このような拡張衝動がなければ、東洋文化は成立していなかったでしょう。

ひとつのことは、べつのことを必要とします。人類が進化できるために、たとえばギリシア文化は、まったくべつの前提から進化しなければなりませんでした。ギリシア文化はギリシア文化として直接スタートしたのではなく、その前提をどこかから得なければなりませんでした。ギリシアから東洋に渡っていった英雄たちについてのさまざまな伝説は、ギリシアの学院の弟子たちが東洋に渡り、東洋文化のなかでのみ得られうるものをギリシアにもたらしたことを示しています。それらは、ギリシア民族の性格と才能から形成されたものをとおして、さらに育成され、変容していきました。しかし、そのためには、もたらされたものから影の面を捨て去らねばなりませんでした。純粋に外的な権力手段によって西洋に拡張していく衝動という影の面です。ギリシア文化よりのちに発生したローマ文化、およびヨーロッパ人類の進化にとっての前提すべては、ギリシア人が東洋文化の発展のための自由な土壌を形成し、ペルシア人およびペルシア人に属するものを撃退していなければ、形成されえなかったことでしょう。アジアで作られたものは、アジア人が撃退されたことによって、濾過されたのです。

この観点から世界の進化の多くの出来事が考察できます。そして、独特のイメージが得られます。今後の連続講義(『民族魂の使命』)で、人類の進化におけるプランといえるものが明らかになるでしょう。そのようなプランを概観すると、「このプランは実行されねばならなかった。そこには影の面があり、その影の面は除去されねばならなかった。ある民族が達成したものが他の民族に移行し、さらに形成されていかねばならなかった」と、思われます。

このようにして、人類進化のプランが取り出されます。そして、このプランの形成に際して、「例えばクセルクセスやミルティアデス、レオニダスはどのような個人的なカルマを有するようになったのか」という考えは浮かびません。彼らの個人的なカルマは、人類進化のプランのなかに組み込まれたものとして考察しなければなりません。別様に理解することはできません。精神科学的な見方についても同様です。しかし、そのような場合、わたしたちは、「個人の人生においてカルマ的な諸事件が関連しているように、人類進化の計画的な歩みのなかで関連しているものが見られるにちがいない」と、いわねばなりません。そして、わたしたちはさらに、「人類進化全体のなかの、そのようなプランは個々の個人的カルマとどのような関係にあるのか」と、問うことができます。

まず、人間の進化のなかの運命と呼びうるものを考察してみましょう。過去を振り返ってみると、文化に文化が継ぎ、民族進化に民族進化が継いできたことがわかります。民族は新たなことを成し遂げ、個々の民族文化からなにかが永続的なものとしてとどまります。しかし、どの民族もやがては衰退、死滅していくものであり、個々の民族が達成したものは、のちの人類進化のために死滅から救い出されねばなりません。精神科学は人類進化の歩みのなかに、二つの流れを区別しています。

人類進化の歩み全体のなかで、前進的な流れと見なしうるものを考察してみましょう。その流れのなかでは、つぎつぎに打ち寄せる波のように進化がおこなわれ、かつて成し遂げられたものがつぎの時代に保持されていきます。古代インドにおいて達成された偉大なポスト・アトランティス第一文化期を眺めると、そのイメージを得ることができます。ヴェーダは驚くに値する文献ですが、ポスト・アトランティス第一文化期に聖仙たちによって成し遂げられたことのかすかな余韻、残像にすぎません。精神科学が伝えている偉大なインド文化期と、そのかすかな余韻を比較してみると、「この民族が人類のために成し遂げたものの本来の偉大さは、この人類の文化財がヴェーダというすばらしい詩のなかに保管しようとされたとき、すでに下降期にあった」と、いわねばなりません。

インド文化が成し遂げたものは、人類進化の歩み全体のなかに流れ込みました。インド文化という前提があったからこそ、その文化を若々しい民族が受け継いで、さらに発展させていくことができたのです。年老いた民族ではなく、若々しい民族が、のちの発展を担っていくのです。最初にインド人によって、その文化は南方の半島で発展し、ついでペルシアにゾロアスターの世界観が発展しました。この世界観は、誕生した時点で偉大なものであり、比較的短期間のうちに、この世界観を生み出した民族においては衰退していきました。エジプトとカルデアにも、同様の経過が見られます。

ついで、東洋の叡智がギリシアに移っていきます。ギリシア人は、外的な物質界においての東洋的なものを撃退しました。しかし、東洋が成し遂げたものを、ギリシアは受け入れます。そして、それはヨーロッパ各地で成し遂げられたものと混ざり合いました。そこから新しい文化が創造され、その文化はさまざまな回り道をしてキリスト衝動を受け入れ、キリスト衝動を西方に広めていきました。そして、のちにも、以前のものを継続しつつ、新たなものが人類に与えられていった経過を見出すことができます。しかし、時代から時代へと発展していくものは、どこから生じたのでしょうか。

個々の民族がその文化圏で体験するものを考えてみてください。無数の人々の感情、感覚の総体、民族が最高に望ましいものと思うものと、この領域において文化衝撃として与えられるものへの願望と熱中について考えてみてください。個々の文化衝撃に、個々人は魂の望み、努力のすべてを込めて参加します。そのほかにも、長大な人類進化を貫いて、民族は個々の相次ぐ文化衝撃を発展させると同時に、一種のイリュージョンのなかに生きていました。彼らが形成した文化は永遠のものであり、自分たちから取り去られることはないというイリュージョンです。このようなイリュージョンが現われることによって、民族が文化に献身することが可能になったのです。自分たちが創造するものは永遠のものだというイリュージョンが、繰り返し現われました。今日でも、このようなイリュージョンがあります。もはや以前ほど積極的に文化に献身することはなく、文化の永遠性について語られることはないとしても、人々は文化の終焉に注意を向けていません。

民族文化がかつて必要としたものと、現在変化しはじめたものの、二つがあるのです。前述のようなイリュージョンがもはや生まれない、人間の精神生活の最初の領域が神智学的な精神生活です。わたしたちの精神運動の地盤に立つ人が、わたしたちが認識を注ぎ込む形態、わたしたちが今日与えうる思考の行為、わたしたちが神智学的な思考、感情、意志から与えうるものが永遠のものであろうと信じるなら、それはイリュージョンです。わたしたちが今日語っているのとまったく同じように神智学的な真理を語る人々が三千年後にもいるだろうと思うのは、非常に近視眼的な主張です。わたしたちは今日という時代状況から、連続的な進化の創造物に現代的な形態を刻印するように促されており、わたしたちの子孫がそれらをまったくべつの形態で表現するようになることを、わたしたちは知っています。

同様の理由から、個々の人間は何千年にもわたる人類の進化をとおして、ある民族文化からべつの民族文化へと体験を重ねていくことによって、民族進化全体に寄与していくことができるのです。古代ギリシアにおいてなされた無数の体験を思い浮かべ、そのエキスとしてのちの人類に与えられたものを思い描いてみてください。そうすると、「個々の流れ以上のものが、そのなかに存在している。この中核的な流れのために、多くのことが生じたのだ」と、いうことができます。

ですから、わたしたちは二つのことがらを観察する必要があります。第一は、発生し、消滅するものです。そうして、全体のなかから、量からいえばごくわずかの永続的なものが、第二のものとして継続していくのです。人間の個人的なカルマが成立して以来、ルシファーとアーリマンという二つの力が人類進化のなかで活動しているということを知ることによって、わたしたちは初めて人類進化の経過を理解することができます。「地球」が目的に達すると、個々の文化からしだいに人類進化全体に摂取されていった成果が、個々人がどのような運命を経験してきたかに関わりなく、すべての人にとって実り豊かなものにされるということが、人類進化の計画に入っていなければなりません。わたしたちは神智学的な意味で世界の進化を考察するときに、はじめてこの目的を見ることができます。いかなる錯誤に陥ってもなりません。個体がなんらかの曖昧な空想的一体性のなかに消えていくのではなく、個体は完全に保持され、人類が獲得したものが個体のなかに流れ込むのです。神智学的な心魂文化のまえに、この目的ははじめて明らかに現われるのです。

過去の文化を振り返ると、わたしたちは、「人間個体が受肉するようになって以来、人類進化にルシファーとアーリマンが関与している」と、いうことができます。ルシファーは人間のアストラル体に巣くい、アストラル体にルシファー衝動を刻印することによって、文化の経過に関与しようとしています。人類進化の歩みのなかで、ルシファーはそのようなことを成し遂げます。ルシファーは人間のアストラル体のなかに働きかけます。人間はルシファーが与えうるものを、継続的な文化の流れを引き起こす力からは得られません。この文化の流れを人類の歩み全体から切り離してみると、正常に進化した霊的存在がいつも新しい富として人類に注ぎ込むものが得られます。高次の霊的存在たちを見上げると、「正常に進化した霊的存在たちは地上の文化に、人類の永続的な財を与えた。それらは確かにのちには変容したが、人類の永続的な財となった」と、いわねばなりません。木があって、そのなかに果実の芯があるようなものです。わたしたちは継続する文化のいきいきとした流れを得るのです。

正常な進化を遂げるこの力をとおして、人間は自我を、前進する人間進化によって豊かにしていけたことでしょう。そして、人間を前進させるものを、時代から時代へと流し込むことができたかもしれません。人間は霊的世界の賜物に満たされ、最後に、「地球」が目的に達したとき、人間は当然のこととして、霊的世界から与えられたものを自分の内に有したかもしれません。しかし、文化期から文化期へと創造されていくものに熱中し、熱心に打ち込むということは不可能だったでしょう。おなじ地盤から、偉大な理想への望みも、個々人の望みも発展するのです。個人の幸福への願望が現われるのと同時に、文化を貫いていく芸術への願望が現われます。本来は有害な、悪に向かう欲望であるものから、「地球」で果たされうる最高のものにむけての努力も目覚めるのです。おなじものが、一方では人間の魂にとって最高の財宝として燃え上がり、べつの側では悪に沈むのです。このような可能性が人類進化のなかに存在するのは、ルシファーの仕業なのです。ルシファーは人間に、悪の可能性と同時に自由を与え、人間の魂のなかにただ流れ込むばかりであったはずのものを自由に受容できるようにしたことを誤認してはなりません。

ルシファーが挑んだことすべての結果は、アーリマンによってもたらされたことを、わたしたちは知りました。ルシファーの軍勢の作用によって、ギリシア文化の衝撃は人間の進化のなかに入っていきました。ギリシアの英雄、勇士、芸術家のなかに、ルシファーは働きかけました。ルシファーはアストラル体のなかに入り込み、アストラル体が最高のものとして崇拝するものに人々を熱中させました。ギリシア精神とともに進化のなかに流れ込んだものは、民族魂の熱狂になりました。まさにそこにルシファーは入り込んでいるのです。そして、ルシファーは「地球」進化ではなく「月」進化にみずからの力を負っているので、アーリマンを挑発するのです。ルシファーは時代から時代へと活動していき、そこにアーリマンが加わって、ルシファーが「地球」で引き起こしたものを少しずつ腐敗させていくのです。

人間の進化は、アーリマンとルシファーのあいだの絶えざる作用です。ルシファーが人類に働きかけていなかったなら、人類進化の継続的な流れへの熱中が欠けていたことでしょう。継続的な流れからではなく、ルシファー衝撃にのみ由来するものをアーリマンが民族の盛衰のなかで破壊していなければ、ルシファーは唯一の文化を永遠に存続させようとしたことでしょう。ルシファーは古い「月」進化の必然的な結果である、みずからのカルマを呼び出したのがわかります。その結果、ルシファーはアーリマンをいつまでも引きずっていかねばなりません。アーリマンはルシファーをカルマ的に成就するものなのです。

こうして、わたしたちはアーリマンとルシファーに、霊的存在たちのカルマを見ます。

高次の存在たちにも、カルマはあるのです。自我があるところには、どこにでもカルマがあります。ルシファーもアーリマンも、もちろん自我を持っています。ですから、彼らの行為の作用は、彼ら自身に戻ってきます。この秘密については、『創世記の秘密』で触れられます。ただ、ひとつのことをここで述べておきたいと思います。ほんものの神秘学文献のなかの言葉は無限に深い意味を含んでいます。

創世記の創造物語において、日々の創造の最後に、「神々エロヒムは仕事を見た。それは非常によかった、最良であったと見た」という文が、どうしてあるのかについてお考えになったことはないでしょうか。これは、意味深い言葉です。なぜ、このような言葉が書かれているのでしょうか。この文は、エロヒムの特性を示しています。エロヒムは「月」において正常の進化を遂げました。エロヒムの敵がルシファーです。創造の日のそれぞれのあとに、それは「最良であった」と見るのは、エロヒムの特性に属することなのです。これがエロヒムが到達した段階であったという理由から、この文が書かれているのです。「月」においてエロヒムは、自分たちが行為しているあいだのみ、その行為を見ることができたのであって、あとから振り返って見るという意識は持っていませんでした。あとで振り返って見ることができ、自分の果たした仕事についてあとで振り返って考えることができるというのは、エロヒムにとって特別の意識段階でした。この意識段階は「地球」において はじめて獲得できたものです。意志的なものが流れ出て、それが最良であったと見られたことに、エロヒムの特性が現われています。エロヒムは「月」において自分たちの仕事を終え、あとで「地球」をよく見て、「これはとどまることができる。これは最良だ」と、いうことができたのです。そのようにいえるためには、「月」進化が終了していなければなりませんでした。

「月」進化を完了しなかったルシファー存在たちは、どうでしょうか。ルシファーたちは「地球」で、彼らの仕事をあとから見ることを試みなければなりません。たとえば、ルシファーたちはギリシア文化に熱狂を与えました。そして、その仕事をアーリマンが少しずつ崩壊させていくのを、ルシファーたちは見ることになります。ルシファーたちは仕事を完了していないので、その仕事が最良ではないのを見、消え去らざるをえないのを見ます。

いつも新しいことを成し遂げようと試み、何度も振子を一方に傾けようとするのに、その作業がいつもアーリマンによって破壊されるのは、ルシファーにとって大きな失望です。人類進化のなかにも、波が寄せては返すのです。わたしたちより高次の存在たちをとおして絶えず新しい力が燃え上がらされ、それらの存在たちは絶えず失望を体験するのです。

「地球」進化において、ルシファーはそのような体験をするのです。

このカルマを、人類はみずからのうちに受け入れねばなりません。そうすることによってのみ、人間はほんとうに自由を獲得することができるからです。人間が「地球」自我の最高の内容をみずから与えることによってのみ、自由は発生します。「地球」進化の終わりに目的がすべて達成されるときに、人間が有することになる自我は、自由ではありえません。「地球」進化のあらゆる善を人類に流し込むことがまえもって決められているからです。この自我に、間違うことができる自我を付け加えることによってのみ、人間は自由になりえたのです。間違うことができる自我は、繰り返し善と悪のあいだを揺れ動き、「地球」進化の内容にむけて、繰り返し努力することができます。ルシファーが人間に低次の自我を与えたことによって、高次の自我にむけての人間の努力が、人間のもっとも本源的な行為になりえるのです。

このようにしてのみ、人類は自由意志を有することができます。自由意志は、人間がしだいに得ていくことができるものです。人生において自由意志は、理想として人間のまえに漂っています。人間の意志の発展の中間状態において、どこに自由があるのでしょうか。人間の意志は、いかなるときもルシファーとアーリマンの手に落ちうるので、自由ではありません。人間は死の扉を通って数十年間の浄化の時期を通過していくとき、ある一定の印象を持つので、自由ではありません。欲界における死後の人生の本質は、自分が地上でなしたことによって、どれほど不完全になったかを、少しずつ見ていくことにあります。ついで、自分が不完全になしたことすべての埋め合わせをしようという意図が現われます。意図がいくつも加わり、「わたしが考え、おこなったことすべてを、ふたたび地上で補修しなければならない」という決意がなされます。

人間が感じたことが、つぎの人生に刻印され、人間はこの意図をもって再受肉します。このようにして、カルマを負うのです。ですから、地上に生まれたとき、人間は自由意志を持っているとはいえません。ルシファーとアーリマンの影響を支配できるようになるにしたがって、わたしたちは自由意志に近づくのです。そして、わたしたちは認識をとおしてのみ、ルシファーとアーリマンの影響を支配できるようになります。生まれてから死ぬまでの人生においても、思考、感情、意志という心魂の三つの特性における自分の弱点を知ることができるようになることによって、つまり自己認識をとおして、ルシファーとアーリマンの影響を支配できるようになるのです。いかなる幻想にも耽らないように努力していくと、わたしたちの自我のなかに、ルシファーの影響をなくする力が成長していきます。どのような献身が、人類が獲得していく財産に値するかを見極めることができるようになっていくからです。外界の認識を、自己認識が補わねばなりません。外界の認識と自己認識の双方が、共同しなければなりません。自己認識と外界の認識を、わたしたちは自分の本質とひとつにしなければなりません。そうすると、わたしたちはルシファーに対する明瞭な関係を持つことができます。

人間の行為、傾向、情熱にどれほどルシファーとアーリマンが関与しているかを解明することが、神智学的な認識の特徴です。この連続講義においても、わたしたちの人生にさまざまな方法でルシファーとアーリマンの力が働きかけていることを解明しました。現在になって、ルシファーとアーリマンの力についての解明がはじまったのです。「地球」人類の目的に、ほんとうになにかを寄与しようとするなら、そのことを解明しなければなりません。

人間が感じたり、考えたりしていることがらにまなざしを向けると、人間はルシファーとアーリマンの影響をまだほとんど解明していないことがわかります。人類の大部分が、そのような解明を欲していないことがわかります。人類の大部分が、宗教的エゴイズムに陥っているのが見られます。自分で表象できるだけの息災の状態に魂が到達することのみを求めているのです。それは、人間が意識していないエゴイズムです。そこには、もっとも大きな願望が入り込むことができます。認識の光によって神を照らし出すことなく、自分の情熱と欲望から神にむかって努力すると、ルシファーはわたしたちの感情のなかに入り込むのです。人間が最高のものにむかって努力していると思っているところに、ルシファーはさまざまに活動しているのです。しかし、そのようなかたちの努力は、ルシファーに失望を呼び起こすものになります。荒くれた欲望から、さまざまなかたちで霊的文化を構築できると思う人々は、神智学は新しいものをもたらすので悪いものだ、という説教を繰り返します。そのような人々は、アーリマンがルシファーのあとを追うのは人間の意志に依存したものではないということを考えてみるべきです。進化の歩みのなかで発生したものも、そこにアーリマンが入り込んでいるので、ルシファーの作用をとおしてふたたび崩壊していきます。継続していく人類進化の流れのみが救い出されるのです。

こうして、わたしたちはこれらの霊的存在たちが供犠として進化から遅れた過去の時点を振り返ります。これらの存在がわたしたちに注ぎ込むものによって、わたしたちが正常に生きることができるように、これらの存在はわたしたちのために、みずからのカルマを生きねばならないことを、わたしたちは知りました。ヤハウェは神的な息をとおして人間に、自我への能力を流し込みました。しかし、人間の血液のなかで脈打つ神的な息のみを受け入れて、ヤハウェの息が与えるものから逸脱しうることがなく、ルシファー衝動、アーリマン衝動が働いていなければ、人間はヤハウェの賜物そのものは受け取れていても、それを自己意識的な自由な自我によって感じ取ることはできなかったでしょう。ある存在たちが古い「月」にとどまったということには、宇宙進化の意味があるのです。

今日という時代には、わたしたちはルシファーの数多くの失望を振り返って見ることができ、継続する進化の流れの意味が理解されていく未来を見上げることができます。神智学はこの継続する進化の流れを理解する道具です。わたしたちは、ルシファーの影響に対して意識的に立ち向かうことができ、わたしたちの内にあるルシファー衝動を認識して、その衝動を正しい方法で人類進化のために意識的に役立てることができるようになります。以前、ルシファー衝動は人類のなかで暗い衝動として作用し、人間はその衝動に気づいていませんでした。アーリマンの影響についても同様です。

まさに現在は、人類進化の重要な時期にあるということに注意することができます。ある意味で、魂の力が一新する時期です。個々人が今日通用しているのとは異なった魂の能力を発展させる時期にわたしたちは立っているということを、すでにお話ししたことがあります。神智学が霊探究の認識から語りうること、たとえば、人間は物質体のほかにエーテル体も有しているということは、今日では規則的な修行をおこなった者のみが観照して知っていることです。アーカーシャ年代記を解読するとわかるのですが、二十世紀中葉が過ぎ去るまえに、自然にエーテル的な霊視力を有する人々が現われるようになります。自然な素質として、物質体に浸透しつつ、物質体を越え出ているエーテル体を知覚する人々が現われます。人類はそのような時点にいたっているのです。人間は霊的世界から離れて進化して、今日のような外界の物質的知覚と悟性的理解にいたりました。いまや、人間は新たな、意識的な能力をしだいに発展させはじめています。新しい能力が古い能力に加わります。特別の能力の性質を、つぎのように述べることができます。

この能力に関しては、二十世紀前半が過ぎ去るまえに、最初の先駆者が現われ、二千年後、三千年後には多数の人々がこの能力を有するようになります。おおよそ、つぎのようなことが生じます。人々はなんらかの行為を体験し、なにかをその行為から除去するように試みます。そうすると、当該の行為から生じるイメージを見るようになります。最初は、そのイメージを知らず、自分がなしたこととの関連が見出せません。しかし、すでに精神科学を多少知っている人は、一種の意識的な夢のイメージのように思われるこのイメージが、自分の行為の対になるイメージであることを経験することでしょう。そのイメージは、カルマが成就するために生じねばならない行為のイメージです。

人類は事実、カルマをたんに精神科学の教えによって理解するだけでなく、しだいにカルマを見るようになる時代に立っているのです。いままでは、カルマは人間にとっておぼろげな衝動、あいまいな欲望であり、来世においてはじめて発揮されうるもの、死と再受肉のあいだの人生においてはじめて意図へと変化しうるものであったのに対して、人間はこれから、ルシファーの創造を意識的に知覚し、ルシファーの作用のなかにその創造を見るようになっていきます。もちろん、このエーテル的霊視力を獲得しはじめていくのは、認識と自己認識にむけて努力している人々です。人々は通常の状態において、自分の行為のカルマ像を見るようになっていきます。その像をとおして人間は、自分が世界にまだ借りているもの、カルマの口座に借りとして記入されているものを知り、成長をつづけていきます。自分が世界にまだ借りがあることを知らないと、人間は不自由になります。

カルマに関しては、最初から自由意志について語ることはできません。「自由意志」という言葉自体が誤っています。「人間はみずからの認識の向上をとおして自由になる。つねに高みへと上昇し、霊的世界のなかに成長していくことをとおして、人間は自由になる」

と、いわねばなりません。そうすることによって、人間は霊的世界の内容に満たされていき、自分で意志決定をする存在になっていくのです。意志が自由になりうるのではありません。世界存在の霊化された領域において認識しうるものに浸透されることによって、人間が自由になりうるのです。

わたしたちはルシファーの行為と失望を見て、「このように、何千年もまえから、わたしたちがいま立っている場の土台が置かれた。わたしたちがいまいるところに立っていなかったならば、わたしたちは自由にむけて発展することはできなかったであろう」と、いいます。しかし、ルシファーとアーリマンについての解明がなされたあとでは、これらの存在の力に対して、べつの関係を得ることができます。わたしたちの姿勢によって、ルシファーが引き起こした行為は失望に導かれ、逆のものに転換するにちがいありません。ルシファーの行為は欲望を刺激し、悪に合流するものを人間にもたらします。ルシファーに対抗して働くのはどのような力なのかを、わたしたちは知りました。わたしたちみずからがルシファーに対抗して働くべきであり、未来のことを考えるべきなら、ルシファーの行為に代わりうるのは、わたしたちにおいてはただ愛のみです。わたしたちが外的物質に織り込んだ闇を取り去るにしたがって、愛は外界からわたしたちに流れてくるものでもありえます。わたしたちが闇を取り去り、闇が消え去るというしかたでアーリマンの影響を完全に克服すると、わたしたちは世界をほんとうに「地球」世界として認識することができます。そうすると、今日ではただ精神科学の財産である認識に、しだいに近づいていきます。わたしたちは、ほんとうは物質であるもの、すなわち光の本性に進入していきます。今日、科学は光の本質について、さまざまな錯覚に陥っています。多くの人が、光を肉眼で見ることができると思っています。それは正しくありません。肉眼によって見られるのは光ではなく、光に照らされた物体でしかありません。物体の色を見ることはできます。光を見るのではありません。光をとおして見るのです。そのような錯覚は、すべて取り払われることになります。こうして、必然的にアーリマンの影響下に錯誤を織り込まれている世界像は変化して、叡智の内容に置き換えられます。人間は光にむかって進むことによって、光の心魂的な対像を発展させます。光の心魂的な対になる像は叡智です。

このことをとおして、愛と叡智が人間の心魂のなかに入ってきます。そして、愛と叡智は実践的な力、神智学的世界観から生じる本来の生命衝動になります。光の対の像である叡智は、愛と結びつくことができます。そして、叡智と結びついた愛は、外界の叡智のなかに潜んでいるものに反作用を及ぼすための正しい道を見出します。わたしたちがしだいに進化の後半に関与して、ルシファーとアーリマンをふたたび克服していくためには、わたしたちは叡智と愛に貫かれねばなりません。

叡智と愛を発展させていくと、わたしたちが自由を獲得するために必要なものをわたしたちに与えるために「地球」進化の前半において犠牲になったルシファーとアーリマンへの贈り物として、わたしたちの心魂から流れ出る要素が発展します。わたしたちが発展させた叡智と愛を、これらの存在に与えねばなりません。しかし、わたしたちは意識的でなければなりません。世界のなかには生命がなくてはなりません。その生命を表現する手段である文化を、わたしたちは受け取らねばなりません。わたしたちは愛をもって、神智学的な文化に献身しようと思います。神智学的な文化は永遠のものではありませんが、わたしたちは熱意をもってその文化を受け入れ、愛をもって創造しようと思います。

かつては、わたしたちはルシファーの影響の下に駆り立てられていたのでした。わたしたちは、かつてはルシファーの影響をとおして、欲望と情熱をとおして駆り立てられていたものを、いまや愛から創造しなければならないということを認識しています。ですから、わたしたちはあらゆるものの背後に、ありあまるほどの愛を発展させるのです。もし必要なだけの愛しか発展させなかったなら、文化から文化へと発展していくことはできません。

神智学は、どの時代の要求にも献身的に愛をもって取り組むものであるべきです。かつてルシファーの影響下に人間が活動したときと同様の熱中をもって、時代の要求に取り組むのです。わたしたちがおこなうことは永遠につづくものだという幻想を、わたしたちは持っていません。しかし、ますます高まる愛をもって文化につぐ文化を創造することによって、わたしたちはありあまるほどの愛を創造するのです。それがルシファーの役に立つのです。そうすることによって、ルシファーの失望は補填されます。わたしたちのために成し遂げられたことを、わたしたちがべつのものに変容させると、ルシファーの失望が補償されます。

つまり、わたしたちがたんに人類のなかにとどまらず、宇宙に突き進んでいく愛を発展させることによって、高次の存在たちのカルマが成就するのです。わたしたちよりも高次の存在たちのなかに、わたしたちは愛を注ぎ込むことができます。高次の存在たちは、わたしたちの愛を供犠として感じます。それは、魂の供犠です。かつて賜物を下方に流した存在たちに、魂の供犠を流すのです。人間が精神的賜物をまだ有していた時代に、神々に燔祭を捧げたように、魂の供犠を捧げるのです。当時は、象徴的に神々に燔祭を捧げることしか人間にはできませんでした。将来、人間は愛の流れを霊たちに送り、愛の供犠からなにかがふたたび下ってくることでしょう。霊たちに指揮された高次の力が人間に流れてきて、大きな力をもって物質界に介入することになるでしょう。ほんとうの意味で、それは魔術的な力になることでしょう。

人類のカルマと高次の存在たちのカルマが発揮されるところに、わたしたちは人類進化の歩みを見ました。こうして、わたしたちは進化のプランが個々人のカルマとどのような関係にあるかを理解します。たとえば一九一〇年にある霊的存在によってなんらかのことがなされ、それがある人間によって物質界で実行されたとしてみましょう。霊的存在と人間とのあいだに接触がなされたのです。その人間は高次の存在のカルマのなかに織り込まれました。結びつきが作られたのです。ついで、高次の世界からその人間にある流れが流れてきて、その流れはその人間の人生になにかをもたらします。彼のカルマに、新しい項目が付け加わり、なんらかの方向に振れをもたらします。こうして、人間のカルマが、世界を流れる一般的なカルマによって実らされるのです。

たとえばミルティアデスのような人物を見てみましょう。このような人物は民族の歴史の大きなプランの上に立っており、さまざまなことが高次の力のカルマによって定められました。そうして、そのような人物は自分の持ち場につかされたのです。人類全体に割り当てられるものが、個人のカルマの口座のなかに流れ込んできたのです。彼らがその行為を実行することによって、それは個人のカルマになったのです。

このように、わたしたちは個人的なカルマをもって、小宇宙として大宇宙のなかに生き、活動しているのです。

カルマについての話がすべて終わったわけではありませんが、以上の話をもってこの連続講義を終わりにします。なお二つのことを、付け加えておきたいと思います。人間の心を深く動かし、高次の存在たちの運命にも関連するこの連続講義を、わたしは魂の深みから語りました。神智学協会支部で、各地から集まってくださった神智学の友人たちに、カルマについての考察ができたことを、わたしは心から大変うれしく思っています。この連続講義で解決されなかったことがらについては、この夏の講座（『民族魂の使命』）で考察していくことにします。わたしがお話ししたことを、たんなる抽象的な認識としてではなく、わたしたちの思考、感情、意志、わたしたちの人生全体のなかに入っていくものとして受け取ってほしいと思います。

人々は神智学者に、神智学的真理の象徴を見たいと思っています。わたしたちは、そのような象徴になろうと試みてみましょう。そうできたとき、神智学的な精神の流れが世界に存在することになります。わたしたちの小さなサークルのなかでは、神智学的な精神の流れは、まず霊的な認識を考察するものでなくてはなりません。ついで、まずわたしたちの会員のサークルのなかで認識が心のありようへと深化し、そのような心を持ってわたしたちは世界に立ち向かわねばなりません。二十世紀の転換期に誠実な神智学者たち、誠実に霊的な力を信じた人々がいたことを、世間は知るようになっていくでしょう。そのように知ることによって、彼らも力に貫かれ、そのために活動するようになります。みなさまがお聞きになったことを性向、行動、行為に変化なさると、文化は早く発展します。人々を説得することによって文化が発展するのではありません。現代の文化は、そのようなことには適していません。心の深い衝動から神智学を求める人々が確信するのです。ほかの人々は納得しません。このようなカルマが、唯物論が生み出したものとして、精神的なサークルのなかにも存在するのです。この損害に対して、精神科学が霊的な力であることを明らかにしなければなりません。

わたしたちは、世界に与えうるものを、わたしたちの心情から与えねばなりません。神智学を魂の内的な生命に変化させた者は、霊的な力の源になります。超感覚的なものを信じる者は、神智学の認識と姿勢が霊的に作用すること、つまり、わたしたちがほんとうに意識的に神智学的な生命に浸透された道具になるなら、神智学が目に見えずに世界に広まっていくことを確信できます。

訳者あとがき

「喜びを、神の賜物として受け取れ。 苦痛を、未来への教えとして受け取れ。
喜びは運命の贈りもの。その価値が、いま示されている。
苦痛は認識の源泉。その意味は、未来に示される」

（シュタイナー『瞑想と祈りの言葉』イザラ書房）

インドの後期ブラーフマナ文献に因果応報思想が現われ、ウパニシャッド文献において、輪廻思想の確立とともにカルマ説が理論化された。輪廻の主体はアートマン＝我であり、自分がなした行為はその場かぎりで消え去るのではなく、不可視の潜勢体として行為の主体とともにあり、時が満ちると果報となって、その行為の主体に帰ってくる。カルマの果報を受け取るために主体は輪廻する、というのである。

ギリシアでは紀元前六〜五世紀ごろに、オルフェウス教、ピュタゴラス、エンペドクレス、プラトンなどによって、霊魂の不死と転生が説かれた。インドでもギリシアでも、生前の行為いかんによって転生後の運命が定まる、という因果観があった。輪廻転生は迷いの状態とされ、宗教的実践をとおして輪廻から脱することが希求された。この立場は無我説に立つ仏教にも受け継がれ、輪廻の原因である無知と愛欲を断つことによって解脱し、涅槃に入ることが目指された。

初期キリスト教にも、輪廻とカルマの理念は息づいていた。イエスが「エリヤは既に来れり」と言ったとき、弟子たちは「ヨハネを指して言ひたまひしなるを悟れり」(「マタイ福音書」一七章一一〜一三節)。「黙示録」(一三章一〇節)には「剣にて殺す者は、おのれも剣にて殺さるべし」と記されているし、「ルカ福音書」(六章三七〜三八節)には「人を裁くな。さらば、汝らも裁かるることあらじ。人を罪に定むな。しからば、汝らも罪に定めらるることあらじ。人を赦せ。しからば、汝らも赦されん。人に与へよ。さらば、汝らも与へられん。……汝ら、おのが量る秤にて量らるべし」と述べられている。

＊

シュタイナーはカルマの理論的理解について、「輪廻とカルマ―現代科学の立場からの必然的な表象」(一九〇三年、邦訳『いかにカルマは作用するか』人智学出版社、所収)と『神智学』(一九〇四年、邦訳、イザラ書房、柏書房、筑摩書房)に書いている。

「輪廻とカルマ―現代科学の立場からの必然的な表象」には、つぎのような考えが述べられている。

かつて人々は、生物は生命のない泥土から発生する、と考えていた。それに対して、一七世紀のイタリアの医師・自然学者フランチェスコ・レディは、「生物は生物から生まれてくる」と主張した。この主張の正しさは、一九世紀にパスツールの実験によって確認された。

現代では、脳に生理学的変化が生じることによって心魂が生まれる、と考えられている。それに対して人智学は、「心魂は心魂から生じる」と考える。おなじ条件下で育てられ、教育された子どもたちの心魂に差異が認められるのは、なぜであろうか。このことを考えていくと、心魂はその心魂の前世から説明される、と考えざるをえない。

こうして、「私が現在の生において行なえるもの、また、行なっていることすべては、それ自体が奇跡として隔絶しているのではなく、作用として、私の心魂の以前の存在形態に関連している。そして原因として、将来の存在形態と関連している」というのである。

『神智学』には、つぎのように書かれている。

「記憶のなかに保持された印象がふたたび甦るように、〈私〉によって本質に刻印を押された行為の結果は、そのための外的なきっかけが生じたら、ふたたび個我に向かってくる傾向を持っている、ということはありえないだろうか。記憶のなかに保持されているものは、そのようなきっかけを待っている。きっかけがあれば記憶が内から人間の心魂に近づいてくるのと同様に、外界のなかで個我の性格を保持しているものは、外から人間の心魂に近づくために待っている、ということはありえないだろうか」。「私は精神的人間として、私自身の伝記を持っているように、私自身の形態を持っている。私は自分の形態を持つのであって、私以外のだれかの形態を持つことはできない。……精神的人間として、私は生まれるまえから存在していたにちがいない。祖先たちのなかには、私は確かに存在していなかった。なぜなら、祖先たちは精神的人間として、私とは異なっているからである」。こうして、「現在の地上生活に先行する地上生活を表象するにいたる」というのである。

さらにシュタイナーは天才を例にあげて、「素質にもとづく能力を奇跡だとして驚嘆したくないなら、この能力を精神的自己が心魂をとおして持った諸体験の成果なのだと見なさねばならない。……そして、それがこの人生において植え付けられたのでないなら、前世においてである。……ある人生のなかに、人間の精神が自分自身の繰り返しとして、前世の諸体験の成果をもって現われる」と説明している。そして、眠りとの比較で、「私は朝、起きる。私の継続的な活動は、夜のあいだ中断されていた。……私はきのう果たしたものによって、きょうの私の運命を作った。しばらくのあいだ、私は自分の活動から離れた。しかし、その活動は私に属しており、その活動から私がしばらく退いたあと、私をふたたび、その活動に引き寄せる。……もし、私の昨日の行為の作用が今日の私の運命でないなら、私は今朝めざめたのではなく、新たに無から創造されたのにちがいない。……人間が朝あらたに創造されたのではないように、人間の精神も、地上での人生を始めるときに新たに創造されたのではない」と、述べている。「人間は運命体験において、前世の行為の結果に関わっているとしか考えられない」というのだ。

シュタイナーが人智学的精神科学の概要を述べた〈連続講義録〉第一巻『神智学の門前にて』（一九〇六年、邦訳、イザラ書房）と、第二巻『薔薇十字会の神智学』（一九〇七年、邦訳、平河出版社）では、外的な経験が次の人生でアストラル体（思いのオーラ）を形成し、アストラル体が有したものが次の人生でエーテル体（生命オーラ）に表現され、エーテル体の傾向が次の人生で物質的身体に現われ、物質的身体の行為が次の人生で外的な運命として自分に帰ってくる、という法則が述べられている。シュタイナーの主著『神秘学概論』(一九一〇年、邦訳、イザラ書房、人智学出版社、筑摩書房)には、「アトランティス人の末裔は、目覚めと眠りのあいだのアブノーマルな中間状態において、霊的世界を体験した。そのようなとき、彼らのなかに、祖先に属する古い時代のイメージが現われた。彼らは、自分がその時代に生きた人間の生まれ変わりだ、と思った。こうして、秘儀参入者たちの真正な理念に矛盾する輪廻転生に関する教えが全地球に広まっていった。……眠りに似た状態において霊的世界と接触するときに、祖先の記憶が再び現われた。祖先が自分のなかに再び現われた、と彼らは思った。これはアトランティス時代末期に現われた、輪廻についての誤った理念である」と指摘されている。

＊

本書前半の『いかにして前世を認識するか』は、シュタイナー・カルマ論の珠玉というべき作品であり、本書以上に前世認識の方法を具体的に語っているものは他にない。一九一二年一月から三月にかけて、ベルリンとシュトゥットガルトで行なわれた計五回の講義である。ベルリンでの講義が『輪廻転生とカルマ―その現代文化に対する意味』、シュトゥットガルトでの講義が『いかにして繰り返される地上生活を認識するか』という題で刊行されたあと、シュタイナー全集第一三五巻として合本された。

始めの三つの講義では前世認識の三つの原則、すなわち「自分が望まなかったことを望んでみること」「感情記憶の深化」「ある人生の始めに出会う人々と別の人生の半ばに会う人々とのあいだにあるカルマ法則」が語られ、終わりの二つの講義では、カルマ認識が人智学の根幹であり、その認識が単なる知識ではなく、生活に浸透して実感されるべきことが語られている。

一九一二年二月八日と九日のウィーンにおける講演「カルマに対する基本的気分―カルマの詳細」（シュタイナー全集第一三〇巻所収）では、カルマに対する基本的気分として、苦悩は自分のなかに住む賢明な人間が、自分の欠点を克服するための機会として与えたものであり、一方、喜びは恩寵として与えられたものと感じるべきだ、と語られている。「快感と喜びに対しては、感謝のみが唯一正当な気分だ。……快感・喜びは当然だという思考は私たちを弱め、麻痺させる。……苦痛を私たちのカルマをとおしてやってくるものと感じ、喜びは恩寵、神的なものが私たちに下ってくることと感じるのがふさわしい」というのである。

本書後半に収めた『カルマの開示』（ハンブルク、一九一〇年五月一六〜二八日）は、シュタイナーの連続講義録のなかでカルマを中心テーマに取り上げた唯一のものである。五〇巻からなる連続講義録は人智学的精神科学の根幹をなすものであるから、『カルマの開示』がシュタイナーのカルマ論の基盤をなす書になる。

『いかにして前世を認識するか』が具体的なカルマ認識の方法を述べたものであるのに対し、『カルマの開示』はカルマの法則の解明に取り組んでいる。

『カルマの開示』では、病気についてのカルマ的考察に大きなウェイトが置かれている。シュタイナーは、過去のカルマを埋め合わせる機会として、人間の高次の意識が病気を欲するとし、病気が治るか死に到るかも患者の高次の意識が決定するという見方をしている。この高次の意識は病気だけでなく、事故というかたちを選ぶこともある。そしてシュタイナーは、悪魔的な力を受け入れていない純粋な光が凝固した自然界、および人間の純粋な愛が治療的効果を発揮することに言及している。

『カルマの開示』を講義した一九一〇年の一二月には、シュトゥットガルトで『世界史の秘密』(水声社、創林社、筑摩書房)を講義している。この講義には「世界史における個人と事件のカルマ的関連の秘教的考察」という副題が付いており、歴史のなかに見られるカルマ的な関連の探究がシュタイナーのカルマ論の大きなテーマになっている。それは、一九〇九年の『輪廻転生との関連における霊的経済の原則』(邦訳、『輪廻転生とカルマ』水声社、所収)以来のテーマであり、そのテーマが晩年のカルマ講演(一九二四年にドルナッハで行なわれた五〇回の講演と、同年に他の地で行なわれた三三回の講演)につながっていく。

『カルマの開示』によってカルマ論の基盤を据え、『いかにして前世を認識するか』で実践的な方法論を語った上で、シュタイナーは晩年の最大かつ最も秘教的な連続講義である『カルマ的関連の秘教的考察』(シュタイナー全集二三五〜二四〇巻)に取り組むことになるのである。

*

自分自身の人生を振り返ったり、周囲の人々の人生を見ると、以前になしたことの結果が本人に帰ってくる事例が多々見出される。また、いままでの人生のなかに原因を見出すことができず、人生の謎として現われてくる体験にも私たちは遭遇する。
人間のカルマが始まったのは、心魂が身体に受肉し、人間が直立して自由に行動できるようになった時点からである。その意味で、カルマは自由を有している存在に特有の法則であり、人間の要件である。人生の諸々の出来事をカルマの開示と見ていく視線をとおして、自分という存在の謎が一つずつ解かれていくにちがいない。　私がなしてきたことを振り返ると、償いをしなければならないことばかりに思える。余生や来世は滅罪のために過ごしたい、という思いが強い。他方、いささか理不尽な目に遭うこともあったから、「先世の罪業にてまさに悪道に堕すべかりしを、今世に人に軽賤せらるる故を以て、先世の罪業すなわち消滅せられ、まさに阿耨多羅三藐三菩提を得べし」（金剛般若経）ということもあるかもしれぬ。

本書は『いかにして前世を認識するか』と『カルマの開示』（ともにイザラ書房、一九九三年）を、若干の修正をほどこして一冊に纏めたものである。「編集者補足説明」を書いて下さった渋沢比呂呼さんと、彼女とともに本書製作にご尽力いただいた村上京子さんに感謝する。

二〇〇八年孟春

西川隆範

ルドルフ・シュタイナー　Rudolf Steiner
1861年オーストリア生まれ。哲学者・ゲーテ研究家として活躍したのち、人間を身体・心魂・精神の存在としてとらえる独自の精神科学＝アントロポゾフィー（人智学）を樹立。教育・医学・農学・芸術論・社会論・建築などの分野で、その後、世界的な影響を与え続けている。1925年、自身の設計になる第二ゲーテアヌム（スイス／ドルナッハ）建設中に帰天。354冊の全集がスイス／ドルナッハの遺稿管理局より刊行されている。

訳者紹介～西川隆範（にしかわ りゅうはん）
1953年、京都市生まれ。真言密教阿闍梨。
ゲーテアヌム精神科学自由大学（スイス）、キリスト者共同体神学校（ドイツ）に学ぶ。シュタイナー幼稚園教員養成所（スイス）講師、シュタイナー・カレッジ（アメリカ）客員講師を経て、多摩美術大学講師、シュタイナー学園評議員。主な著書に『生き方としての仏教入門』『ゴルゴタの秘儀―シュタイナーのキリスト論』『シュタイナー用語辞典』『ベーシック・シュタイナー』、訳書に『神秘学概論』『神智学の門前にて』ほか。
http://idebut.org/school/?id=nishikawa@idebut.org
http://blog.goo.ne.jp/steineranthroposophy

新装版　「カルマ論」集成１＋２

いかにして前世を認識するか

2008年5月15日　初版第一刷
著　者　ルドルフ・シュタイナー
訳　者　西川隆範
発行者　澁澤カタリナ浩子
発行所　株式会社 イザラ書房　http://www.izara.co.jp
埼玉県上里町神保原569番地　〒369－0305
電　話　0495－33－9216　FAX　0495－33－9226
郵便振替 00100－8－148025
印刷所　株式会社ミツワ

ISBN978-4-7565-0109-7　C0010